GESTIÓN Y ORGANIZACIÓN DE UN EVENTO DEPORTIVO

MICHEL DESBORDES
JULIEN FALGOUX

Prólogo de Michel Platini

Título original: *Organiser un événement sportif*
© Éditions d'Organisation, Paris, Francia, 2003
© Michel Desbordes, Julien Falgoux

Primera edición, 2006

© 2006, INDE Publicaciones
    Pl. Sant Pere n.º 4 bis, baixos 2.ª
    08003 BARCELONA - ESPAÑA
    Tel. 93 3199799 - Fax 93 3190954
    E-mail: editorial@inde.com
    http://www.inde.com

Traducción: Mª Dolors Baeta Lasmarías

ISBN: 84-9729-073-9

Dep. Legal: Z-168-2006

Impreso en España

Imprime: INO Reproducciones, S.A.
         Políg. Miguel Servet, nave 13 - 50013 Zaragoza

Agradecimientos

La redacción de una obra es una tarea ardua y de larga duración que requiere colaboradores diversos. Por eso queremos dar nuestras más expresivas gracias a todas aquellas personas que han contribuido, cada una en su medida, a nutrir nuestra reflexión, a darnos sus consejos y sus sugerencias.

En primer lugar, este libro no tendría validez sin las numerosas ilustraciones sobre los eventos deportivos. Por tanto, expresamos nuestro agradecimiento a Nathalie Dubau (ASO, marketing estratégico), Joël Lainé (ASO, director general de la maratón de París), Benjamin Burlot (ASO, colaboraciones), Xavier Le Saux (Federación francesa deporte para todos, director de marketing y comunicación), Claude Michy (PHA, gerente de las 24 Horas de Le Mans, Motorshow), Cédric Guelle (PHA, director comercial), Pierre-Jean Golven (director de marketing, Torneo de Roland Garros), Benoît Garnier (PSDAC, Encuentro de atletismo del estadio de Francia), Benoît Despres (UCPA –Unión nacional de centros deportivos al aire libre, director de ingeniería técnica), Antoine Mahy (UCPA, director de marketing y comunicación), Rémy Léonetti (Paris-Saint Denis 2003, responsable de la venta de entradas al público en general), Olivier Offman, Jean Corneloup (UFR STAPS Clermont-Ferrand), Frédérique Thomas (UFR STAPS Clermont-Ferrand), Arnaud Challande (Agencia Koroïbos), Rémy Duchemin (Carat Sport), Olivier Guiget (France Galop, director de marketing), David Taïeb (Sportfive, Grupo Jean-Claude Darmon), Luc Alphand, Damien Rajot (director de taquilla y promoción, estadio de Francia), Fabien Marsaud (marketing y patrocinio, Estadio de Francia), Olivier Matabon (administrador general, Estadio de Francia), Claude Thibaud (director de servicios técnicos, Automobile Club de l'Ouest), Michel Huet (Federación francesa de judo, director de comunicación), Bernard Boullé (Federación francesa de natación, director técnico nacional (DTN) adjunto al director de marketing) y Luc Alphand.

En segundo lugar, este libro no habría visto la luz sin la generosa aportación de los estudiantes en mis varios años de docencia. Así, pues, nuestras más expresivas gracias a las cuatro promociones de estudiantes del DESS "Gestión internacional del Deporte –

eventos y espectáculos deportivos" de la Universidad París Sur-XI, con un recuerdo especial para la promoción 2002-2003 que contribuyó con datos complementarios muy interesantes sobre la organización de un evento internacional en el ámbito universitario. Finalmente, merece toda nuestra consideración Patrick Maupu, por su empeño diario para que el Torneo Universitario Internacional de Judo de Orsay (TUIJO) consiga una mayor resonancia. Y, por supuesto, queremos manifestar nuestro inmenso agradecimiento a Michel Platini por aceptar prologar esta obra.

Índice

Prólogo	9
Introducción	11

CAPÍTULO 1. PRESENTACIÓN DEL SECTOR DE LOS EVENTOS DEPORTIVOS 15

1. Organización del evento	15
2. El evento deportivo	17

CAPÍTULO 2. DISEÑO DE UN EVENTO DEPORTIVO 37

1. Racionalización del evento deportivo: esquema general de la organización y gestión de un evento deportivo	37
2. Estrategia de marketing	40
3. Elaboración de los presupuestos	55
4. Creación del comité de dirección y coordinación	62

CAPÍTULO 3. FUNCIONES PRINCIPALES NECESARIAS PARA EL DESARROLLO DE UN EVENTO DEPORTIVO 65

1. Función administrativa y financiera	65
2. Función legislativa y de seguridad	76
3. Función de comunicación y medios de comunicación	87
4. Función comercial y de patrocinio	105
5. Logística	127
6. El aspecto deportivo	136

CAPÍTULO 4. FASE OPERATIVA DE UN EVENTO DEPORTIVO 143

1. El desarrollo de la prueba	143
2. Fase post evento o del informe final: la lógica de la continuación del evento	151
3. Coordinación: palabra clave del evento (gestión participativa)	160

Conclusión	169
Anexo 1: Obligaciones administrativas a cargo del organizador de competiciones o actividades deportivas	171
Anexo 2: Estudio de casos: carpeta que se envía a los patrocinadores potenciales del TUIJO 2002	176
Anexo 3: Estudio de casos: programa de comunicación del TUIJO	181
Anexo 4: Estudio de casos globales; el Pur Mix de la UCPA	185
Evento Pur Mix UCPA Ficha de seguridad	186
Anexo 5: Lista de control del organizador del evento deportivo	199

ESTUDIOS REALIZADOS POR EL DESS "GESTIÓN INTERNACIONAL DEL DEPORTE – EVENTOS Y ESPECTÁCULOS DEPORTIVOS" DE LA UNIVERSIDAD PARÍS SUR-XI 211

BIBLIOGRAFÍA 213

ÍNDICE ANALÍTICO 217

Prólogo

En mi carrera de jugador, he tenido ocasión de participar en las competiciones internacionales de fútbol más importantes: la copa del mundo, el campeonato de Europa de las naciones, la copa de campeones, el campeonato de Italia y el campeonato de Francia. En aquella época estaba centrado en mi trabajo de futbolista profesional y la organización de dichas competiciones no formaba parte de mis preocupaciones principales. Naturalmente, yo veía la complejidad de tales eventos pero no los vivía desde dentro.

Durante mi reconversión, tomé conciencia de la dificultad que entraña organizar un gran evento deportivo, sobre todo, por mis responsabilidades dentro del comité francés de organización de la copa del mundo de fútbol de 1998. Éste fue un acontecimiento de difícil elaboración, cuya preparación había durado varios años y que culminó con los fuegos artificiales del Francia-Brasil en el Estadio de Francia. Pero, ¡qué difícil fue llevar a buen puerto todo lo que implicó aquello: la seguridad, los aspectos deportivos, la logística, el transporte, la venta de entradas... Al mismo tiempo, esta copa del mundo generó las emociones, alegrías y penas, que sólo un evento deportivo puede ofrecer. Hoy, sigo dedicándome activamente a la organización institucional del fútbol a través de mis actividades en la FIFA, la UEFA y la Federación Francesa de Fútbol, y siguen produciéndose los mismos problemas organizativos.

Por eso estoy satisfecho de aportar mi granito de arena a esta obra, escrita por Michel Desbordes y Julien Falgoux, y dedicada a los eventos deportivos. En ella el lector encontrará el esquema de organización íntegro de un evento, que le ayudará a conocer de la A la Z todo lo que comporta. Es una herramienta fundamental que trata de lo ya escrito sobre gestión del deporte y viene a llenar un hueco existente. Esta obra dotará al lector de toda la información necesaria para la comprensión y organización de un evento deportivo. Los estudios de casos ilustrativos proporcionan una visión profesional, sin olvidar ciertos aspectos teóricos.

¡Que sea una lectura provechosa!

Michel Platini

Introducción

Si hay algo que aparece con mucha frecuencia en escena eso es el deporte; es objeto de la codicia de muchos, penetra paulatinamente en todos los ámbitos de la sociedad y, cada día, las metáforas deportivas ganan espacio en el lenguaje corriente. Los eventos deportivos ocupan un lugar especial en este contexto y se mediatizan en exceso, siempre a favor de los más importantes; por ejemplo cada año el Tour de Francia y el torneo Roland Garros dan lugar a cientos de horas de retransmisiones televisadas.

Gracias a la enorme presión mediática[1], la vida se detiene en algunos países durante algunos eventos extraordinarios que se celebran cada cuatro años como, por ejemplo, los Juegos Olímpicos, la Copa del Mundo de fútbol, la Copa del Mundo de rugby y la Copa América. Y habitualmente se publican cuantiosas cifras para subrayar los "colosales" presupuestos de dichos eventos. Así que, considerarmos con razón que la FIFA (Federación Internacional de Asociaciones de Fútbol), el COI (Comité Olímpico Internacional), la IAAF (Federación Internacional de Asociaciones de Atletismo) la IRB (International Rugby Board) y la ITF (Federación Internacional de Tenis) pueden compararse con las multinacionales del sector industrial o el financiero.

En lo que respecta a la notoriedad, es evidente; la fuerza simbólica del deporte y las emociones que producen los acontecimientos deportivos superan incomparablemente a la energía que una empresa tendría que liberar para alcanzar la misma notoriedad. En cambio, la situación económica parece que es diferente. El deporte sólo representa el 1 o el 2 por ciento del PIB mundial[2]. Y eso es lo fascinante: la notoriedad, la imagen, las emociones, los dramas humanos, la fascinación, las lágrimas, la alegría, la pasión, el enfrentamiento y los sentimientos son otros tantos conceptos a veces ambivalentes, que producen los eventos deportivos.

Por eso, la inmensa mayoría de las personas cree conocer los eventos deportivos y la mediatización de los mismos influye mucho en esa creencia. Sin embargo, cuando

---

1. Según las cadenas, los países y los años, a veces, las retransmisiones están aseguradas las 24 horas del día.

2. Desbordes, M., Ohl, F., Tribou, G., *Marketing du sport*, Economica, 2e éd., Paris, 2001.

reflexionan se dan cuenta de que son actividades de las que se desconoce casi todo. Por ejemplo, ¿sabe el público cómo se organiza una copa del mundo en el día a día, y a cuántas personas llega a movilizar? ¿cuáles son las funciones principales de la organización? o ¿si un evento local debe hacer frente a las mismas dificultades, o si podrá atraer patrocinadores si nunca va a ser televisado? Y, ya de modo más general, ¿sabe quién organiza los eventos deportivos?

En esta obra veremos que se dan todos los casos: eventos organizados por proveedores de servicios privados, por federaciones públicas, o por sociedades locales con el apoyo de los comerciantes. En general, y a diferencia de lo que el público piensa, todos los eventos deportivos están controlados en gran parte por el sector público no mercantil, incluso los eventos con un marcado carácter comercial[3].

Todas estas cuestiones sencillas relativamente merecen una reflexión específica. Así es, pues los eventos deportivos nunca se han estudiado desde el punto de vista de la organización. Los medios de comunicación ofrecen tan solo una visión parcial de la gestión y se centra en el voluntariado, la gestión de los derechos de TV y la búsqueda de patrocinadores o la taquilla.

Por tanto, el objetivo de la presente obra es reseñar el funcionamiento de un evento deportivo de principio a fin, y la idea surge de la experiencia de varios años de docencia universitaria, a través del DESS "Gestión internacional del deporte – eventos y espectáculos deportivos" de la Universidad París Sur-XI[4], de algunos años de investigación académica en el ámbito francés y el internacional, de asesoría para organizadores privados y públicos (realización de estudios), y también de la implicación directa sobre el terreno en eventos de prestigio como las 24 horas de Le Mans, el Trofeo Andros y el Motorshow del Estadio de Francia. Por eso, hay que verlo desde dos perspectivas, la del deportista y la del observador científico.

La obra se estructura en cuatro capítulos e invita constantemente al lector a la reflexión personal a través de numerosos estudios de casos (Tour de Francia, Roland Garros, Copa del Mundo de fútbol, encuentro de atletismo del Estadio de Francia, 24 horas de la Mans, Rando-Raid SFR, The RACE, Raid Gauloise, Maratón de París, Copa del Mundo de Natación, Pur Mix de la UCPA –encuentro en que se dan cita deporte, música y juegos– etc.). El primer capítulo presenta el sector de los eventos deportivos y sus principales agentes. En el segundo, veremos cómo se diseña un evento deportivo desde el principio; sí, esta fase es crucial ya que los fracasos son resultado de una reflexión insuficiente en este estadio. El tercer capítulo constituye el núcleo de la obra, y en él se detalla metódicamente el papel que cada función principal desempeña para el éxito de la organización del evento. El papel del gestor es hacer que la función administrativa, la

---

3. El torneo de tenis de Roland Garros (organizado por la Federación Francesa de Tenis-FFT), o el campeonato de Francia de fútbol Liga 1 (organizado por la Liga Profesional de Fútbol-LFP) son ejemplos absolutamente indiscutibles.

4. Este diploma, dirigido por Michel Desbordes, profesor de conferencias, fue creado en 1999. A día de hoy, falta sólo la formación de 3er ciclo especializado en eventos deportivos.

DESS "*Management international du sport – événements et loisirs sportifs*", Université Paris Sud-XI, Division STAPS, Bât. 335, 91405 Orsay Cedex. En 2004 este diploma se convertirá en Master.

legislativa y la de seguridad, la comercial y de patrocinio, la logística y la gestión de los aspectos deportivos funcionen en perfecta simbiosis. El cuarto capítulo está dedicado a la fase operativa del evento, sin olvidar la fase postevento que permitirá renovar la prueba mejorándola. En resumen, veremos qué competencias debe poseer el gestor de eventos deportivos para llevar a buen puerto su cometido.

Finalmente, y dado que este libro quiere ser una herramienta de referencia para quienes hacen deporte, concluirá con dos estudios de casos principales sobre el Pur Mix de la UCPA y sobre el TUIJO (Torneo Universitario Internacional de Judo de Orsay): ambos estudios permitirán poner de relieve todas las dificultades inherentes a la organización de un evento deportivo, pues tanto en el Palacio de deportes Paris-Bercy con patrocinadores todopoderosos, como en el ámbito estudiantil de la Universidad París Sur-Orsay se requieren las mismas funciones para llevar al éxito a un proyecto de evento deportivo. Al final de esta obra se incluye una lista de control de la organización de eventos deportivos; se trata de un recordatorio que, si se sigue en su desarrollo, ayudará a evitar los fracasos acostumbrados y contribuirá a que los profesionales no descuiden nada en su gestión. Va dirigida tanto a los organizadores curtidos como a los estudiantes deseosos de lanzarse a una actividad modesta dentro del deporte universitario, escolar o asociativo. En efecto, independientemente de cuales sean los medios disponibles o los problemas de tipo organizativo de la estructura montada, existen las mismas dificultades. Ésa es la razón de ser de esta obra cuyo alcance metodológico y operativo esperamos sepa atraer a los lectores.

Capítulo 1
Presentación del sector de los eventos deportivos

1. ORGANIZACIÓN DEL EVENTO

Definición

El evento es un espacio "donde se reúnen hombres y mujeres en una especie de celebración colectiva, para asistir a un espectáculo deportivo o cultural (Ferrand, A. 1995, p. 280-294)"; favorece los intercambios, las relaciones, la convivencia y permite salir de la rutina. Sobre todo, ayuda a mantener la fuerza del factor relacional y, además, está dotado de un valor simbólico: lleva a cierto grado de afectividad personal o social y crea identidad con referencia a las expectativas.

Para las personas jurídicas (empresas, colectivos, asociaciones), la organización de eventos pertenece a la gran familia de la comunicación "independiente de los medios", es decir a todas aquellas actividades que no tienen nada que ver con la prensa, ni la televisión, los carteles publicitarios, la radio, el cine, ni siquiera con Internet. No obstante, se observa cierta ambigüedad ya que los eventos están mediatizados y necesitan de los medios de comunicación para existir; por lo que, a veces, surgen algunas dificultades a la hora de analizar este sector. Así, para Françoise Laurent, de la agencia *"Extérieur nuit"*, no se puede hablar de evento en sí sino de evento de la institución que lo produce. Para Bruno Trouble, director de *"Creative Business Evénement",* se trata de una "versión moderna de las relaciones con la prensa" (Ferrand, A. 1995, p. 280-294). Y, en tal caso, el interés se centra en crear una actitud o una imagen favorable a los ojos de la organización, de la actividad, de los patrocinadores, o de sus productos.

La función principal de un evento es, por tanto, comunicar para una marca, una empresa, un producto, una colectividad, o una asociación, mediante la reunión festiva de personas en torno a un espectáculo. La comunicación del evento es una potente herramienta, que se encarga de transmitir un mensaje, de impresionar, de deslumbrar, de conmover, etc., a través del evento (Ferrand, A. 1995, p. 280-294).

Situación actual

En las empresas se ha generado una auténtica cultura del evento y la postura de las firmas organizadoras es cada vez más clara. Surgen organizaciones importantes que contribuyen a la notoriedad y a la imagen del sector[5].

Hoy día, la mayor parte de las grandes empresas incorpora eventos en su política de comunicación, pues estos ponen de relieve el valor de un mensaje especial y dirigido a un público[6]. Pero como veremos en esta obra, las grandes empresas ya no pueden permitirse que cada departamento organice su propia actividad sin coherencia con todo el conjunto; por eso no tienen más remedio que confiar sus estrategias a colaboradores externos especializados (por regla general agencias).

Paralelamente, las agencias pequeñas también hacen valer sus bazas especializándose en un mercado, un "nicho", o una región, y poniendo por delante sus capacidades para crear e innovar. *La "VTTicime" (la gran prueba de BTT) de julio de 1996 congregó, además del público, a 2.625 personas frente a las 720 del mismo período en 1994. Las condiciones de este éxito coincidían con el descubrimiento del territorio del Gran Macizo de la Alta Saboya por parte de ciclistas de BTT ocasionales, sin crono, utilizando los remontes para hacer el máximo de descensos. Para finalizar, las organizaciones prepararon una enorme barbacoa de hermandad con retransmisión de las imágenes de la jornada en una pantalla gigante.*

Existen auténticos mercados fuera de la región parisina, máxime cuando la imagen de las grandes organizaciones de eventos rechazan algunos. Los anunciantes creen que a estas organizaciones no les interesan los actos que están por debajo de cierto presupuesto. Pero, las empresas pequeñas pueden encontrar apoyo en el descubrimiento de "lo nuestro", tan en boga ahora. Los individuos, espoleados por una fuerte búsqueda de identidad y la necesidad de compañerismo y seguridad, se reúnen en torno a los valores de siempre. Los eventos locales, de categoría media, cobran una importancia considerable en el conjunto del territorio porque se aferran al terruño, a la región, al patrimonio, a los juegos tradicionales, etc. Dan lugar a auténticas fiestas populares como antaño, se disfrazan, organizan encuentros entre pueblos vecinos, y vuelven a descubrir los valores perdidos. Para las asociaciones también es un medio de sacar adelante su territorio, su cultura y su "país", de desmarcarse y de comunicar aquello que les da su encanto y su singularidad. *A principios de los años noventa, la maratón del Médoc obtuvo un enorme éxito. A los concursantes les permitió descubrir el patrimonio de la región, los castillos, los viñedos y los vinos, de una manera deportiva y festiva.*

Contrariamente a las ideas que se nos están inculcando, no hay ningún sector de la comunicación en crisis desde el 11 de septiembre de 2001. Por este motivo, el sector de la comunicación de eventos "independiente de los medios" hace una diferenciación clara para ser considerada una herramienta interesante. El cuadro siguiente indica que el crecimiento de este sector económico se mantiene alto durante el período 1999-2001.

---

5. Por ejemplo, ASO (Amaury Sport Organisation), filial del grupo AMAURY ("l'Équipe", "Le Parisien", ...), que gestiona el Tour de Francia, el París-Dakar, y la maratón de París, entre otros.

6. La *Danone Nations Cup*, auténtica "copa del mundo de la juventud", sirve por ejemplo para fijar la implantación de la marca en los niños y los adolescentes.

Cuadro 1.1
ACTIVIDAD DE EVENTOS DE LA ANAé[7] EN MILLONES DE EUROS

	1999	2000	2001	2001 con TN[8]
Volumen de negocios	339	540	696	922
Crecimiento anual		59%	29%	18%
Crecimiento a partir de 1999			105%	78%
Márgenes brutos	133	201	247	279
Crecimiento anual		51%	23%	7%
Crecimiento a partir de 1999			85%	57%
Porcentaje del margen bruto sobre el crecim. anual			35%	30%
Resultados netos	9,1	19,5	12,8	18,5
Crecimiento anual		114%	-34%	-30%
Crecimiento a partir de 1999			41%	38%
Porcentaje del resultado sobre el crecim. anual			1,8%	2%
Porcentaje del resultado sobre el margen bruto			5,2%	6,6%
Número de empleos (inclusive los discontinuos)		2.325	2.450	

Fuente: *"L'Événementiel"*, n.º 110, julio-agosto de 2002, pág. 40.

2. EL EVENTO DEPORTIVO

Presentación

El evento deportivo favorece la reunión de espectadores para ver cómo se realiza la actuación, animarla y valorarla públicamente mediante aplausos y gritos. Jugadores y espectadores se funden en una misma configuración, sus acciones y reacciones son interdependientes (Elias, N., 1986). Es una mezcla de espectáculo, de hazaña, de competi-

---

7. Se trata de la Asociación de agencias de asesoría de eventos y turismo de negocios, que agrupaba a 82 integrantes en 2002.

8. Con turismo de negocios.

ción y otros aditamentos que hacen el conjunto más variado, más espectacular, más estético, más cordial... en resumen, más festivo.

La organización de eventos es una herramienta de comunicación. Por si esto fuera poco, la comunicación durante el encuentro deportivo ocupa un lugar aparte en el panorama cultural. En efecto, permite diferenciarse en el espacio saturado de la publicidad, provocando un auténtico choque emocional en las personas implicadas (espectadores o patrocinadores), pues el resultado es incierto (Ferrand, A. 1995, p. 280-294).

Para Alan Ferrand *"el evento es un hecho social poderosamente mediatizado, cuyo impacto en los diferentes públicos va asociado a la incertidumbre del resultado obtenido por los diferentes agentes al realizar una hazaña, una actuación o una competición. Por eso, la cumbre de todos los eventos la ocupa el trío Juegos Olímpicos, Copa del Mundo de Fútbol y Campeonato del Mundo de Fórmula 1"* (Gresser, B. y Bessy, O. 1999) subrayan el carácter excepcional del evento con relación a la exhibición deportiva, que responde a los mismos criterios pero está menos mediatizado. Ambos proponen una tipología de los eventos deportivos.

Tipología de los eventos deportivos

Gresser y Bessy proponen la siguiente tipología de los eventos deportivos.

Esquema 1.1
TIPOLOGÍA DE LOS EVENTOS DEPORTIVOS (GRESSER Y BESSY, 1999)

Criterios de diferenciación \ Tipo de evento	1 Grandes eventos deportivos internacionales	2 Eventos deportivos nacionales	3 Eventos de tipo espectáculo y "shows"	4 Las nuevas manifestaciones deportivas de masas	5 Raids o retos de aventura
1. Fecha de creación	Antigua	Antigua	Reciente	Reciente	Reciente
2. Origen y temporalidad	Institucional, de las federaciones ↔ u olímpica Calendario internacional	Calendario nacional	Comercial puntual	Asociativa, territorial o comercial Sin calendario o calendario paralelo	
3. Participantes / objetivos espectadores organización	Enfrentamientos con otros Deporte espectáculo ↔ Ser el mejor Deporte de competición Promoción de una federación		Espectáculo/Identificación Promoción de una marca	Exploración de sí mismo Encuentro con los demás Descubrimiento y promoción de una región	Evasión, sensaciones extremas Descubrimiento y promoción de un patrimonio
4. Medio	Estandarización – Normalización Equipamiento deportivo clásico		Sin estandarizar	Sin estandarizar Medio urbano y / o natural	Incertidumbre Hostilidad
5. Modo de funcionamiento	Reglamentación y codificación estrictas		Moderado y variable – Gestión adaptada a cada acto		
6. Motricidad	Muy codificada con relación al rendimiento máximo		Codificada pero también con un estilo libre y creativo		
7. Innovación	En el ámbito de la medición y la gestión nueva (informática)		Tecnología pero con relación a diferentes variables: Tiempo - Espacio - Participantes		

PRESENTACIÓN DEL SECTOR DE LOS EVENTOS DEPORTIVOS

Esquema 1.1 (continuación)
TIPOLOGÍA DE LOS EVENTOS DEPORTIVOS (GRESSER Y BESSY, 1999)

	Jugadores seleccionados →→→→→→→ Más espectadores que agentes		Elite deportiva para los participantes Pensados para los espectadores	Agentes no seleccionados Más agentes que espectadores	
8. Público					
9. Colaboradores	++++	+++	++++	+ (+)	+ (+++)
10. Mediatización	++++	+++	++++	+++	++++
Ejemplos	Juegos Olímpicos Copa del Mundo de fútbol Tour de Francia Roland-Garros	Campeonatos de Francia por disciplinas	Espectáculo de esquí tam-tam y *Open Swatch* de *Fun Board* en Bercy	Los 20 Km. de París La maratón de París El Roc d'Azur La Transjurásica La Marmota	El Raid Gauloises El Raid Corsica El *Défi* girondino

Evento deportivo, evento festivo

Existe una coherencia real entre el deporte y la fiesta; ambos van íntimamente unidos. El evento, ya sea deportivo o festivo, proviene de la misma lógica. La fiesta, según el Petit Larousse se define como aquellas *"celebraciones organizadas por una asociación o un particular"*. La fiesta posee una doble función de divertimento y de alegría colectiva; por tanto, hay infinidad de motivos para celebrar una fiesta, y para que ésta tenga lugar, ha de haber un centro de interés en torno al cual se organice la reunión de individuos y actividades. De modo recíproco, el deporte significa compañerismo, compartir el buen humor, hermandad y juego. El espectáculo deportivo es, pues, una fiesta porque es una ocasión privilegiada para dar rienda suelta a las emociones colectivas, porque metamorfosea las apariencias y hace atractiva la vida colectiva. La difusión de los eventos participativos donde deporte y fiesta se celebran al mismo tiempo marca este acercamiento. Un ejemplo de lo mencionado es la maratón del Médoc, donde deporte y carnaval se entrelazan. La dimensión deportiva se ve reforzada por una dimensión más lúdica y también más entrañable.

Asimismo, en torno a un acto deportivo, los organizadores llevan a cabo por regla general actividades que atraen a un público más amplio asociándolo a la gran fiesta del deporte. Los eventos deportivos van siempre unidos a animados ágapes, recepciones, veladas, conciertos, actuaciones, concursos, sorteos, o juegos[9].

Tendencias al alza

Se observa una gran diversidad en la organización de eventos deportivos. Desde finales del siglo XIX, el sistema deportivo francés se ha venido construyendo poco a poco gracias al Estado. Eso explica la preponderancia del público (y sobre todo de las federaciones) en el ámbito de la organización de eventos.

---

9. Esta diversificación de las actividades limita los riesgos en caso de resultados adversos del equipo jugador en casa, o de un mal espectáculo. Desde hace mucho tiempo, los norteamericanos son maestros en la materia: la atención del espectador se centrará en las actividades anexas al partido de béisbol o de baloncesto. Asimismo, los VIP que siguen un encuentro en un palco guardan en general un recuerdo más intenso de lo que han degustado que del espectáculo deportivo en sí. De modo que, los organizadores intentarán perfeccionar la calidad del servicio de restauración mientras que el espectáculo deportivo permanece como un servicio incierto (cf. Desbordes, M., Ohl, F., Tribou, G., *Marketing du sport*. Economica, 2e éd., Paris, 2001).

Recuadro 1.1
DIVERSIDAD DE ORGANIZADORES DE EVENTOS EN EL SISTEMA DEPORTIVO FRANCÉS

Se distinguen varios tipos de eventos deportivos según el tipo de organización:

1. Los eventos organizados por proveedores de servicios públicos, principalmente por federaciones (Roland-Garros por la FFT, el Torneo de Judo de París por la FFJ y, en general, todos los campeonatos de Francia con todas las disciplinas juntas);

2. Los eventos organizados por proveedores privados (el Tour de Francia ciclista, Paris-Roubais, la Enduro del Touquet, el París-Dakar y la maratón de París por el grupo AMAURY SPORT ORGANISATION, el Raid Gauloises por SAGA D'AVENTURES);

3. Los eventos de alcance extraordinario que dependen de un consorcio público con ayuda de patrocinadores privados (la Copa del Mundo de Fútbol, los Juegos Olímpicos y los Campeonatos del Mundo de Atletismo París 2003);

4. Los eventos organizados por una entidad asociativa (el encuentro de atletismo del Estadio de Francia y la Humaratón por PSDAC –Paris Saint-Denis Athlétisme Compétitions).

Fuente: Desbordes, M., *Gestion du sport*, Éditions Vigot, Paris, 2000.

Los eventos principales en Francia y en Europa son el fútbol, el rugby, el tenis, el ciclismo y la fórmula 1, por los índices de audiencia que obtienen, la cantidad de espectadores que asisten y los abultados fondos monetarios que recogen. Sin embargo, existen peculiaridades por países. En Estados Unidos, los deportes reyes son el fútbol americano, el baloncesto y el béisbol. En los países de Europa del Norte, el balonmano; en Australia, el rugby, etc.

En cualquier caso, el deporte bate récords de audiencia en todo el mundo. El año 2000, con motivo del MIP TV (mercado internacional de programas de TV) de Cannes, Eurodata TV presentó un estudio anual sobre las preferencias de mil doscientos millones de telespectadores, repartidos en 64 países. Los programas de ficción y los deportivos compartieron la máxima audiencia. En Europa, de los 19 países estudiados, el deporte registró la mayor audiencia del año en nueve ocasiones, y en todos los países se sitúa a la cabeza veintiuna veces. En Francia, se llevó la palma la final del Campeonato de Europa de las Naciones (Francia-Italia), transmitida por TF1, al reunir a 24,8 millones de telespectadores y el 90 % de la cuota de mercado. (Fuente: www.sport.fr)

Pero, ¿es el deporte un valor seguro? ¿Qué lugar ocupará en los medios del futuro? Algunos analistas abogan por un deporte unificador en el tiempo, único garante de los valores universales y humanos. En los telediarios, el deporte tan sólo es capaz muchas veces de aportar imágenes de júbilo, pasión y proezas después de los sucesos, los atentados, las guerras, el hambre, los desastres naturales, la recesión económica y el paro. Cuando hay una crisis entre dos Estados, un encuentro deportivo parece aliviar la tensión e indica a los dirigentes la dirección que el pueblo desea que sigan. Así, el encuentro entre Estados Unidos e Irán durante la Copa del Mundo de 1998, o el partido de tenis de mesa entre Nixon y Mao en 1972 contribuyeron a reactivar las relaciones diplomáticas irano-norteamericanas y chino-norteamericanas respectivamente.

En la sección que trata de los asuntos comerciales y el patrocinio, veremos que las herramientas para medir las repercusiones de los eventos alcanzan su punto culminante y permiten que los inversores conozcan la rentabilidad real de su acción en el deporte.

En cambio, para Orwell[10] *"el deporte real no tiene nada que ver con el juego limpio. Más bien está lleno de odio, de celos, de vanagloria, de falta de respeto a las reglas y de un placer sádico por ver violencia. En otras palabras, es la guerra sin tiros"*. Así, otros especialistas proporcionan elementos que respaldan orientaciones más bien pesimistas. El primer punto se refiere a los efectos del patrocinio. El apadrinamiento no solo es muy arriesgado, sino que además es difícilmente cuantificable.

Es muy difícil separar estos efectos de los de una campaña publicitaria, o de una operación de relaciones con la prensa, por eso ¿cómo estar seguros de la rentabilidad de una operación semejante?

Además, con la recesión económica, las empresas procuran guardar las distancias con este tipo de operaciones de comunicación. En efecto, no es fácil justificar un plan de despidos o un reajuste con cargo a la empresa, por un lado, y patrocinar un evento festivo, por el otro. Como consecuencia, el apadrinamiento parece que se dirige a otros ámbitos de actividad más "sociales". Las empresas ratifican sus preocupaciones humanitarias, ecológicas y educativas al objeto de asentar su respetabilidad y una cierta ética, pues los trabajadores, reunidos en comités, también saben indicar el camino a seguir a los dirigentes. Y por último, los problemas recurrentes de dopaje y de corrupción ¿terminarán manchando realmente la imagen de algunos deportes? En la mayoría de ellos, la economía dicta sus leyes, y de modo aún más claro en los deportes de amplia difusión por parte de los medios de comunicación. Pero, la pregunta es si la verdadera base del deporte, la que hace de él una actividad tan rica en emociones, que garantiza su originalidad en los medios, es decir la incertidumbre del resultado, no se estará perdiendo y, sobre todo, si cuando se sepa con antelación quien va a ser el ganador, tendrán algún interés para otros anunciantes el evento y los participantes, y si mantendrá el público su espontaneidad ante una prueba cuyo ganador ya se conoce. A mediados de 2002, en fórmula 1, Michaël Schumacher ganó el título de campeón del mundo tras haberse llevado diez Grands Prix de doce. Y en fútbol, el Real Madrid es capaz de comprar los mejores jugadores del mundo para cada puesto del equipo[11].

En fin, que el dinero genera el *"star system"*. Y a partir de ahí, los deportistas pasan mucho tiempo en las sesiones fotográficas y en los platós de televisión. Además, se han hecho muchos reproches a los jugadores de la selección francesa a raíz de la debacle de la Copa del Mundo de 2002, en el sentido de que se han apartado de sus objetivos deportivos en beneficio de intereses económicos, de imagen, etc.

---

10. Orwell, *Activités physiques et sportives*, Dalian, avril de 2001, chapitre: "Securité et manifestations sportives".

11. En 2000, compró a Figo al FC Barcelona; en 2001, llegó Zidane de la Juventus de Turín; finalmente, en 2002, Ronaldo deja el Inter de Milán por el Real Madrid.

Estudio de casos 1.1
Relaciones entre deporte y televisión: La Copa del Mundo de Fútbol

Los eventos deportivos necesitan de la televisión para fijar su mediatización y, así, atraer patrocinadores o espectadores. A cambio, el deporte genera audiencia y es un producto de reclamo interesante para las cadenas de televisión.

En general, se distinguen tres clases de eventos deportivos:
- aquellos por los que las cadenas pagan derechos para obtener el permiso de transmisión. En este caso, también deben correr con los gastos de producción de las imágenes, y es el caso de la mayoría de los grandes deportes profesionales como el fútbol, el ciclismo, el rugby y el tenis;
- aquellos por los que no pagan derechos pero deben producir las imágenes. En este grupo entran los deportes "intermedios", como la gimnasia y el esquí náutico;
- por último, citaremos aquellos deportes por los que no pagan derechos y los gastos de transmisión corren a cargo de los organizadores. "Ofrecen" las imágenes esperando crear en su momento una dinámica en torno al evento que permita vender las mismas. Los "eventos deportivos de menor importancia" se encuentran mayoritariamente en esta situación; es el caso del Raid Gauloises en algunos países.

Una vez más, la deformación por el prisma mediático lleva a pensar que el ámbito de los derechos deportivos se regula a golpe de talonario (de millones y millones de dólares). Nada de eso, si la negociación de los derechos de televisión de los Juegos Olímpicos o de la Copa del Mundo de Fútbol es tema de actualidad cada cuatro años, la mayoría de las federaciones y de los organizadores se clasifican más bien en las categorías 2 y 3 de la tipología indicada arriba. En fin, no hay que olvidar que en el pasado reciente, la situación era totalmente distinta. El programa *Téléfoot*, a día de hoy una de las puntas de lanza de TF1 y uno de los programas más rentables, había sido propuesto en 1978 por la Liga Nacional de Fútbol (LNF, que pasó a ser LFP –Liga de Fútbol Profesional– en 2002) en el servicio público de forma gratuita, pero éste lo rechazó al considerar que en la época un programa dedicado por entero al fútbol no sería rentable.

En la actualidad, esta anécdota provoca alguna sonrisa[12].

---

12. De manera análoga, ni siquiera las empresas más importantes están libres de un error de apreciación sobre un jugador. En 1984, ADIDAS no quiso renovar el contrato de Michael Jordan, un joven jugador recién salido de la Universidad de Carolina del Norte y que acababa de ganar el título olímpico de baloncesto con Estados Unidos. Así que, lo recuperó NIKE con quien hizo la carrera y obtuvo el éxito fenomenal que todos conocemos hoy. Se calcula que Jordan consiguió 450 millones de dólares de beneficios para NIKE a lo largo de su carrera.

Recuadro 1.2
"PANTALLA TOTAL"

Causan estragos algunas batallas que han provocado una espiral inflacionista para obtener los derechos de TV del Mundial de 2002. El deporte representa ahora entre el 10 y el 15 por ciento del coste de la parrilla de programación de las cadenas. En Francia, el fútbol ejerce un dominio absoluto en las transmisiones deportivas. Si bien, en conjunto, sólo representa el 25 por ciento del total de dichas retransmisiones, a menudo pasa a la franja de máxima audiencia en TF1 y en Canal Plus (al contrario que el baloncesto, el ciclismo, o el tenis). Conscientes de la calidad del producto que comercializan, las federaciones aprovechan el momento para negociar con la televisión tarifas muy altas por los derechos.

Se calcula que la adquisición por TF1 de los derechos para la Copa del Mundo de 2002 (así como para los 24 "mejores" encuentros de 2006) por 168 millones de euros representa un aumento de la parrilla de programación del 12 por ciento. Toda la estrategia de TF1 se basaba en la buena trayectoria de la selección francesa; pero la bolsa no apreció dicha trayectoria ya que el curso de la acción fue abucheado tras el encuentro contra Dinamarca. Si bien es demasiado pronto para hacer un juicio de valor, en cambio podemos afirmar que si Francia no está presente en 2006, TF1 habrá hecho un pésimo negocio sin duda pues, como la competición se celebrará en Alemania, y no habrá diferencia horaria, las audiencias podrían volver a los niveles de 1998 (23,6 millones en el Francia-Brasil) si la selección francesa volviera a salir ganadora.

Esos derechos fueron adquiridos por el grupo KIRCH que los volvió a vender a las principales cadenas de televisión "por pisos". KIRCH fijó unas tarifas muy altas y las cadenas de televisión europeas pusieron su veto. Pero durante los meses anteriores a la Copa del Mundo, todas "pasaron por caja" para no decepcionar a su público que, de lo contrario, se habría visto privado del principal evento deportivo mundial. Así, pues, la inversión de KIRCH resultó ser rentable, lo que no impidió la quiebra del grupo a principios de 2002. Adquirieron derechos por valor de 890 millones de euros a la FIFA en 1996, y los revendieron por 198 millones en España, 126 millones en Alemania, 910 millones en Sudamérica, 68 millones en Corea, 255 millones en Reino Unido y 154 en Italia.

En Francia, la negociación de los derechos del campeonato se realizó tras la victoria del equipo azul en 1998. Desde ese momento, Canal Plus y TPS se dedicaron a subastar de un modo inusitado y la Liga Nacional de Fútbol supo sacar partido (más del 200%). En Inglaterra, en Italia y en Alemania, se produjo idéntica situación (se pasó de más del 65% a más del 300%), pero el reparto puede cambiar cuando se vuelvan a negociar los contratos. Efectivamente, algunos operadores sufren graves dificultades económicas (*ITVDigital* quebró en Inglaterra) y otros agentes se fusionan (Canal Plus y TPS en Francia, *Stream* y *Telepiu* en Italia). Ante un interlocutor único, las ligas lo tendrán difícil para subir los precios, máxime cuando las audiencias del fútbol se están estancando, o van a menos, en Europa. En este contexto, ¿asumirán los poderes públicos el riesgo de no intervenir, cuando este mar de fondo puede hacer languidecer a todo el fútbol europeo?

Fuente: Desbordes, M. "Écran total", Le Monde, 29 de junio de 2002

Después de haber vivido una opulencia desmedida a finales del siglo XX, el deporte va a someterse a una cura de austeridad. Eric Drossart, ex jugador belga de la Copa Davis y, después, presidente del grupo norteamericano de marketing IMG para Europa, África y Oriente Medio, en el 13º Sportel, cita internacional del deporte y la televisión que se celebró en octubre de 2002 en Mónaco, declaró que *"vamos a vivir un período muy difícil, de uno a tres años, será un ciclo muy negativo"*.

Estas previsiones se basan en varios extremos:
- los ingresos publicitarios obtenidos con las nuevas tecnologías (Internet, teléfono móvil...) no se corresponden con la mina anunciada;
- las cadenas de televisión deberían gastar menos dinero en el deporte porque la audiencia va a la baja, sobre todo en TF1, con el campeonato de 2002 que resultó tan aburrido y el fútbol con una oferta tan amplia.

Estudio de casos 1.2
La Postcopa del Mundo y el futuro del patrocinio

Aunque los grandes eventos deportivos se internacionalicen y las decisiones se tomen en un contexto cada vez más mundializado, el triunfo de un equipo nacional puede hacer que un mercado ascienda vertiginosamente. Por el contrario, una competición desastrosa puede tirar el mercado del patrocinio por los suelos. Los artículos que a continuación se presentan traducen el ambiente de dos períodos. Antes de la Copa del Mundo, los patrocinadores se disputan todo aquello que afecta a la selección francesa, gracias a su situación de archifavorita. Esto provoca problemas de índole ética por cuanto un elemento del patrimonio nacional es comercializado por una empresa privada. Y al contrario, el fracaso ante el Dinamarca que elimina a los campeones del mundo titulares puede desembocar en una recesión grave del mercado del patrocinio.

Recuadro 1.3
¿"A QUIÉN PERTENECE LA SELECCIÓN AZUL"?

Los equipos nacionales son tan codiciados por los patrocinadores como los grandes clubes europeos. A partir de 1978, la Federación Francesa de Fútbol confió los intereses financieros de la selección nacional a Jean-Claude Darmon, a través de su filial Football France Promotion. En 1970, después de empezar a colocar todas las pantallas informáticas del FC Nantes y a gestionar poco a poco casi todos los clubes franceses, Darmon también se metió en el negocio de la selección azul, escaparate del fútbol nacional. Solo HAVAS ADVERTISING SPORT, asociada al Estadio de Francia y consejero de SFR y de CARREFOUR (patrocinadores de la selección francesa de fútbol), le hace la competencia en parte en este ámbito.

Asimismo, la adquisición de los derechos de televisión por TF1 que le otorga la exclusividad de las retransmisiones de la Copa del Mundo 2002 y de los 24 "mejores encuentros" de 2006 por 168 millones de euros, plantea el problema del derecho a la imagen. Catherine Tasca, ministra de Cultura y Comunicación denunció esta "exclusividad total". En resumen, la caja de Pandora que abrió RMC al adquirir los derechos para la radio de KIRCH y ha desencadenado una tormenta en el mundo de la comunicación, vuelve a poner en el banquillo el derecho a la información. Jean-Marie Cavada, presidente de Radio France, volvió a recordar su preocupación por el futuro de la profesión de periodista deportivo. ¿Cuándo habrá un derecho de entrada y un canon para la prensa, incluso un derecho de escritura? ¿Dónde está la libertad de prensa en este caso?

La confiscación de la imagen de la selección francesa por un oligopolio de empresas privadas es preocupante. ¿Significa esto que el patrimonio nacional puede ser gestionado, comercializado y rentabilizado por unos cuantos, cuando en realidad "pertenece" a 60 millones de individuos?

En última instancia, esta tendencia solo refleja la evolución del deporte en su conjunto. Hace tiempo que, ante la falta de compromiso por parte del Estado, las federaciones nacionales se han visto obligadas a diversificar sus recursos. La Federación Francesa de Tenis debe el 80 por ciento de su riqueza a la actividad comercial del Roland Garros. Todas las demás han tenido que ir a la caza de los patrocinadores para sobrevivir. Si bien hay que felicitarse por la reanudación de la actividad y por la modificación de los comportamientos que de ello se derivan (a veces, las federaciones no tenían conocimiento alguno de su imagen ni de las inquietudes de sus jugadores), no pueden eludirse algunos problemas inherentes a dicha "mercantilización" de las federaciones. El caso de la selección francesa de balonmano es especialmente sintomático: ¿cómo puede uno reconocerse en una selección campeona del mundo cuya camiseta recubierta de patrocinadores parece un árbol de Navidad? Por otra parte, ¿se puede tolerar que aparezcan marcas en la camiseta de una selección nacional, aparte de la marca del fabricante de los equipos? ¿Tienen necesidad los judokas franceses del CREDIT LYONNAIS para brillar con luz propia en los campeonatos del mundo?

A veces, esta intromisión de los patrocinadores en la vida de la selección nacional alcanza claramente a la ética deportiva: solo hay que acordarse de Ronaldo, probablemente enfermo, cuya concesión del título en la final de la Copa del Mundo 1998 se debió quizá a la presión ejercida por NIKE sobre la federación brasileña, para que la estrella fetiche garantizar la promoción de la marca estadounidense mediante este evento mítico. La potencia económica del patrocinador también puede falsear una competición.

Si, por lo visto, en los clubes, que son verdaderas empresas, debe aplicarse la lógica comercial y si tenemos que felicitarnos porque ya no sean más pozos sin fondo de las finanzas públicas, sólo nos queda lamentar que la selección francesa se someta también a estas prácticas. El papel de los Estados consiste sin duda en remediarlas dando cierta independencia a los equipos nacionales para que la selección azul vuelva a pertenecer a los franceses en su totalidad.

Fuente: Desbordes, M. "À qui sont ces Bleus?", "Le Monde", 31 de mayo de 2002.

Recuadro 1.4
"ESCENARIO CATASTRÓFICO"

La eliminación prematura de la selección azul frente a Dinamarca, si ocurriera, no tiene consecuencias deportivas, pero puede arrastrar con ella a todo el fútbol francés. Desde 1998, existe la costumbre de decir que la selección francesa era "el árbol que tapaba el bosque", por lo edificante que resultaba el contraste entre ella y el campeonato nacional. Entregado por completo al liberalismo, el sistema cuya clave de bóveda eran los jugadores azules no tardará en regularse. Los derechos de televisión de la selección francesa (38 millones de euros al año) y de las competiciones nacionales (358 millones), los contratos de patrocinio, los ingresos obtenidos de los espectadores en 1ª y 2ª división (en alza desde 1998) y el volumen de negocios de las agencias de marketing se desvanecerán y comportarán un descenso generalizado de los ingresos. Esto va de mal en peor mientras que varios clubes se encuentran en una situación económica delicada y no consiguen equilibrar su presupuesto. En una situación así, el mercado del fútbol tendrá que regularse, pero ¿cómo?

Existen varias posibilidades:

Para empezar, ésta puede ser una ocasión para sanearse financieramente, dado que los clubes viven muy por encima de sus posibilidades. El descenso de los ingresos puede compensarse mediante una reducción de los gastos como, por ejemplo, los salarios. Los neoliberales seguirán afirmando que la fuga de jugadores al extranjero se va a acelerar aún más, y eso es innegable. Pero, ¿es eso perjudicial para el sistema? No necesariamente, ya que Senegal demostró que jugadores que van progresando en el campeonato de Francia pueden alcanzar de sobras el mismo nivel que las estrellas internacionales. Además, esto puede abrir una puerta a los jóvenes que salen de los centros de formación, auténtica punta de lanza y fuente de satisfacción del sistema francés. ¡Qué alegría descubrir a nuevos Cissé! Al mismo tiempo, la presencia monopolista del fútbol está en declive y por fin otros deportes podrán expresarse en televisión.

Sin embargo, no podemos excluir un crac financiero, por la preponderancia que tenía la selección francesa en los ingresos que generaba el fútbol: las quiebras de clubes que bajan de categoría podrían, pues, poner patas arriba la organización de las competiciones y dejar paso libre al "juego de mesa" en vez de al juego sobre el terreno. Eso acabaría con la presencia francesa, ya insignificante en la Liga de Campeones.

Urge legislar, independientemente del rumbo que tomen los acontecimientos, o de que se encaminen hacia un saneamiento o una implosión. En efecto, el fútbol europeo no puede ir hacia adelante de modo duradero con un campeonato de dos velocidades: los países "fuertes", como Inglaterra y España, necesitan países "intermedios", como Alemania e Italia y "débiles", como Francia, Holanda, Bélgica y Portugal para mantener el interés deportivo. La tendencia a la oligopolización (la confiscación del poder por unos pocos) si es que consigue tener ventajas en los sectores industriales clásicos, significaría la muerte del espectador deportivo que necesita competidores equilibrados. Tan solo una Europa fuerte puede regular este sistema: deseamos que el drama de Francia-Dinamarca sirva a este interés comunitario, pues, de lo contrario, se terminaron nuestros sueños infantiles... En cuyo caso, el liberalismo habrá matado al fútbol como deporte y lo habrá menoscabado económicamente.

Fuente: Desbordes, M., *"Scénario catastrophe"*, Le Monde, 12 de junio de 2002.

La oferta y la demanda

La demanda de espectáculos deportivos es ante todo mediática pues los espectadores directos representan una parte muy minoritaria con relación a los telespectadores[13]. Para responder a dicha demanda, la oferta se organiza en proveedores de los eventos y en transmisores. Los proveedores no dependen todos del movimiento deportivo y cada vez aparecen más municipios y proveedores comerciales. Los colaboradores también pueden intervenir directamente en la organización o simplemente influir en la elección de los deportes. En resumen, los medios tienen un papel a veces decisivo que sobrepasa su función de simples emisores (modificación de las reglas del juego).

Esquema 1.2
OFERTA Y DEMANDA DE ESPECTÁCULOS DEPORTIVOS

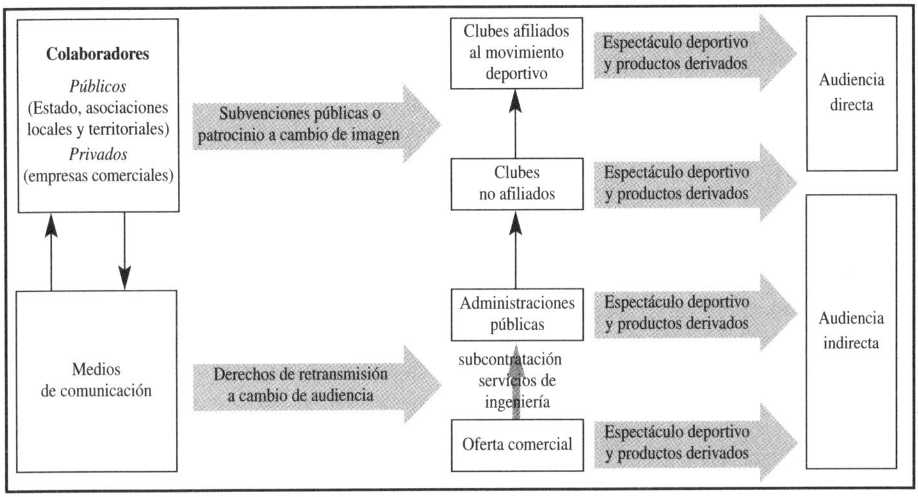

Fuente: Desbordes, M., Ohl, F., Tribou, G., *"Marketing du sport"* Economica, 2ª éd., Paris, 2001.

Las federaciones

Las federaciones participan u organizan casi todos los eventos, en el plano deportivo. Su aval es necesario para que la competición sea oficial y las marcas sean homologadas y queden registradas. Las federaciones deportivas se preocupan por los intereses de sus federados y procuran desarrollar su práctica con apoyos externos. En el ámbito internacional, organizan campeonatos de deportes colectivos mientras que para los eventos deportivos individuales, se asocian con ciudades o con asociaciones; también

---

13. En Francia, la Copa del Mundo 1998 atrajo a 2,5 millones de espectadores en los estadios frente a una audiencia acumulada de aproximadamente 41 mil millones de telespectadores.

reciben el apoyo de las ligas y las asociaciones deportivas afiliadas. El organizador de competiciones deportivas es obligatoriamente un club o una asociación deportiva. Los clubes son copropietarios de los derechos televisivos con la instancia federal. Efectivamente, la federación o la liga profesional garantiza la gestión y la redistribución entre sus socios. Su objetivo es claro: mantener el control de dichas actividades, percibir directamente los ingresos del patrocinio y los derechos televisivos y aumentar los ingresos de los clubes[14].

Los medios de comunicación

Para los medios de comunicación, el objetivo es movilizar al lector, al telespectador, al oyente o al espectador a fin de ganar cuota de mercado. Estos se sitúan en la lógica económica de anunciantes publicitarios y no en la lógica deportiva de acompañamiento de una práctica y de su promoción. Buscan eventos atractivos para la audiencia que les haga ganar cuotas de mercado y generen importantes ingresos publicitarios.

Recuadro 1.5
TIEMPO DE ANTENA DEDICADO AL DEPORTE

El tiempo de emisión en segundos por grupo con licencia es por ejemplo de 9,6 para el automovilismo y de 0,7 para el fútbol. Esta lógica económica se rige por una inversión consecuente de los fabricantes que intentan que los ingresos vuelvan en forma de imágenes y, por tanto, de ventas. Los retos económicos son enormes y dichos fabricantes no dudan en invertir presupuestos colosales en la competición. NIKE, líder del mercado mundial de artículos deportivos, tiene un peso veinte veces menor que GENERAL MOTORS.

Fuente: Desbordes, M., Ohl, F., Tribou, G., *"Marketing du sport"*, Economica, 2ª éd., Paris, 2001.

Las emisiones dedicadas al deporte demuestran bien esta lógica. Las cadenas cada vez se especializan más por motivos estratégicos (posicionamiento con respecto a un núcleo de objetivo) y económicos (pago de derechos de televisión y producción de las imágenes):
– TF1 se centra en los deportes que captan las mayores audiencias: el fútbol (*télé-foot,* partidos de la selección francesa, Liga de Campeones, Copa de Francia),

---

14. En lo jurídico, el debate causa furor entre los clubes de fútbol franceses que desean ser propietarios de sus derechos televisivos (principalmente los más importantes como el Olympique de Marsella, Lyón o el Paris Saint-Germain (PSG) y la Liga que quiere mantener su dominio sobre ellos para vendérselos más caros a los emisores. En Italia, los clubes pueden vender sus derechos directamente, lo cual genera una gran desigualdad en los ingresos relacionados con la televisión: los clubes más grandes (Juventus de Turín, Roma, Milán AC, Inter.) pueden así cobrar diez veces más por temporada que los pequeños.

los deportes mecánicos, la Fórmula 1 (cuyos derechos tiene en exclusiva para Francia) o el patinaje artístico, que ha sido relegado en la cadena después de haberlo transmitido de modo constante durante los años noventa. La programación solo cuenta con siete deportes;

– France Télévisions, por el contrario, tiene una programación más ecléctica, pues entiende que ha de asumir una tarea de servicio público, o sea, satisfacer al mayor número de personas. Si bien se ha especializado en los grandes deportes populares como el ciclismo (sobre todo el Tour de Francia y los clásicos de Copa del Mundo), el tenis (Roland-Garros, Bercy, Copa Davis), el rugby (Torneo de las 6 naciones, Copa de Europa, partidos de ensayo de la selección francesa) y el atletismo (Campeonatos del Mundo, Campeonato de Francia, Copa del Mundo, encuentros), también emite 27 disciplinas diferentes durante el año, lo que favorece que los "deportes menores" tengan acceso a la cobertura televisiva;

– Canal + tiene una amplia programación en materia deportiva: ésta representa el 50 por ciento del volumen horario de las seis cadenas hercianas al cabo del año, lo cual es lógico ya que el deporte es el argumento comercial número uno para convencer a los abonados (por delante del cine). La cadena emite, como media, más de tres horas de deporte al día. En el caso de los eventos importantes como los Juegos Olímpicos (cuando detenta los derechos como en Atlanta 1996), Canal + emite deporte las veinticuatro horas del día. Sus disciplinas favoritas siempre son el fútbol y el rugby, pero ha sabido atraerse a un público joven al ser la única cadena que ofrece deportes norteamericanos (fútbol americano, jockey sobre hielo y baloncesto)[15] y golf. En menor grado también está presente el boxeo;

– M6, por su parte, tiene una programación bastante desfasada con algo de fútbol, de deportes mecánicos y, en 2001, de vela. Durante varias temporadas, se presentó como "la cadena de la moto" antes de que France Télévisions volviera a tener los derechos, pues las carreras conseguían una buena audiencia. Sin embargo, M6 puede representar en el futuro un papel mucho más importante en el panorama audiovisual francés. En efecto su "bravuconada" del otoño de 2001[16].

---

15. Canal Plus propone un resumen semanal de los encuentros de la NBA (baloncesto), la NHL (jockey) y la NFL (fútbol americano), más los eventos extraordinarios como la Super Bowl en directo: esta final del campeonato de fútbol americano que se celebra el último domingo de enero se ha convertido con el paso del tiempo en el "gran acontecimiento" del deporte norteamericano, una auténtica mina de oro para los anunciantes y las cadenas de televisión en directo. Cada año se bate el récord del anuncio más caro del mundo y tal evento reúne aproximadamente a un estadounidense de cada dos. Por regla general, los telespectadores planifican esa noche con varios meses, o con un año, de antelación, igual que para la cena de Nochevieja.

16. En el otoño de 2001, el grupo KIRCH aún no había vendido en Francia los derechos televisivos de la copa del mundo 2002. Ante el nivel tan elevado de los precios, el servicio público declinó la oferta. TF1 pensaba que entraría sola en liza, cuando Nicolas de Tavernot (Director general de M6) lanzó el rumor de que su cadena iba a adquirir los derechos. Entonces, Patrick Le Lay (Director general de TF1) lleno de ira se apresuró a firmar el contrato que le concedía la exclusividad de tales derechos por 168 millones de euros, una cifra que la mayor parte de los observadores consideró excesiva. Estos creen que M6 no disponía en absoluto de los medios para llevar a cabo su política, sino que buscaba únicamente marcar un gol a TF1. Pero este episodio es solo uno más en el "pillo a pillo" que utilizan ambas cadenas para vigilar las actuaciones de la otra en los espacios de tele-realidad (*El Loft* contra *Koh Lanta*, *Popstars* contra la *Star Academy*, etc.).

Tal vez sea un signo del interés creciente por el deporte y es posible que se inmiscuya en la futura batalla de los derechos televisivos, para mayor alegría de las federaciones y las ligas que ven en la competencia un buen medio de mantener los precios altos.

Cuadro 1.2
TIEMPO DE ANTENA PARA LOS DEPORTES EN LAS CADENAS HERCIANAS EN 2001

Conjunto		TF1	France 2	France 3	Canal+	M6
Fútbol	655h01	160h44	15h31	40h34	436h05	2h07
Rugby	260h06		69h37	7h31	182h58	
Ciclismo	160h28		111h03	49h25		
Tenis	157h05	6h43	101h48	48h34		
Baloncesto	123h29		9h00	4h49	109h30	
Fút. americ	107h27				107h27	
Jockey s. hielo	103h31		2h05		101h26	
Dep. mecánicos excepto Fórm. 1	101h24	40h11	13h48	41h00		6h25
Atletismo	97h19	00h29	46h59	34h59	15h51	
Golf	86h48				86h48	
Boxeo	61h00		7h11	0h28	53h21	
Fórmula 1	58h10	58h10				
Pat. artístico	38h27	02h36	14h05	24h22		
Vela	20h32		9h57	4h36		3h23
Esquí	8h03	4h01		4h02		
Petanca	7h52		4h01	3h51		
Balonmano	7h49		3h38	4h11		
Judo	7h37		5h26	2h11		
Esgrima	5h11		1h55	3h16		
Surf	4h25				4h25	
GRS	4h11			4h11		
Gimnasia	4h01			4h01		
Remo	2h45		1h37	1h08		
Natación	2h44		2h44			
Kick boxing	2h26				2h26	
Ciclocross	1h43		1h05	0h38		
Danza deportiva	0h51			0h51		
Voleibol	0h48		0h48			
Jet esquí	0h46	0h46				
BTT	0h26			0h26		
Programas generalistas	212h22		99h46	58h01	38h54	15h41
Total en horas	**2305**	**274**	**522**	**343**	**1139**	**28**

Fuente: "*La Lettre de l'économie du sport*", n.º 610, miércoles 27 de marzo de 2002.

La estrategia de las cadenas de televisión publicas es diferente. Consiste en emitir deportes de baja popularidad o eventos secundarios, lo cual presenta la doble ventaja de ser poco costosos y de corresponder a una ética de emisión de todas las disciplinas deportivas.

Las sociedades mercantiles

Las federaciones están dotadas de estructuras especializadas para organizar los grandes eventos. Cada vez se producen más transferencias de competencias de la organización y el marketing hacia estas empresas de servicios especializadas en marketing. Las formas de colaboración son múltiples y los empresarios han sabido aprovechar la poca competencia en el marketing deportivo. La Federación Francesa de Tenis garantiza la gestión total de los torneos de Roland-Garros y Bercy. Otras federaciones recurren a agencias privadas.

La gestión publicitaria se ocupa de la parte comercial del evento, del equipo, o del atleta. Se encarga de buscar patrocinadores y de llevar a la práctica las operaciones vendidas con una comisión del 20 al 30 por ciento. Posee los derechos exclusivos de comercialización. En el fútbol francés la referencia es Jean-Claude Darmon.

El promotor o productor es el titular de los derechos de organización de un evento que la federación ha vendido. Es quien asume el riesgo financiero y gana, por regla general, la comercialización local y la taquilla. Debe dar cuenta de ello en un registro estricto dictado por la federación.

El organizador, si es distinto del promotor, es un proveedor técnico. Su remuneración es por honorarios (generalmente un precio fijo), por comisiones si realiza la gestión publicitaria, o por margen de producción cuando le es confiado un presupuesto global por el evento. Pero hay que tener presente que se trata del organizador del evento y no de la competición propiamente dicha que debe organizarla un club o una asociación afiliada a una federación.

En la sección "Gestión comercial y patrocinio" del capítulo 3, se verá de modo más detallado cuáles son los retos de los patrocinadores de eventos deportivos.

Las asociaciones

De unos años aquí, las asociaciones han entendido bien lo interesantes que podía ser el acoger eventos deportivos y lúdicos. Se comportan como patrocinadores, esperan ingresos a través de su imagen y de la puesta en valor de los agentes económicos locales. Muchas veces, las ciudades son el embrión de los proyectos, pues desean que se perpetúe la instalación. Cuando el presupuesto del evento supera una cierta cuantía y las asociaciones quieren recurrir a un proveedor externo, están obligadas a abrir una licitación para que lo organice. Redactan un pliego de condiciones en el que especifican el tipo de evento, la fecha, el lugar, los objetivos, el contexto, el número de personas previstas, y los cometidos exactos de las empresas que van a responder a dicha licitación.

El Estado

El Ministerio de Deportes participa en la financiación de los eventos y las instalaciones, sobre todo, a través del Fondo Nacional para el Fomento del Deporte, una cuenta de asignación especial que gestiona conjuntamente el ministerio y el comité olímpico. En los eventos internacionales muy importantes tales como los Juegos Olímpicos o la Copa del Mundo de fútbol, solo el Estado tiene poder de decisión. Dichos eventos están cogestionados por el ministerio de Deportes y el movimiento deportivo internacional (FIFA, IAAF, o COI). En ese caso, puede crearse una Agrupación de Interés Público, como en los Campeonatos del Mundo de Atletismo 2003 de Paris Saint-Denis.

Cuadro 1.3
OBJETIVOS DE LAS DIFERENTES PARTES QUE INTERVIENEN EN UN EVENTO DEPORTIVO

Empresa comercial	Asociación territorial	Colaboradores	Federaciones
Promocionar su imagen, la de uno o varios comanditarios o la de uno de sus productos Dinamizar la parte interna Generar beneficios	La imagen y el prestigio como factor de desarrollo económico: dinamismo, productividad y personalidad de una ciudad o una región Repercusiones económicas locales y nacionales	Trabajar su imagen mediante la del evento para obtener nuevos "clientes" Dinamizar la parte interna (VIP, etc.)	Promover la disciplina Aumentar el número de jugadores con licencia para competir

La finalidad de todos los participantes en la elaboración de la oferta, comanditarios, proveedores o colaboradores es aumentar su credibilidad, su imagen y su prestigio. Sin embargo, existen también algunas divergencias.

Así, los objetivos de una asociación son distintos de los de una empresa comercial donde se trata de generar beneficios. El cuadro que viene a continuación retoma los objetivos planificados por los diferentes agentes sobre los eventos deportivos o lúdicos.

Resumen del capítulo 1

El evento deportivo se caracteriza por congregar a un número relativamente elevado de espectadores y participantes, por un gran impacto mediático y por su carácter extraordinario. Los medios de comunicación crean en torno al espectáculo una red amplia de información y de difusión que les sitúa en el corazón de una nube económica y financiera compuesta de titulares originales de los derechos (federaciones, ligas, clubes), de intermediarios privados (agencias de marketing deportivo, organizadores, promotores) y de anunciantes o agencias financieras en busca de imagen y beneficios (patrocinadores de todos los medios, fabricantes de equipos, asociaciones e incluso ministerios). La importancia de los flujos financieros conlleva algunas desviaciones y el dejar de lado la ética deportiva que es obligatoria para el interés y, por ende, la viabilidad de las competiciones. En este contexto, organizar un evento y llevar a cabo un proyecto de actividades con vocación deportiva exige un buen conocimiento de las estrategias de los agentes conferidos en el deporte así como una metodología rigurosa, por los muchos y complejos parámetros, a menudo específicos de una práctica deportiva, que hay que tener en cuenta.

Capítulo 2
Diseño de un evento deportivo

1. RACIONALIZACIÓN DEL EVENTO DEPORTIVO: ESQUEMA GENERAL DE LA ORGANIZACIÓN Y GESTIÓN DE UN EVENTO DEPORTIVO

En términos generales, Alain Loret (1995) define la gestión del deporte como *"un proceso de organización racional de los recursos puestos en juego para lograr los objetivos."* Por eso, cualquiera que sea el evento se racionalizará para que resulte más efectivo. Es el soporte de una estrategia de acción que emplea una metodología estricta. Así, una vez definidos los objetivos y los retos del sector, se tendrán en cuenta todas las componentes del evento y de su organización para enmarcar y planificar las diferentes etapas del proceso de ejecución y anticipar, siempre que sea posible, los problemas que constantemente se plantean. Las etapas ininterrumpidas, clasificadas y especificadas constituyen a la vez un apoyo y una ayuda que hacen el trabajo más eficaz y fiable (De Reyke, R. 1999).

La organización del evento deportivo se define como un proyecto, es decir, *"un objetivo que los agentes deben llevar a cabo en un contexto específico, en un plazo determinado y con medios concretos, y que requiere el uso de los trámites y las herramientas adecuadas* (Maders, H.P., Clet, E. 2002)".

Se establecen cuatro etapas cronológicas importantes:
– **El diseño:** Es preferible innovar. Aunque no sea la primera edición, las mejoras siempre son necesarias. Además, la oferta se desmarcará de la oferta existente, se situará y se basará en la idea directriz. La estrategia de marketing se elabora gracias a un doble análisis del público/competencia. Seguidamente, viene el examen del aspecto financiero y la evaluación de las posibilidades y, finalmente, la creación de un grupo de dirección.
– **Las funciones principales preparatorias:** éstas varían de un evento a otro. En el modelo que se presenta, son seis:
  • función administrativa y financiera;
  • función legislativa y de seguridad;

- función de la comunicación y los medios de comunicación;
- función comercial y de patrocinio;
- función logística;
- función deportiva.

Estas funciones principales rigen toda la organización. Se coordinarán entre sí para que el sistema resulte coherente. Esta fase determina lo que va a pasar el "día D" y sobre todo como va a desarrollarse.

- **El desarrollo:** Por muy minuciosa que haya sido la fase anterior, la incertidumbre cero no existe. Esta etapa requiere un estado de alerta constante y hay que respetar muchas formalidades si se quiere afrontar con rapidez los imponderables. La creación de extensiones de recursos humanos participa en una gestión *in situ* eficaz (recepción del público, los medios, los colaboradores, los organizadores, el puesto de seguridad, la dirección del espectáculo, el mantenimiento técnico, la dirección deportiva, etc.).

- **La fase post evento:** en ella se hace una evaluación financiera, de organización y política, y también ofrece un plazo para analizar el impacto, la comunicación y la satisfacción de todas las personas presentes. Dicha fase fija las perspectivas de futuro y constituye una herramienta esencial para la continuidad del evento.

DISEÑO DE UN EVENTO DEPORTIVO 39

Esquema 2.1
GESTIÓN Y ORGANIZACIÓN DE UN EVENTO DEPORTIVO

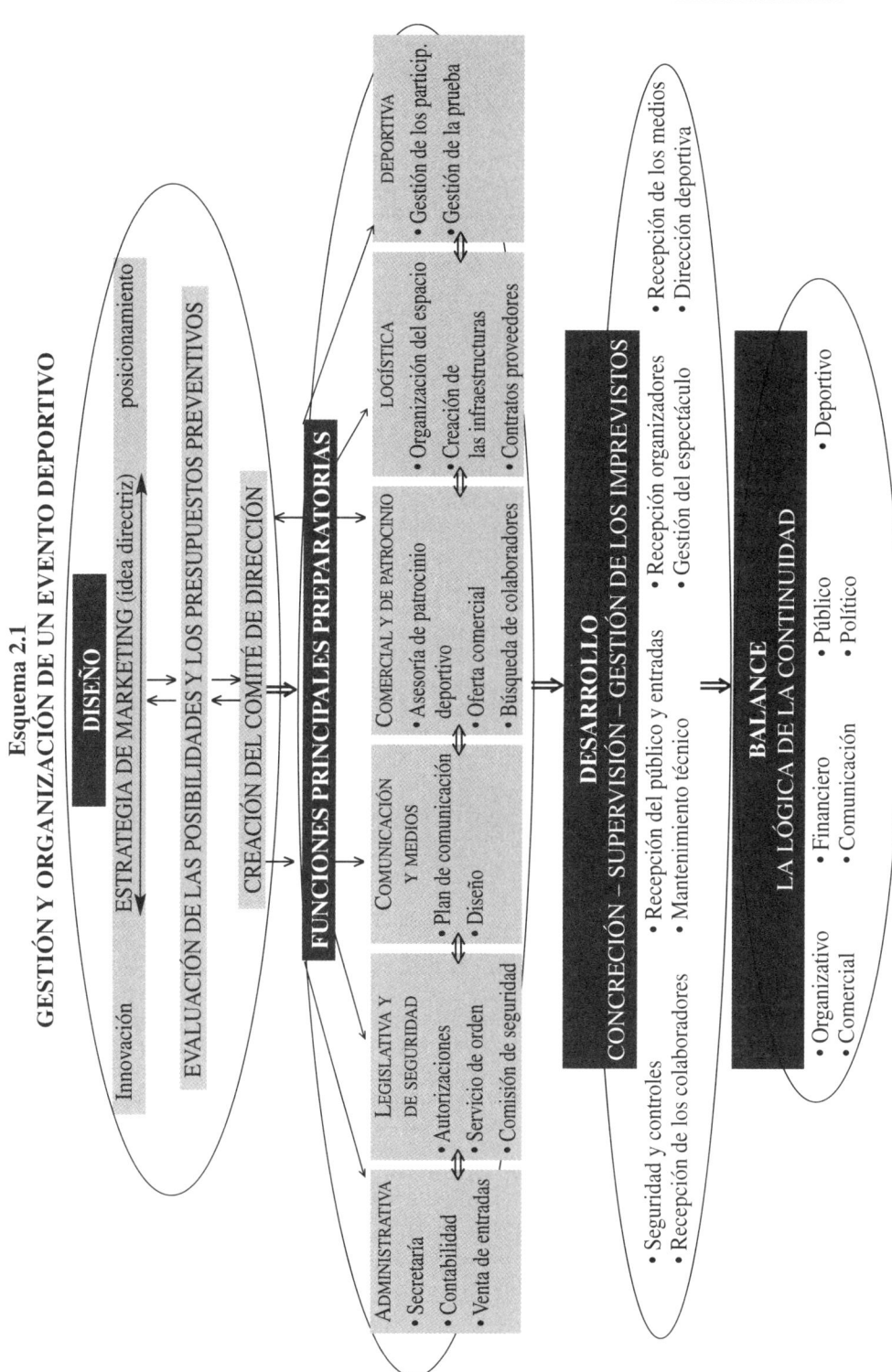

2. ESTRATEGIA DE MARKETING

La etapa de diseño y creación de una estrategia de marketing es crucial, pues otorga al acto su pertinencia, su dinamismo y su originalidad asegurándole, así, el éxito presente y futuro en condiciones de una gestión eficaz. Depende mucho de los recursos y medios de los que dispone la organización; por tanto, esta fase va íntimamente ligada a la etapa siguiente de evaluación de las posibilidades y de elaboración de los presupuestos preventivos, y siempre está en relación con el balance de la edición anterior.

Datos generales

1) La segmentación. En el mejor de los casos, la organización diseña un producto para satisfacer las necesidades de cada cliente. Segmentar un mercado significa crear un producto, fijar su precio y comunicar sus beneficios a los consumidores elegidos de entre todos los consumidores. Cada evento es especial y supone el establecimiento muy preciso del mercado objetivo. Estos segmentos se consideran como un grupo relativamente homogéneo en cuanto a sus comportamientos y necesidades ante el evento. Así, pues, deben ser accesibles por el mismo enfoque de marketing. En un evento deportivo, están los deportistas, los aficionados y los incondicionales de la actividad.

2) El posicionamiento es el hecho de crear y hacer familiar en la mente del cliente una imagen única del evento, en comparación con los productos de la competencia. Para ello, hay que tener un conocimiento detallado de lo que el cliente (espectador o anunciante) desea y valora y evaluar los eventos competitivos, para satisfacerle y devolverle el valor esperado (y de ahí el doble análisis público/competencia que le sigue). El posicionamiento sirve para hacer más atractivo el evento deportivo, por su precio, accesibilidad, presentación visual y utilidad práctica.

3) La innovación es hoy crucial para cualquier empresa. Incluso hay que innovar para existir, sean cuales sean los productos o servicios ofrecidos. El mercado de los eventos no escapa a esta regla, cada vez es más competitivo, los eventos cada vez son más numerosos y el consumidor busca calidad e innovación. La tarea consiste, pues, enmarcar una ruptura con el doble objetivo de satisfacer al máximo las nuevas expectativas del público y de desmarcarse de la competencia. Así, pues, se fomentará la innovación y la creatividad que serán una característica constante en la organización de eventos deportivos. La innovación es a la vez un resultado y un proceso, es decir que afecta a todas las etapas desde la gestación de la idea y, luego, se expande a todas las etapas que van del diseño a la comercialización. También afecta a todos los parámetros que contribuyen al desarrollo y al éxito de la novedad en el mercado. Si el evento no es nuevo, se introducirán innovaciones de "mejoras menores", que perfeccionarán las características del evento sin modificar su estructura ni sus usos, o incluso innovaciones "de ampliación", graduales "de perfeccionamiento" que aportarán una plusvalía al añadir una o varias características nuevas: modalidades de competición y actividades (Hillairet, D. 1999). La programación de eventos es "el arte de crear, de innovar, para que se expresen la fuerza y la belleza del movimiento" (Comité de organización de los Juegos Olímpicos de Atlanta, 1996).

Estudio de casos 2.1
La innovación en la programación de eventos deportivos a través del ejemplo del Motorshow del Estadio de Francia

El Motorshow es un evento coproducido por el Consorcio del Estadio de Francia y la sociedad PHA. Este concepto surgió para sustituir a los Campeonatos del Mundo de Supercross. La innovación se sustenta en tres pilares: el "mix" espectáculo, la importación de disciplinas extranjeras de éxito y los avances técnicos.

El mix espectáculo se produce en torno a los deportes mecánicos en una misma tarde. Es una mezcla de:
- supercross,
- moto estilo libre,
- moto acrobática,
- monster trucks,
- dragster,
- atracciones: DJ, animadoras, entrevistas a personalidades...

La segunda edición vio como le quitaban definitivamente la Supercross y las motos acrobáticas a favor de:
- la visita al pádoc y la reunión con los pilotos antes del espectáculo,
- el Speedway.

Actividades inéditas en Europa:
- la exhibición de los Monster Trucks, esos monstruos de 5 m de alto importados de Estados Unidos que desarrollan una potencia de 1.500 CV y destruyen todo cuanto encuentran a su paso. En la edición del 2002, desembarcó el show mecánico completo estadounidense del "*Hot Wheels Monster Jam*" (carrera de Monsters), que dio lugar a una auténtica competición entre 6 Monster Trucks,
- la demostración de Dragster efectuada por Vincent Perrot, que hizo rugir los 10.000 caballos de su motor de reacción dentro del Estadio,
- la segunda edición del Motorshow. Ésta es una actividad que llega directamente de Gran Bretaña, donde llena estadios, y garantiza la novedad: el Speedway es una carrera de moto, sin freno, en deslizamiento continuo, que tienen lugar en un óvalo de 330 m.

La innovación técnica permite que todas estas actividades tengan lugar en el mismo espacio:
- 6.000 m^3 de tierra,
- una pista de supercross de 800 metros de largo,
- un espacio de 2500 m^2 para los monster trucks,
- una rampa de lanzamiento y una colchoneta de recepción en el suelo de 10 metros de alto para el estilo libre,
- una pista de alquitrán de 150 metros de largo por 4 de ancho,
- un escenario central de 100 m^2 para el comentarista y las actuaciones.

Fuente: documento Consorcio del Estadio de Francia y PHA – Claude Michy.

4) La idea directriz. Representa el núcleo duro, la esencia del evento. Es la idea de base extraída de los conceptos anteriores y elaborada conforme a los objetivos y los retos. A ella recurrirán los organizadores cuando tengan que tomar una decisión. También es un plan de base teórico al que el equipo organizador tendrá que recurrir durante la realización. A este efecto, es preciso documentarse e informarse sobre lo que se ha hecho en otras partes. La fecha se elige en función de las ofertas que lanza la competencia y de los factores socioeconómicos. Hay que prestar atención a los periodos en que disminuye el poder adquisitivo del público, las salidas de fin de semana o de vacaciones. La elección del sitio se hará según la disciplina y se adaptará al público.

Análisis cuantitativo del espectador de un evento

Los enfoques "clásicos" de la gestión muestran el interés por los datos cifrados. Los estudios de mercado sirven para hacer una segmentación de la clientela por categorías y ofrecen a la estrategia y al marketing mix las bases de coherencia. Son un instrumento para la prospección de colaboradores.

Recuadro 2.1
RESUMEN DE DATOS SOBRE EL ESPECTADOR DE EVENTOS

Según algunas encuestas del ministerio de Cultura y de Comunicación (Donnat, D., Cogneau, D. 1998), entre 1988 y 1997, la asistencia de los altos ejecutivos a los espectáculos deportivos pasó a ser del 21 al 32% y en los puestos intermedios del 13 al 36%.

Los gastos en espectáculos deportivos no se diferencian mucho entre categorías sociales. Sólo los jubilados y los parados presentan índices por debajo de la media.

Así, pues, asistimos a una homogeneización de los gastos y a un aburguesamiento del público.

La asistencia a los espectáculos deportivos varía según la edad y, como en la mayoría de las salidas que hace el público, disminuye con la edad: de los 15 a los 19 años es del 44% frente al 20% entre los 45 y los 64 años.

El sexo también influye mucho en la participación. En los últimos 12 meses, la asistencia a un espectáculo deportivo de pago se clasifica según el siguiente porcentaje: hombres: 35%; mujeres: 16%.

En 1997, el 25% de los franceses presenció un espectáculo deportivo.

Fuente: Desbordes, M., Ohl, F., Tribou, G., *Marketing du sport*, Economica, 2e éd. Paris, 2001.

Los análisis cuantitativos aportan al organizador una información valiosa. Incluso dan respuesta a numerosos interrogantes sobre los espectadores como, características sociolaborales, procedencia geográfica, lugar de venta de la entrada, gastos medios del lugar donde se celebra el evento o de la estancia y medios de transporte, alojamiento y mantenimiento[17].

Análisis cualitativo del público

Aunque un evento de dimensiones internacionales descanse principalmente sobre su difusión mediática, su éxito depende de un buen espectáculo, y los espectadores directos son los ingrediente indispensable del mismo. Además, los ingresos por la venta de entradas suelen ser un maná para los organizadores. Por tanto, después de realizar un estudio cuantitativo, se intentará entender mejor al consumidor y sus expectativas. Los objetivos serán múltiples y tienden a mejorar la comercialización, la comunicación, los servicios durante el espectáculo, el precio y las ventas de productos derivados, para atraer o fidelizar al público.

---

17. También sabemos que las prácticas deportivas van asociadas a los tipos de público. Por ejemplo, el fútbol va dirigido al público en general; la gimnasia, más bien a un público femenino; el rugby, al suroeste francés, y el golf a los CSP +.

Recuadro 2.2
DATOS SOCIOLÓGICOS SOBRE LOS EVENTOS DEPORTIVOS

Viaje a la fantasía y a la simbología

Las personas cada vez tienen más tiempo y más medios para "vivir", para disfrutar de la vida. Esta mentalidad es la que predomina; la necesidad de dar sentido a la vida pasa por lo que cada ser humano ha vivido, vive y piensa vivir. Se abre paso una demanda social dirigida a las emociones y la libertad. La gente quiere descubrir, compartir y entusiasmarse y busca la emotividad, la irracionalidad y los sueños. En este contexto, el espacio de los eventos y, en concreto, los eventos deportivos es único. Estos representan un tipo de interfaz entre el universo de la cotidianidad y el mundo de la fantasía individual o colectiva. Es un hecho "excepcional".

Joffre Dumazedier (1990) destaca que los hombres han vuelto a alojar en ellos a los mitos que les hacen soñar en su ocio: "*los mitos de Dionisos, de Eros, de Sileno, de Narciso, de las Bacanales, de las sirenas, o de las tres Gracias han vuelto a ser sacralizados con el fin de que algunas prácticas afectivas de la noche, de los fines de semana o de las vacaciones, obtengan una carga poética aún más fuerte toda vez que dichas prácticas se mantienen en lo que dura un intervalo de ocio entre dos momentos sociales de la vida ordinaria.*" También señala que el ocio ofrece una parte juvenil que la vida ordinaria ha interrumpido. "*El ocio permite que la fuerza creadora del niño permanezca en nosotros, y se exprese más que en ningún otro momento social, haciendo hallazgos tal vez ingenuos, con su admiración implícitamente ilusoria, sus fuentes de encantamiento efímero en un mundo de desencanto, por la necesaria hegemonía de la racionalidad en el trabajo y en las actividades de creación, que Max Weber fue el primero en denunciar*" Sitio Internet: http://membres.lycos.fr/citecom/manifest.htm

La dimensión simbólica del deporte aparece especialmente en los espectáculos deportivos. Las transformaciones de la oferta mediática han desembocado en una abundancia de imágenes y textos deportivos. El éxito mediático del deporte debe entenderse por su capacidad de poner en escena a personajes ordinarios enfrentados a dificultades, fracasos y éxitos. El deporte espectáculo es un recurso inagotable para narrar los comportamientos cotidianos, actúa como metáfora de la vida que quiere dar sentido a una sociedad cuya complejidad y opacidad son mayores (Desbordes, M., Ohl, F., Fribou, G., 2001), sobre todo porque se basa en situaciones reales, muchas veces fatales, y los medios pueden influir en su desarrollo. Jean Corneloup (2002) insistió en la importancia del "médium" (prensa, comentarista, periodista, etc.). Exactamente igual que Christian Pociello (1999), para quien el mediador debe realizar un esfuerzo de traducción a fin de domeñar la fantasía de los hinchas. Él pone en escena el espectáculo deportivo pero dando prioridad a la improvisación, la sorpresa, la tensión, la pasión, el drama, el suspense, la desigualdad, etc. Su narración y sus interpretaciones generan emociones, y para ello, emplea técnicas. Debe estar en sintonía con la cultura deportiva y se apoya en los mitos de nuestras sociedades; por eso puede recrear el recorrido vital de un deportista. Pociello muestra cómo se forjaron las epopeyas utilizando metáforas elaboradas a partir de un juego de oposición, que él denomina "efecto Carpentier".

Participación real

Los actos deportivos nos permiten vivir y tener experiencias en una mezcla de actividad y hedonismo propios de la cultura posmoderna. Hay un deseo de destacar, de implicarse, de ser parte activa, de poner en alerta los sentidos; en resumen, de gozar de ese instante privilegiado que es el evento. La organización de eventos deportivos permite todo esto, porque la incertidumbre del resultado de un encuentro produce estrés y nerviosismo, felicidad o decepción. Pero, además, porque los espectadores quieren influir sobre el resultado a través de sus gritos, sus gestos, sus coreografías y sus banderolas, porque ellos son y hacen el espectáculo, son auténticos actores del "drama" que tiene lugar ante sus ojos. Participantes y espectadores son una misma cosa y sus acciones y reacciones son interdependientes (Elias, N. 1986). Los hinchas, "el 12º hombre" como gusta llamarlos, está ahí, a unos metros. Dicho hombre actúa sobre la moral del jugador y su contrincante. También se establece una comunicación directamente entre el jugador y el espectador. Esta influencia llega a ser tal, que el jugador pierde por completo la sangre fría. Ahora, recuerdo a "Canto" que atacó a un espectador que le insultaba.

En esta misma línea de rechazo al espectador pasivo, hay que destacar que el evento no se puede reducir a simple espectáculo, pues está constituido de muchos complementos que lo hacen más variado y entrañable. Podemos alternar mientras tomamos una cerveza en la cafetería, participar en muchas actuaciones en las que somos actores, bailar sobre el escenario, disfrazarnos, en fin, asistir y participar en los diferentes espectáculos del Espectáculo. Algunos colaboran llevando la lógica de la integración y la participación a su máximo nivel. Los eventos participativos, extraídos de la misma lógica que la "Maratón del Médoc" obtienen un auténtico éxito y amplifican los puntos vistos anteriormente en su conjunto. El público acude a participar sin noción del tiempo ni de las marcas, sencillamente para realizar una actividad que les gusta mientras se divierten, "disfrutan", alternan...

Identificación e identidad

Además, Alain Ehrenberg (1991) declara que los espectáculos deportivos también son espacios de expresión de una voluntad de existir mediante las apariencias. Este "furor por figurar" se ve claramente en el vandalismo considerado como una *"forma de obtener la fama personal en una situación de exclusión social"*. Dichos espectáculos refuerzan realmente la identidad y los sentimientos de pertenencia colectiva. Las personas se agrupan en "tribus" para alternar, comunicarse y vibrar y se identifican con una práctica, un grupo social, o una estrella. Las expectativas del público se basan también en afirmaciones de la identidad local o nacional. Pero hay más, el espectador suele volver a salir con un producto derivado, comprado in situ. Estos contribuyen a prolongar las emociones vividas, materializan la participación en la prueba, aseguran una legibilidad y representan el papel de marcadores de la identidad de un grupo constituido.

> **Respuesta a necesidades básicas**
>
> Para concluir, podemos citar algunas necesidades básicas descritas por los diferentes sociólogos en sus análisis del ocio:
> – la autonomía y la voluntad de organizar uno mismo sus actividades;
> – las actividades familiares y la presencia de niños;
> – la ruptura con la rutina y el deseo de fiesta, de distracciones como reacción a la gris y monótona vida cotidiana;
> – la búsqueda de actividades físicas no competitivas y relajantes para compensar la inactividad y el estrés relacionados con el trabajo en el sector terciario;
> – el descubrimiento de otras culturas y la necesidad de evasión estimulado por el rechazo al marco de vida habitual.

Enfoque por el "sitio"

La noción de "sitio", entendida mediante la gestión etnográfica, es una nueva forma de administrar un espacio. Además de representar una función puramente de marketing, el sitio, o espacio, es una construcción, y se crea o se adapta, se le da forma, se acondiciona, se le activa, se le dota de alma y se le deja evolucionar según se entienda la demanda.

Más que el simple espacio de "visionado" de un espectáculo deportivo, el "sitio" del evento deportivo es un espacio de vida que todos nos podemos apropiar, un territorio que permite los encuentros y los intercambios y favorece los lazos de identidad, a la vez que genera emociones. También contribuye a crear una comunión entre los espectadores, a agrupar las energías a través de las "experiencias" comunes y se dirige hacia el mismo objetivo. El sitio deportivo privilegiado hace que el espectador entre en lo "extraordinario", le deja metamorfosearse, "salir de él mismo" de modo que se beneficia de ello plenamente. Esta transgresión pasa por la eliminación de cualquier referencia social. "El espectador se vuelve niño, el niño adulto y el viejo, joven. El individuo pierde su educación civilizada, expresa impulsos inhibidos y se deja arrebatar por ellos con júbilo". (Petit Larousse Grand format, Livret "Des fêtes et des homes", 2003).

Joffre Dumazedier manifiesta que el espectador tiene que poder "desligarse temporalmente de la tutela diaria de las instituciones, organizaciones y agrupaciones a las que cada cual está unido por su nacimiento y su estatus". Así, una presencia demasiado visible de la tutela institucional o política puede rubricar el fracaso de la actividad deportiva. Por eso, a menudo, se guarda una imagen borrosa de la identidad de los organizadores haciendo ver una reagrupación más o menos espontánea de los espectadores. Pero este desbordamiento de emociones necesita un sentimiento de seguridad. El temor y el recelo de la gente a que se produzcan actos más o menos violentos, incluso atentados, desde el 11 de septiembre de 2001, pueden comprimir la efervescencia del sitio y frustrar la fiesta.

Con frecuencia, el sitio privilegiado está cargado de historia y marcado por un ritual, lo que le otorga una dimensión "sagrada". Por otra parte, la ritualización es una constante en los actos deportivos. La configuración del espacio, los gestos preparados, la colocación de los jugadores al principio de un encuentro, las ceremonias de inauguración o de clausura, los himnos y los desfiles de atletas recuerdan que los grandes eventos consagran sociedades (las naciones y las agrupaciones deportivas), personas (los campeones) y valores que son universales (juego limpio, olimpismo).

Esquema 2.2
CARACTERÍSTICAS DEL EVENTO DEPORTIVO COMO "SITIO PRIVILEGIADO"

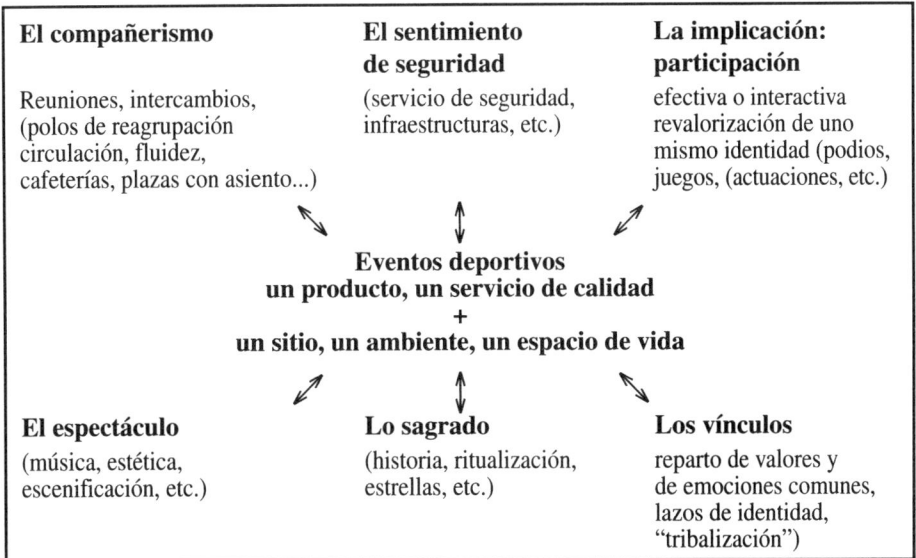

Estudio de casos 2.2
La Maratón de París o cómo atraer espectadores[18]

La Maratón de París es un evento puntero del curso deportivo de París. En 2000, se benefició del "efecto 2000" para batir su récord con más de 30.000 corredores inscritos. En 2002, cerca de 25.000 corredores se alinearon en la salida en los Campos Elíseos. Sin embargo, contrariamente a sus dos grandes competidores que son Londres y Nueva York, la prueba parisina sufre una falta importante de público.

En Londres, el éxito popular va unido, en parte, al hecho de que esta carrera recibe el apoyo de las organizaciones benéficas: los fondos que se recogen están destinados a acciones benéficas. La maratón de Londres es de alguna manera la "teletón inglesa", lo que hace de él un evento que trasciende el deporte y saca la gente a la calle. En Nueva York, la prueba representa a la ciudad en toda su dimensión; la maratón recorre todos los barrios de la ciudad y los habitantes se apropian la prueba que se convierte en la "fiesta de la ciudad."

Entre los motivos a los que se recurre normalmente para explicar la falta de interés de los parisienses, Joël Lainé, director general de la maratón, da una serie de explica-

---

18. Fuentes: Amaury Sport Organisation – carpeta de prensa maratón 2002; Encuesta de notoriedad/satisfacción a los vecinos de la Maratón de París. Estudio realizado en el marco del DESS "Gestión internacional del deporte" dirigido por Michel Desbordes (Director DESS) y Joël Lainé (Director general de la maratón internacional de París), 2000.

ciones (a partir de las cartas de insultos y de descontento que recibe con mucha frecuencia):

1) con la prueba se ensucia el barrio,

2) es un evento ruidoso,

3) cortan la circulación muy temprano por la mañana, no se puede aparcar y eso impide el ir a comprar los *croissants* de los domingos (sic).

Al objeto de obtener informaciones más objetivas, se ha llevado a cabo una encuesta de notoriedad/satisfacción a los ciudadanos parisienses en el marco de una colaboración entre Athlétisme Organisation y el DESS *"Management international du sport"* (Gestión internacional del deporte) de la Universidad París Sur-XI.

Cuadro 2.1
METODOLOGÍA EMPLEADA

Método de encuesta	Elaboración de un cuestionario en torno a tres ejes de investigación: 1) notoriedad / conocimiento del evento 2) factores de motivación que incitan al público a salir a la calle para asistir a la maratón 3) datos sociológicos
Modo de recopilación	Paso directo por 12 sitios diferentes variando los horarios
Muestra	300 personas elegidas al azar en la calle y que viven alrededor del recorrido de la maratón
Análisis de los resultados	Utilización de *Modalisa* (programa de tratamiento de encuestas)

Resultados:

Han respondido a la encuesta un 57 por ciento de hombres y un 43 por ciento de mujeres. El 74 por ciento de las personas preguntadas conocen la maratón de París y el 37 por ciento saben que la salida es en los Campos Elíseos: hay que destacar que el conocimiento de la prueba aumenta con la edad. De ese 74 por ciento, el 53 por ciento conoce el periodo en que se celebra la maratón y el 41 por ciento sabe en qué momento del día se da la salida. Los tres valores que más se recuerdan son el esfuerzo, la hazaña y la superación. El olimpismo y el dolor se sitúan por detrás de ellos. El 33 por ciento nunca ha asistido a una maratón, frente al 36 por ciento que lo ha seguido por televisión y el 31 por ciento, en la calle.

Se han destacado cuatro problemas principales, lo que obliga a los ciudadanos a modificar sus costumbres:

1) El corte de la circulación. Molesta mucho (17%); molesta un poco (50%).

2) El problema del estacionamiento. Molesta mucho (23%); molesta un poco (42%).

3) El ruido ocasionado por los espectadores y los participantes. Molesta mucho (10%); molesta poco (43%).

4) Los desechos del avituallamiento. Molestan mucho (6%); molestan un poco (el 43%).

Alicientes para la participación en el evento festivo:

1) el 52 por ciento se declaran dispuestos a bajar a la calle para presenciar la maratón (de ellos el 10%, absolutamente dispuestos y el 42%, a lo mejor). Entre los vecinos, el porcentaje sube hasta el 57 por ciento, lo que demuestra que la proximidad del recorrido es un factor importante de participación en el espectáculo. Entre las mujeres el porcentaje es del 55 por ciento, lo que resulta interesante en la medida en que los niños pueden llegar a ser un objetivo para las actuaciones que se ofrecen a lo largo del trayecto; pero, las estadísticas ponen de manifiesto que son las mujeres, primordialmente, quienes acompañan a los niños en su ocio (fuente: INSEE, 2001). Por otra parte, las personas que tienen niños representan el 60% de las cifras y esto puede ser significativo a la hora de elegir las actuaciones.

2) Los hombres manifiestan su preferencia por el ver la maratón en la tele (aspecto competición, voluntad de seguir la cabeza de la carrera) al contrario que las mujeres que son más proclives a salir.

3) El 54 por ciento de las personas interrogadas declara que desea ver actuaciones durante el recorrido y el porcentaje aumenta hasta el 66 por ciento en el caso de los padres que tienen uno o varios niños. Los espectáculos de calle y las actuaciones deportivas se sitúan en cabeza.

4) Existe una cuestión que preocupa a la organización y es que el 81 por ciento de los encuestados no sabe las actuaciones que hay, lo que traduce la necesidad que tiene ASO de dar a conocer este tema.

5) Los sitios conocidos y los espacios naturales (Arco de Triunfo, Sena, Bosque de Bolonia, Bosque de Vincennes) se someten a votación para ubicar las actuaciones.

En 2001, DESS realizó una segunda encuesta: Ésta, de más calidad, consistió en hacer preguntas a 16 parisienses durante una entrevista bastante larga (cerca de dos horas) en la que se confirmaron los resultados de la primera encuesta.

En conclusión, el problema de las actuaciones no es fácil de resolver para el organizador, por culpa de la complejidad de las tensiones que pesan sobre él:

1) Es posible atraer más público a la calle modificando el recorrido, pasando por barrios más poblados y más populares. En cambio, en este caso, el recorrido es menos llano, el vencedor echa 2h y 20 minutos en vez de las 2h 6 minutos de 2002 y 200, y las estrellas no van porque peligra su reputación y, así, la prueba se convierte en una carrera de aficionados exclusivamente.

2) El horario de la maratón (salida a las 9h) es inmutable para la correcta alimentación de los corredores y para volver a abrir la circulación a primera hora de la tarde en la capital. Está claro que se trata de un horario nefasto para garantizar el éxito popular.

3) A pesar de lo dicho, se multiplican los conciertos y las actuaciones; ASO ha captado el mensaje. Pero el éxito de la maratón, en el futuro, dependerá de que se inculque la cultura de la maratón en la población parisiense.

Análisis de la competencia

Diferentes niveles de análisis

Es delicado determinar la competencia de cualquier evento[19]. A menudo se recurre a las nociones de competencia directa o indirecta y se plantea la pregunta de en qué categoría hay que situarla. El esquema que viene a continuación retoma los diferentes "estratos" donde se la puede situar para analizar un evento como el de las 24 horas de Le Mans. Pero intervienen otras variables como, en qué lugar geográfico se sitúa, si se hace a nivel regional, nacional, europeo, o mundial, qué tipo de público hay que tener en cuenta, los espectadores, los telespectadores, los anunciantes, o el financiero.

Por último, el análisis de la competencia resulta muy complejo pero también muy útil si se utiliza en el momento oportuno.

Recuadro 2.3
ANÁLISIS DE LA COMPETENCIA DE LAS 24 HORAS DE LE MANS

Fuente: Falgoux, J., ¿Cómo estructurar y gestionar el nuevo servicio comercial de las 24 horas de Le Mans dentro de la organización general? Memoria DESS "Gestión internacional del deporte", Universidad París Sur-XI, bajo la dirección de Michel Desbordes, 2001.

Estudio de casos 2.3
La competencia de los eventos con respecto a los espacios y los anunciantes (el caso de Roland-Garros)[20]

Las empresas utilizan los espectáculos deportivos para hacer comunicación sobre los eventos. Esta forma de comunicación tiene su principal interés en que las empresas

---

19. Se obtienen las mismas conclusiones cuando se analiza la competencia sobre el mercado de productos. ¿Es el *snowboard* un sustituto del esquí, o es otra actividad? Asimismo, ¿deben considerarse los viajes a las islas como la competencia del esquí? Todo depende de la noción de competencia que se tenga, o sea, más amplia o más estricta. (cf. Desbordes, Ohl, Tribou, *op. cit.*, 3ª parte.

20. Fuente: Prestaciones propuestas en los grandes eventos deportivos parisinos. Estudio realizado en el marco del DESS "Management international du sport", bajo la dirección de Michel Desbordes (Director del DESS) y Pierre-Jean Golven (Director de marketing de Roland-Garros).

puedan diferenciarse de sus competidores. Ante su demanda creciente por implicarse en el ámbito deportivo y la voluntad de optimizar su intervención, los organizadores responden ofreciendo una amplia gama de servicios: relaciones públicas, publicidad, presencia sobre el terreno e incentivos.

Consciente de que su torneo es un evento de calidad que atrae habitualmente a las mayores empresas francesas y extranjeras, la organización del Roland-Garros desea no obstante evaluar sus servicios con respecto a sus competidores potenciales, para medir el atractivo que un evento presenta para un patrocinador y, sobre todo, para una empresa de relaciones públicas. Si la prestigiosa villa de Roland-Garros ha sido precursora en el de las relaciones públicas, no es menos cierto que el torneo pone habitualmente su mirada en lo que ocurre en el ámbito de los eventos. Por ese motivo, el DESS "Gestión internacional del deporte" de la Universidad París Sur-XI realizó un estudio a petición suya en 2000 con el fin de evaluar dicha competencia y reajustar, en caso necesario, las tarifas de sus prestaciones. Dicho estudio abarcaba los principales eventos del calendario deportivo, básicamente en los alrededores de París:

- la copa del mundo de fútbol Francia 1998;
- los partidos de rugby en el Estadio de Francia;
- los partidos de fútbol en el Estadio de Francia;
- los demás eventos en el Estadio de Francia (encuentro de atletismo Gaz de France, campeonato del mundo de supercross y concierto de Tina Turner);
- el torneo de balonmano de París-Bercy;
- los masters Miko de patinaje (Palacio de deportes Paris-Bercy);
- el Open Gaz de France de tenis femenino en el estadio Pierre de Coubertin.

Cuadro 2.2
COMPARATIVA DE LAS PRESTACIONES EN LA TEMPORADA 1999-2000
(SALVO LA COPA DEL MUNDO 1998)

Lugar	Evento	Prestación	Tarifa	Coste por persona y evento	Comentarios
Copa del Mundo de Fútbol (Estadio de Francia)		Prestigio Oro	4.341 euros por 6 partidos	723 euros	Partido + programa + regalo + copa de bienvenida + almuerzo + plaza de aparcamiento
Copa del Mundo de Fútbol (Marsella)		Prestigio Plata	1.793 euros por 5 partidos	358 euros	Ídem sin almuerzo ni aparcamiento

Cuadro 2.2 (continuación)
COMPARATIVA DE LAS PRESTACIONES EN LA TEMPORADA 1999-2000 (SALVO LA COPA DEL MUNDO 1998)

Rugby en el Estadio de Francia	Torneo de las 6 naciones (Francia-Irlanda) o partidos prueba Francia-All Blacks o Francia-Australia	Cóctel	400 euros	400 euros	Partido+aperitivo de bienvenida + cóctel cena
		Lujo	461 euros	461 euros	Ídem + regalo + almuerzo
		Prestigio	569 euros	569 euros	Ídem + cóctel de bienvenida + almuerzo gastronómico en restaurante panorámico
	Final del campeonato de Francia	Cóctel	246 euros	246 euros	Ídem Cóctel 6 naciones
		Lujo	338 euros	338 euros	Ídem Prestigio 6 naciones
		Prestigio	384 euros	384 euros	Ídem Prestigio 6 naciones
Partidos de fútbol en el Estadio de Francia	Partidos amistosos de la selección francesa contra Polonia o Eslovenia, finales de la copa de Francia o de la copa de la Liga	Cóctel	246 euros	246 euros	Ídem Cóctel rugby
		Lujo	307 euros	307 euros	Ídem Lujo rugby
		Prestigio	384 euros	384 euros	Ídem Prestigio rugby
	Final de la liga de Campeones 2000	Cóctel	569 euros	569 euros	Ídem Cóctel rugby
		Lujo	692 euros	692 euros	Ídem Lujo rugby
		Prestigio	769 euros	769 euros	Ídem Prestigio rugby
Otros eventos en el Estadio de Francia	Encuentro de atletismo de Saint-Denis, campeonato del mundo Supercross	Cóctel	153 euros	153 euros	Ídem Cóctel rugby
		Lujo	215 euros	215 euros	Ídem Lujo rugby
		Prestigio	261 euros	261 euros	Ídem Prestigio rugby
	Concierto de Tina Turner	Cóctel	230 euros	230 euros	Ídem Cóctel rugby
		Lujo	292 euros	292 euros	Ídem Lujo rugby
		Prestigio	369 euros	369 euros	Ídem Prestigio rugby

Cuadro 2.2 (continuación)
COMPARATIVA DE LAS PRESTACIONES EN LA TEMPORADA 1999-2000
(SALVO LA COPA DEL MUNDO 1998)

Palacio de deportes de Paris-Bercy	Torneo de balonmano de París	Privilegio	3.678 euros por 10 plazas 3 días	122 euros	10 plazas "privilegio" + acceso salón VIP
		Pantalla	9.200 euros por 5 plazas 3 días	613 euros	5 plazas "privilegio" + 1 pantalla de 3 m x 0,80 m
		Paquete comunicación	20.240 euros por 10 personas 3 días	674 euros	1 palco para 10 personas con los colores de la empresa + 2 pantallas de 3 m x 0,80 m en administración publicitaria frente a cámaras
	Masters Miko de patinaje	Palco sencillo	61,5 euros	61,5 euros	Plaza sin acceso a parking, ni acceso a la villa
		Palco lujo	123 euros	123 euros	Plaza + acceso a pueblo y parking
Estadio Pierre de Coubertin	Open Gaz de France de tenis	Palco 1ª categoría	3.846 euros una semana para 6 personas	91 euros	Plaza + acceso a la villa
		Palco 1ª categoría	2.307 euros una semana para 4 personas	82 euros	Plaza + acceso a la villa
		Palco 2ª categoría	2.307 euros una semana para 6 personas	55 euros	Plaza sin acceso a la villa

Fuente: Estadio de Francia, POBM, IMG, US Ivry handball, CFO France 98.

Esta clasificación obliga a hacer algunas observaciones:
– No debe sorprendernos que los eventos extraordinarios en fútbol (Copa del Mundo 1998, final de la Liga de Campeones) tengan las tarifas VIP más elevadas. El rugby no se queda muy rezagado, pues este deporte tan apreciado por los directores de empresas, suele ser el elegido para las relaciones públicas.
– Al final de la clasificación, se ven los eventos relacionados con algún deporte menos popular (balonmano, patinaje artístico, o atletismo), o aquellos que caen fuera de temporada (caso del Open Gaz de France de tenis, en enero).

- El sitio es muy importante, el entorno donde se celebra el evento deportivo tiene una importancia indudable (Desbordes, Ohl, Tribou, 2001). El Estadio de Francia es muy apropiado, porque el hecho de estar en este estadio mítico es ya un acontecimiento en sí, sea cual sea el espectáculo. Por eso los servicios VIP son allí bastante caros.
- En lo relativo a la moral o la ética, hay que lamentar que el deporte haya pasado a ser un espectáculo para VIP privilegiados, en detrimento del "hincha de base[21]."

No obstante, hay que destacar que los servicios de relaciones públicas en Francia son "baratos" en comparación con los del Reino Unido[22].

En un contexto así, ¿dónde ha de situarse la oferta de Roland-Garros? ¿es lo bastante competitiva para acoger a público VIP a buen precio?

Cuadro 2.3
OFERTA DEL TORNEO DE ROLAND-GARROS EN MATERIA DE RELACIONES PÚBLICAS

Denominación	Prestación	Coste	Coste por día y por persona invitada
La villa	Una tienda + dos palcos (47 plazas en total)	21.8764 euros 14 días	332 euros
Un palco	Un palco para 4 personas sobre la central	30.000 euros 14 días	537 euros
Espacios Philippe Chatrier	Dos palcos bajo la central para operaciones puntuales	Entre 32.395 euros y 115.251 euros por día	Variable
El Grand Chelem	Almuerzo + acceso a las pistas + unos minutos de juego en tierra batida con dos jugadores profesionales	60.570 euros 4 días 20 personas	757 euros
El Open Club	Almuerzo + acceso a las pistas	594 euros por personas un día	594 euros

Fuente: Fraioli, B. (2002), "Roland-Garros, avantage VIP", *Stratégies*, n.º 1238, 24 mai, p. 14.

---

21. Referente a esto, recordemos la polémica suscitada por los jugadores de la selección francesa durante la Copa del Mundo 1998. Estos, al percibir un ambiente demasiado "muelle", les pidieron a los VIP que "se quitaran el traje y la corbata" para la final, a fin de conseguir un ambiente más distendido y cálido.

22. Para asistir al encuentro Inglaterra-Francia de rugby 2003 (Torneo de las 6 naciones), una agencia de marketing facturó la localidad alrededor de 1500 euros, incluido el viaje en Eurostar, el traslado a Twickenham y una copa en el descanso. Este servicio es casi tres veces más caro que en el Estadio de Francia, que incluyó incluso el almuerzo.
Precio de un paquete VIP (cóctel cena + primeras filas) para el Francia-All Blacks en el Estadio de Francia: 550 E en 2002. Precio de un paquete VIP (cóctel cena + primeras filas) para el Inglaterra-All Blacks en Twickenham: 950 E en 2002.

En conclusión, podemos destacar que la oferta del torneo de Roland-Garros se calcula en bruto según la de los eventos más populares, tales como los partidos de fútbol o de rugby en el Estadio de Francia. Algunas prestaciones incluso resultan caras, como "el Grand Chelem". Asimismo, hay que resaltar que Roland Garros tiene una ventaja innegable frente a la competencia: la prestación dura todo un día, en cambio en un estadio dura una tarde, y normalmente cuenta con las condiciones climáticas típicas de finales de mayo y principios de junio que favorecen las relaciones públicas. La mejor relación calidad-precio de esta oferta la tiene "La villa", ya que el gasto de la persona sólo es de 332 euros, pero este servicio únicamente está disponible para las empresas de cierta relevancia y tiene un presupuesto para comunicación relativamente importante, pues tienen que estar en disposición de invitar a 47 VIP "útiles" al día durante dos semanas.

Para las empresas más pequeñas, del tipo PYME, la fórmula "Open Club" es sin lugar a dudas la que mejor se adapta.

No obstante, existen otras pistas. En vez de invitar a sus clientes a los grandes eventos deportivos, una empresa puede decidir organizar su propio evento ella misma: Trofeo de golf, trofeo de vela, competición de automovilismo, torneo de fútbol, etc.; en fin, el tipo de programa que organiza una agencia como Koroibos. Su tarea es facilitarle a la empresa la organización de un dispositivo a medida, para que creen una relación más estrecha y una auténtica comunidad de intercambios con los clientes y los clientes potenciales.

Nuestro enfoque de marketing aplicado a los eventos deportivos se centra en los mercados objetivo y en los competidores, con lo que se elabora la estrategia que intentará dar sentido, visión y credibilidad al concepto adaptando la comunicación y los servicios en conjunto a las expectativas de los diferentes agentes (participantes, público, colaboradores y televisiones). Se trata de una adaptación clásica del "marketing mix" al evento deportivo.

La técnica del "marketing mix" pone en evidencia cuatro variables que deben ser las adecuadas para que un proyecto se corone con el éxito: el producto, su precio, su distribución y su comunicación. En inglés, se trata de una combinación entre *Product, Price, Place, and Promotion*". Por eso la técnica del marketing mix se conoce como "la regla de las 4 P."

---

3. ELABORACIÓN DE LOS PRESUPUESTOS

La evaluación de las posibilidades y la realización de los presupuestos se hacen en relación con las funciones principales de organización o el comité de dirección[23].

En efecto, se realizan según la demanda de presupuestos y los consejos de los expertos. La ingeniería financiera tiene por objeto evaluar lo que se puede comprar en

---

23. Cf. Apartado 4 de este capítulo: "creación del comité de dirección".

cuanto a prestaciones de servicios o de productos, respetando el presupuesto límite. Es un verdadero estudio de viabilidad basado en cálculos y previsiones. Desde ese momento, la noción de riesgo es vital[24].

Se ofrecen tres opciones a través del evento según la estructura y, sobre todo, los objetivos buscados: operación promocional, valor añadido en términos de imagen, u obtención de fondos o de beneficios, ya sea para gastar el presupuesto en su totalidad, ya sea para equilibrar gastos e ingresos, o para sacar beneficios, que es el caso de las empresas comerciales[25].

La importancia del presupuesto así como su reparto tienen que ver con la envergadura y el tipo de evento. Cada uno de ellos tiene sus peculiaridades en cuanto a gastos y a ingresos. Los organizadores suelen emplear el método por tanteo para evaluar las diferentes posibilidades. Pero sólo gracias a la experiencia podrán aproximarse con precisión al tener una visión global y un perfecto conocimiento de los gastos. Por ejemplo, habrá que estudiar si una actuación con un coste elevado (un concierto por ejemplo) es capaz de atraer al público y satisfacerlo. Los profesionales se permiten cierto margen de maniobra para paliar los imponderables.

Así, esta etapa es crucial para la buena marcha del proyecto y para vigilar que no se gaste más de lo previsto. Una vez se ha analizado la experiencia en lo referente a los colaboradores y sobre todo, en cuanto al intercambio de servicios, hay que estudiar de modo exhaustivo las posibilidades de realización en función de los recursos financieros, dando prioridad a los gastos indispensables. Se incluirá en estos todo lo que afecta a la seguridad y los seguros, pero también a los gastos de administración, de personal y de las cargas sociales correspondientes, de material, de transporte, de recepción, de alojamiento y manutención, de limpieza y de impuestos (IVA, SACEM) y todos los gastos de comunicación y promoción.

Los ingresos se obtiene gracias a las subvenciones públicas, a los derechos de contratos, al bar, al *merchandising*, a la venta de entradas, a los derechos de televisión y, por supuesto, a la ayuda de los colaboradores privados. En el capítulo sobre la función comercial, veremos qué tipos de productos se pueden vender a un anunciante.

El precio de la entrada es decisivo. Depende del contexto, del lugar, de la naturaleza del espectáculo, de las actuaciones propuestas, del tipo de público y de sus hábitos y, cómo no, de la oferta exterior. Hay umbrales que no se pueden sobrepasar con relación a la llegada en masa del público, y cálculos que hacer según la respuesta prevista.

Para conseguir subvenciones puntuales, hay que redactar una solicitud de información a las empresas en cuestión. La solicitud de subvenciones debe responder a exigencias de

---

24. Sobre la gestión del riesgo en los eventos deportivos, consultar BARREAU, G., *Management du risque dans l'organisation des événements sportifs*". Memoria de DEA no publicada, Universidad de Ruán, bajo la dirección de Alain Loret, 2002.

25. Muchas veces, el evento sólo sirve para comunicar y, por tanto, no tiene intención de obtener beneficios. En ese caso, su coste se incorpora en las cuentas del final del ejercicio como un gasto de publicidad o de relaciones públicas. Es el caso, por ejemplo, de "Pur Mix", evento organizado por la UCPA por vez primera en Bercy en 2002 y que pretendía reconquistar el segmento de público de 18 a 25 años, con la ayuda de un evento que mezcla de forma original la música, el deporte y los juegos de vídeo. Seguro de su éxito, el evento se volvió a producir en 2003.

contenido, forma y tiempo. El interés que los actos tienen para la comunidad figurará de manera explícita y detallada en un informe completo, que se enviará en un plazo breve.

El presupuesto es el tablero de mandos del organizador del evento. Él indicará la viabilidad de un proyecto o de una idea y el análisis de las posibilidades, punto por punto. La vigilancia durante la gestión del evento es continua, en cada etapa del proyecto. Cuanto más afinada sea la evaluación, más se aproximarán los costes finales a la realidad.

Cuadro 2.4
MODELO DE PRESUPUESTO PREVENTIVO

Salidas		Entradas	
"Escenario deportivo"	70.000	Entradas: 22.000 de 13 Euros	286.000
Alquiler sala	61.000	Vallas publicitarias	75.000
Instalación espacio de práctica	43.000	Operaciones de relaciones públicas	45.000
Seguridad	6.000	Cafeterías	20.000
Personal	23.000		
Alojamiento	7.200		
Manutención	50.000		
Gastos de administración	2.300		
Vigilancia	4.700		
Vallas de protección	3.800		
Alquiler de material	6.000		
Instalación pabellón recepción VIP	23.000		
Restauración	30.000		
Concierto	25.000		
SACEM	3.000		
Seguro	22.000		
Varios	20.000		
Total:	**400.000**	**Total:**	**426.000**

Cuando se conocen con exactitud los gastos, se puede elaborar un cuadro que indique los beneficios y las pérdidas calculados según el índice de respuesta. Esto vuelve a determinar el umbral de rentabilidad (o punto muerto) como en toda empresa deseosa de conocer el nivel mínimo de volumen de negocio para poder equilibrar su presupuesto. Pero, una vez más, insistimos en el hecho de que un evento no tiene por qué aspirar a obtener beneficios. Todas las carreras en carretera (10 o 20 km) que organizan ciudades medias entran dentro de este sector: el objetivo es demostrar que el municipio se interesa por el deporte, que constituye para él un tema prioritario en su política y que sabe ir al encuentro de las personas. Sin embargo, en el aspecto contable se trata de un evento deficitario por necesidad.

Cuadro 2.5
PRESUPUESTO PREVENTIVO

Número de entradas	Ingresos	Ingresos por entradas	Gastos globales	Diferencia
15.000	195.000	335.000	400.000	-65.000
15.500	201.500	341.500	400.000	-58.500
16.000	208.000	348.000	400.000	-52.000
16.500	214.500	354.500	400.000	-45.500
17.000	221.000	361.000	400.000	-39.000
17.500	227.500	367.500	400.000	-32.500
18.000	234.000	374.000	400.000	-26.000
18.500	240.500	380.500	400.000	-19.500
19.000	247.000	387.000	400.000	-13.000
19.500	253.500	393.500	400.000	-6.500
20.000	**260.000**	**400.000**	**400.000**	**0**
20.500	266.500	406.500	400.000	6.500
21.000	273.000	413.000	400.000	13.000
21.500	279.500	419.500	400.000	19.500
22.000	286.000	426.000	400.000	26.000
22.500	292.500	432.500	400.000	32.500
23.000	299.000	439.000	400.000	39.000
23.500	305.500	445.500	400.000	45.500
24.000	312.000	452.000	400.000	52.000
24.500	318.500	458.500	400.000	58.500
25.000	325.000	465.000	400.000	65.000

Estudio de casos 2.4
El encuentro de atletismo de Saint-Denis (julio de 2002) (Blanc, J.M. 2002)

El encuentro Gaz de France Paris Saint-Denis nació de la fusión de los dos encuentros parisinos, por un lado, el de Saint-Denis y por el otro, el encuentro de París que tuvo lugar en el estadio Charléty, y cuya última edición en 1999 gozaba de la etiqueta *Golden League*. En 2000, los dos comités de organización fundan una asociación según la ley 1901 sin ánimo de lucro denominada Paris Saint-Denis Athlétisme Competitions (PSDAC). En 2001, el encuentro ascendió a la 3ª posición mundial en cuanto a marcas, y a la 1ª en lo que respecta a afluencia de público con 58.250 espectadores.

DISEÑO DE UN EVENTO DEPORTIVO

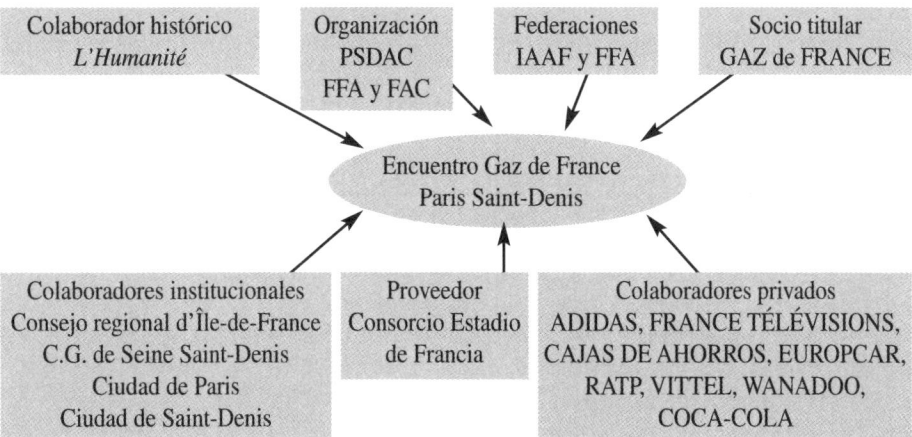

Dentro de esa estructura, PSDAC gestiona la organización general del encuentro; la Federación Francesa de Atletismo (FFA) se encarga de la promoción y la comunicación, y France Athlétisme Communication (FAC) lleva la administración de la federación, se ocupa del marketing y de los socios. El cometido de FAC es comprar espacios publicitarios, desembolsar contrapartidas financieras y tener preparado el género que aportan los colaboradores (agua VITTEL, vehículos EUROPCAR, etc.).

La fuerza del encuentro reside en la agrupación de las asociaciones locales y territoriales, ya que el alcalde de París sigue participando en el encuentro aunque se celebre a partir de ahora en el Estadio de Francia y, por tanto, fuera de París. También hay que saber que dicho encuentro es el evento con el coste de alquiler del estadio más bajo, sobre todo, porque garantiza su promoción (hace que aumente la capacidad de modulación y los adelantos tecnológicas del estadio).

Cuadro 2.6
PRESUPUESTO DEL ENCUENTRO GAZ DE FRANCE PARIS SAINT-DENIS[26]

	Presupuesto 2001	**Real 2001**	**Presupuesto 2002**	**Diferencia real 2001-2002**
Retribuciones y primas	1.331.000	1.177.000	1.230.000	53.000
Costes transporte	152.000	143.000	150.000	7.000
Total escenario	1.483.000	1.320.000	1.380.000	60.000
Alojamientos	168.000	156.000	106.000	(50.000)
Estadio	607.000	530.000	546.000	16.000
Promoción	277.000	346.000	321.000	(25.000)

---

26. Según la norma contable habitual, las cifras entre paréntesis son negativas.

Cuadro 2.6 (continuación)
PRESUPUESTO DEL ENCUENTRO GAZ DE FRANCE PARIS SAINT-DENIS

Organización	136.000	156.000	170.000	14.000
Estructuras	179.000	188.000	206.000	18.000
Impuestos, seguros	90.000	91.000	107.000	16.000
Total cargas	**2.940.000**	**2.787.000**	**2.836.000**	**49.000**
Ciudad de Saint-Denis	91.000	91.000	91.000	
Ciudad de París	198.000	201.000	201.000	
Región Île-de-France	198.000	198.000	198.000	
Dpto. Seine Saint-Denis	229.000	229.000	198.000	(31.000)
Colaborador titular	625.000	625.000	640.000	15.000
Venta de entradas	855.000	609.000	643.000	34.000
Derechos TV Internacionales	228.000	280.000	280.000	
Derechos TV nacionales	381.000	381.000	381.000	
Publicidad	211.000	204.000	204.000	
Total productos	**3.016.000**	**2.818.000**	**2.836.000**	**18.000**
Resultado	**76.000**	**31.000**	**0**	**(31.000)**

Fuente: PSDAC, septiembre de 2002.

El descenso del resultado se debe a varios factores:

1) La fuerte alza del coste del escenario. Éste no es más que un medio: las estrellas aceptaron reducir su caché con respecto a 2001 (por ejemplo Marion Jones y Maurice Greene, el 25% menos), porque se dan cuenta de que el atletismo está en crisis y podría llegar a no conseguir los medios para continuar con la misma base financiera. El encuentro de Berlín ya no existe por culpa de la intervención de un mecenas que pagó los 350.000 euros de pasivo después de la declaración de quiebra de los organizadores. Oslo ya no dispone de infraestructuras suficientes para acoger a los mejores atletas mundiales y tampoco dispone de suficientes fondos para renovar su viejo estadio. El encuentro de Atenas, que no pertenece a la "*Golden League*", está pasando por graves dificultades desde la retirada de su principal socio capitalista, el multimillonario Minos Kiryakou.

2) El alza del coste de los seguros, relacionada en gran parte con los atentados del 11 de septiembre. Esto tiene una especial importancia porque muchos atletas presentes en el Estadio de Francia son tradicionalmente estadounidenses.

3) La reducción de las subvenciones procedentes de las autoridades departamentales en 31.000 euros. En este caso, se dan cuenta de que un evento que a priori se percibe como comercial (pertenece a la famosa "*Golden League*" dotada de abundantes fondos) depende en gran parte de las ayudas del sector público.

4) La taquilla relativamente decepcionante (por culpa de la lluvia). Esto hace que surja la pregunta sobre la gestión del riesgo en los eventos deportivos. Algunos abogan por la construcción de estadios cubiertos (como las "arenas" de Norteamérica) a fin de eliminar por completo el riesgo climático. Otros sostienen, con mucha razón, el hecho de que el fútbol, el atletismo, el tenis y el rugby son fundamentalmente deportes de aire libre y que la forma de capear el viento o las contingencias del tiempo depende más bien de la casta de los campeones.

Por tanto, está comprobado que la aportación suplementaria de Gaz de France facilita el equilibrio financiero del encuentro. Dicho patrocinador tiene un papel fundamental en la buena salud financiera del partido.

Gráfico 2.1
ORGANIZACIÓN DE LOS INGRESOS DEL ENCUENTRO

Publicidad 7%
Venta entradas 23%
Subvenciones 24%
Gaz de France 23%
TV 23%

Fuente: PSDAC, septiembre de 2002.

Este gráfico traduce bien la fragilidad del presupuesto del encuentro que, al parecer, estar recibiendo los fondos con cuentagotas:
- sólo Gaz de France aporta una cuarta parte del presupuesto, por eso ¿qué pasará si decide retirarse?
- el encuentro no consigue liberarse de la tutela de las asociaciones locales que también representan una cuarta parte de los ingresos;
- los dos ingresos comerciales, a saber la publicidad y la venta de entradas[27], son insuficientes. Toda la política de los organizadores debe orientarse hacia estos dos asuntos para ampliar la independencia financiera del encuentro con relación a las asociaciones y al socio titular.

---

27. La venta de entradas es insuficiente a pesar de la gran afluencia que se produce cada año. Así es, pues no debemos olvidar que se regalan cerca de 30.000 entradas, de las 57.000 que hay en circulación, para que se llene como corresponde el Estadio de Francia.

4. CREACIÓN DEL COMITÉ DE DIRECCIÓN Y COORDINACIÓN

Toda organización tiene una estructura representada por un organigrama y un funcionamiento. *"Este organigrama se compone de un comité de dirección que reúne a los principales colaboradores y/o proveedores y divide el trabajo en diferentes subsistemas, a saber en comisiones o en direcciones operativas* (Gresser, B., Bessy, O. 1999)*"*. El comité de dirección se ocupa de la realización operativa del proyecto y de su lanzamiento hasta la clausura. También formaliza la idea directriz en un plan de acciones concreto, lo que permite esclarecer los objetivos; confecciona al mismo tiempo un libro de gastos y un planning que supervisa los progresos del proyecto y los vencimientos que hay que respetar. También ha de elaborarse un planning de reuniones del comité de dirección para seguir la evolución de cada comisión.

Cuadro 2.7
MODELO DE PLANNING DE TAREAS

	enero	febrero	marzo	abril	mayo 18 de mayo Evento	junio
Administrativo	Seguimiento administrativo Seguimiento presupuestario	Seguimiento administrativo Seguimiento presupuestario	Seguimiento administrativo Seguimiento presupuestario	Seguimiento administrativo Seguimiento presupuestario	Recepción a organizadores	Informe final
Legislativo y de seguridad	Información prefectura	Contactos servicios de estado Contratos	Seguro Mutualidad	Transmisiones	Comisión de seguridad	Informe final
Comunicación	Estrategia: elección de los instrumentos visuales	Concreción Plan medios de comunicación	Plan medios comunicación Información prensa	Conferencia de prensa Impresión programa	Acreditaciones Recepción a medios comunicación	Informe final
Comercial	Tarificación Creación del informe	Venta puerta a puerta	Venta puerta a puerta Contratos	Venta puerta a puerta Contratos	Recepción colaboradores	Informe final
Logística	Fijación de las necesidades y los costes	Venta puerta a puerta Proveedores y colaboradores técnicos	Venta puerta a puerta Proveedores y colaboradores técnicos	Contratos Bonos por acuerdo Equipo técnico	Instalaciones	Informe final
Deportivo	Escenario deportivo	Escenario deportivo Espacio de práctica	Pago	Horarios	Prueba	Informe final

La organización de un evento requiere una gestión participativa. En efecto, existe una cantidad enorme de agentes implicados en niveles de competencia diferentes, sobre todo asalariados permanentes, pero también hay voluntarios indispensables para el reparto del trabajo, de los conocimientos, del poder y de la información. Este tipo de gestión proporciona una mayor fluidez a los procesos de realización relacionada con la comunicación más directa que existe[28]. Estas condiciones favorecen que el equipo mantenga un estado de alerta permanente para encontrar soluciones rápidas en caso de mal funcionamiento. Los métodos para tal coordinación se definirán a continuación de las seis funciones principales preparatorias de un evento (Capítulo 3).

Sin embargo, el número y las funciones de cada comisión varían mucho según el tipo y la envergadura del acto. De tal modo, que se pueden aglutinar funciones entre ellas o, por el contrario, hacer desgloses suplementarios. Lo primordial es comprender al máximo cómo se prepara el evento deportivo con ayuda de un modelo eficiente.

Cada comisión asume una o varias funciones, debe decidir sus necesidades en cuanto a las personas y los materiales y se halla bajo la autoridad de un responsable que se asegura de que se lleven a cabo los cometidos y los objetivos que competen a su

organización. Dicho responsable será una persona eficaz y de confianza. El personal de cada comisión aumenta generalmente de modo exponencial durante el acto. Todo está gestionado y organizado por un coordinador general, el responsable del evento.

Estudio de casos 2.5
Coordinación del Torneo Universitario Internacional de Judo de Orsay (TUIJO)

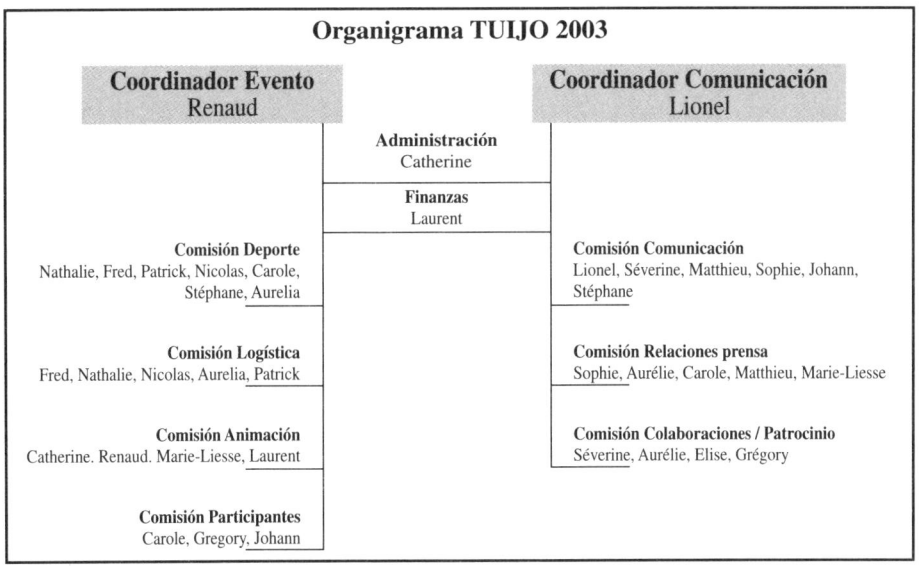

28. Así, la maratón de París, aunque está organizada por una entidad comercial (ASO), cada año necesita movilizar a varios cientos de voluntarios para el avituallamiento, los controles, la asistencia médica, la reposición de los dorsales y la clasificación. Al mismo tiempo, la sección "atletismo" dentro de ASO cuenta con menos de diez empleados.

Resumen del capítulo 2

Cada evento es único y genera una organización específica. Su diseño debe ser original y afianzar un hilo conductor que habrá que seguir durante toda la realización mediante estudios del público y la competencia: es el posicionamiento de la estrategia de marketing. Paralelamente, se llevará a cabo una evaluación de lo que se puede realizar y de los riesgos que se corren en un presupuesto preventivo que tiene en cuenta el cálculo de los ingresos, sobre todo por el número de entradas, la experiencia de los colaboradores y los derechos televisivos. Los gastos requieren una estimación lo más precisa posible, y eso se consigue con la creación del comité de dirección. Éste divide el trabajo en subsecciones, formaliza el plan de acción y un planning que hay que respetar escrupulosamente. Dicho planning consta de seis funciones principales preparatorias que asumen los especialistas. La función administrativa y financiera, la legislativa y de seguridad, la de comunicación y medios, la comercial y de patrocinio, la logística y la deportiva están en estrecha relación y forman un conjunto coherente y eficaz.

Capítulo 3
Funciones principales necesarias para el desarrollo de un evento deportivo

1. FUNCIÓN ADMINISTRATIVA Y FINANCIERA

Secretaría

Esta comisión hace las veces de secretaría general: gestiona la correspondencia, los faxes, las fotocopias, la mensajería y el correo electrónico. Su acción es continua durante la preparación, pues tiene que responder a todos los agentes e informar a los participantes y a los espectadores. El mes anterior a un evento, los teléfonos están colapsados y las peticiones de información por correo electrónico aumentan de modo espectacular. Las secretarias también se encargan de preparar las invitaciones y acreditaciones para las demás comisiones que las distribuyen a los participantes, organizadores, proveedores, colaboradores y periodistas. Se hace necesaria una visión global de las entradas y las acreditaciones que se reparten.

Asimismo, la secretaría aglutina todo lo referente a la manutención y el alojamiento en cuanto a reservas. Debe buscar hoteles de calidad y hacer la reserva de las habitaciones y la manutención, incluso el transporte para todos los organizadores. Todo esto requiere tiempo y un seguimiento riguroso. De organizar estar tareas para los competidores se encarga la comisión.

Es primordial crear un sistema de tiques para las comidas. Los organizadores y los participantes valoran los servicios de restauración, es decir, esos restaurantes instalados en el lugar del evento, que ofrecen amplios horarios de apertura.

Así, pues, esta comisión poseerá unos buenos conocimientos del acto y dispondrán del material apropiado que incluirá faxes, teléfonos, ordenadores con acceso a Internet, fotocopiadoras, etc.

Cuadro 3.1
MODELO DE LISTA DE HABITACIONES

Lista de habitaciones delegación suiza / Hotel de PARIS**

N.º	Nombre y apellidos	N.º habitación	Sáb. 09/06	Dom. 10/06	Lun 11/06	Mar 12/06	Miér. 13/06	Juev. 14/06	Vier. 15/06	Sáb. 16/06	Sáb. 17/06	TOTAL	Observaciones
1	Jean Delatre	301						1	1	1	1	4	
2	Robert Jacques	304						1	1	1	1	4	
3	Julien Belon	208				1	1	1	1	1	1	6	Bañera
4	Thomas Demage	222	1	1	1	1	1	1	1	1		8	
5	John Petri	214			1	1	1	1	1	1	1	7	
6	Steve Petri	108	1	1		1	1	1	1	1	1	7	
			1	1	3	4	4	6	6	6	5	36	

Cuadro 3.2
MODELO DE PLANNING DE TRANSPORTE

Llegadas delegación Suiza

N.º	Nombre y apellidos	Delegación llegada	Fecha	Por avión			Por tren			Observaciones
				Aeropuerto	Hora	Vuelo	Estación	Hora	N.º Tren	
1	Jean Delatre	Suiza	14 junio	De Gaulle	10:55	NW50	1			Alquilan un coche en el aeropuerto
2	Robert Jacques	Suiza	14 junio	De Gaulle	10:55	NW50				
3	Julien Belon	Suiza	12 junio	De Gaulle	14:20	LH409				
4	Thomas Demage	Suiza	09 junio	De Gaulle	11:25	AC880				Taxi
5	John Petri	Suiza	11 junio				Lyón	16:45	309	
6	Steve Petri	108	11 junio				Lyón	16:45	309	

Contabilidad

Se trata de administrar las cuentas: cobrar las facturas, realizar los pagos, cobrar y calcular el IVA al que están sujetos todos los beneficios. A los ingresos de las concentraciones deportivas se les aplica un impuesto especial cuyo porcentaje varía según la categoría de clasificación de la concentración.

El porcentaje de imposición se fija en 8 para la primera categoría de actividades deportivas y en 14 para la tercera, que sólo incluye los espectáculos de tiro de pichón y las carreras de coches. ¡Atención! Este impuesto sólo se aplica a los ingresos brutos de los organizadores, es decir, a los derechos de entrada de los espectadores. Hay que destacar que cinco actividades están totalmente exentas de este impuesto: el atletismo, el remo, la natación, la gimnasia y la esgrima (Cf. Art. 1560 de la Ley General de Impuestos).

Cuadro 3.3
ESPECTÁCULOS DEPORTIVOS E IVA

Naturaleza de los espectáculos	Tarifa en %
Primera categoría	
A	....
B Concentraciones deportivas distintas de las clasificadas en 3ª categoría................................	8
Segunda categoría	
....	....
Tercera categoría	
Carreras de coches, actividades de tiro de pichón...	14

Los organizadores de espectáculos clasificados en la primera y tercera categoría deben hacer una declaración indicando el importe de los ingresos imponibles, el mes siguiente a cada actividad. Dicha actividad será declarada a efectos impositivos al menos con 24 horas de antelación.

Las cuantías desembolsadas a los deportistas no están sujetas a cotizaciones sociales, en algunas condiciones. Se supone que se refieren a honorarios profesionales (ley de 28 de julio de 1994 relativa a la situación de los deportistas con respecto a la seguridad social y al derecho al trabajo).

La proliferación de las emisoras frente a los mercados de los derechos de retransmisión televisivos llevó a los legisladores a aprobar, en la ley de presupuestos para el año 2000, una contribución igual al 5 por ciento de los importes percibidos por los organizadores de actos deportivos. Este porcentaje sobre los derechos de televisión lo soportan todas las federaciones, ligas profesionales, clubes, organizadores incluso comerciales, licenciatarios de una federación y todas aquellas personas que actúen directa o indirectamente por su cuenta.

El presupuesto requiere una vigilancia permanente y un gran rigor. En lo referente a los ingresos, la contabilidad va en estrecha relación con todas las demás funciones principales: gastos de inscripción, venta de entradas, función comercial, etc., y en lo referente a los gastos, va unida al montaje del espacio de prácticas, las instalaciones técnicas, el material que hay que comprar, las remuneraciones, etc. La evaluación de los riesgos financieros es constante y cualquier gravamen no previsto debe ser estudiado.

La contabilidad analítica[29] resulta una herramienta esencial para los organizadores, porque permite evaluar la rentabilidad de cada partida. Tomemos por separado, por ejemplo, la operación "VIP"; por un lado figura el número de prestaciones vendidas y por el otro, lo que cuesta la operación con el alquiler de la instalación, las acometidas y el consumo eléctricos y de agua, la restauración, el servicio, las azafatas, el servicio de vigilancia y de seguridad, las vallas protectoras, la decoración, y las placas acreditativas.

No hay que olvidar la función administrativa. En esta, como en las otras funciones, debe haber especialistas, personas competentes en su campo. Las cuentas y el presupuesto son la base misma sobre la que se asienta todo evento. Los organizadores ganan un tiempo valioso con una secretaría eficaz y eso contribuye a la satisfacción de todos los participantes externos: clientes, público y proveedores de servicios.

Venta de entradas

En los grandes eventos, los organizadores recurren a redes de distribución muy estructuradas como *France Billet*. Mediante éstas, el público puede comprar su entrada en algún punto próximo a su domicilio y con ello descargan a la organización por una comisión de alrededor del 10% sobre cada entrada vendida.

Todas las entradas a las concentraciones deportivas darán lugar a la entrega de una localidad, que se halla en un talonario que guardan los organizadores. Las dos partes, matriz y entrada, deben indicar de modo impreso y visible el nombre del establecimiento, el número de orden de la entrada, la categoría del asiento a la que da derecho y el precio total que paga el espectador o, en su caso, la mención de gratis.

La venta de entradas es una operación comercial que implica la responsabilidad civil del organizador para con el espectador. Su importe total sirve de base al cálculo de los impuestos, los derechos de autor y, si así fuera, los derechos derivados. Por tanto, conviene declarar al fisco desde el momento en que se imprimen las entradas, el número de éstas, las categorías y las tarifas y, si se tercia, el número de entradas gratuitas o de precio reducido.

Es indispensable informar al público de los días y los horarios de apertura de las taquillas en los diferentes puntos de venta, de las modalidades de reserva, de pago y de retirada de las entradas.

---

29. En la contabilidad analítica se calcula el coste de cada producto o prestación que realiza una empresa. Ayuda a quienes realizan la gestión a decidir la continuidad de una actividad en función de criterios financieros.

Recuadro 3.1
LA TAQUILLA DEL ESTADIO DE FRANCIA

Taquilla y marketing

La taquilla debe considerarse el auténtico "brazo armado" del marketing. Además, la dirección de Marketing suele cargarse los servicios de venta de entradas. Eso es lo que pasó con los campeonatos del Mundo de Atletismo de 2003. La venta está en consonancia con el posicionamiento del evento, aunque sólo sea en el precio. En general no representa más que el 15% o el 20% del volumen de negocios, pero todo gira en torno a ella. Un estadio lleno crea un ambiente cálido y satisface a las cadenas de televisión, a los espectadores y a los VIP. Es un escaparate y la imagen que ofrece el Estadio de Francia no casa con la de un estadio medio vacío. Para paliar este hecho y obtener un buen rendimiento del estadio en algunos eventos, existen subterfugios como los encuadres de la TV o la ocupación de las localidades por anuncios gigantes, pero aún queda por conocer el porcentaje de lleno del estadio. Para ello, se calcula el potencial del evento, es decir el número de espectadores que se prevé, mediante la experiencia y los estudios de marketing realizados a partir de otros eventos, sobre todo a partir de la programación en el Estadio de Francia. Los cálculos dependen también de los espectáculos de referencia, pues existen marcas de eventos como, por ejemplo, CARMEN o la NUIT CELTIQUE. Por fin, se estudia bien a la competencia, los demás actos y los factores externos que pueden representar un freno al consumo. El Motorshow 2001 tuvo lugar un mes después de los acontecimientos del 11-S en Estados Unidos, lo cual pudo haber sido fatal.

La promoción del evento depende de esos cálculos. Los eventos que son absolutas creaciones, o conceptos nuevos como el Motorshow, requieren una promoción muy intensa para que la taquilla produzca un resultado satisfactorio. Además, la promoción depende de las regiones y de la zona de la clientela determinada en la estrategia de marketing.

También realizamos simulaciones de venta de entradas, manteniendo al día, en tiempo real, un presupuesto que permite adaptar la estrategia de venta. Por ejemplo, si éstas no van bien y el día del evento está a la vuelta de la esquina, a través del mismo se pueden lanzar promociones o reforzar la publicidad. Y a la inversa, en el caso de un evento prometedor, resultará positivo congelar las invitaciones para que las ventas sigan su ritmo.

En resumen, por todo lo dicho, marketing, promoción y taquilla van estrechamente ligados en la organización de un evento.

Funcionamiento

El sistema de venta de entradas se compone de un administrador central y de sistemas externos con redes de distribución. El principio es que toda la información se exporte al sistema central, que está gestionado por un software como Ticketnet o Datasport.

Los principales distribuidores de entradas son la FNAC, FRANCE BILLET y CARREFOUR. Esta red representa de 8 a 9 millones de entradas al año. La Fnac propone 40.000 espectáculo al año, y distribuyen las entradas en sus puntos de venta, pero también a través de plataformas telefónicas y de ventas en línea en sus sitio web. Disponen del plano de la sala o del estadio y de impresoras específicas con sus propios fondos de entradas garantizados, con ayuda de hologramas o de códigos de barras, por ejemplo. Todos estos sistemas están conectados mediante puente informático con el sistema central de venta de entradas del estadio. De modo que, una entrada vendida se identifica en tiempo real. Todas estas entradas se someten seguidamente a un control de acceso a la entrada del sitio con ayuda de un código de barras y de sis-

**Recuadro 3.1 (continuación)
LA TAQUILLA DEL ESTADIO DE FRANCIA**

temas "auxiliares" tales como luces que se encienden para la tarifa de niños. Cabe destacar que, en Estados Unidos se han hecho ensayos para "desmaterializar" completamente las entradas. Cada uno podrá imprimir en su casa el código de barras.

Este sistema no podría funcionar sin el principio de unicidad. Las entradas poseen un número, que corresponde a un asiento, una fila, una zona y una grada, pero también a un lugar y una fecha de compra. Responde a unos requisitos precisos y el organizador debe conservar todas las matrices durante cinco años ya que es fácil que haya un control de aduanas que coteje las matrices y los informes de venta.

Por último, la taquilla tiene un coste. Requiere personal, un fondo de entradas y derechos sobre el programa de gestión. El 85 por ciento del precio del asiento vuelve al productor, el 1 por ciento, al administrador y alrededor del 10 por ciento, a las redes de distribución pero con un límite de 4 a 5 euros. Con frecuencia, la taquilla del espectáculo no es muy rentable para estos puntos de venta pero genera negocio. Finalmente, existe un impuesto sobre las entradas de algunos espectáculos deportivos en función del tipo de disciplina.

Fuente: conversación con Damien Rajot, director de taquilla y promoción del Estadio de Francia, 23 de octubre de 2002.

Estudio de casos 3.1
Sistema de venta de entradas de los Campeonatos del Mundo de Atletismo, París 2003 en el Estadio de Francia

Los Campeonatos del Mundo de Atletismo 2003 de Paris Saint-Denis significan 350.000 entradas a la venta para 9 días de espectáculo, 13 sesiones de las que 4 son por la tarde (23, 24, 26 y 27 de agosto), 46 pruebas del 23 al 31 de agosto y, cada día, finales. Para afrontar semejante reto, el director de taquilla del París 2003 le encargó al servicio de venta de entradas del Estadio de Francia la realización de un estudio con miras a elaborar y comercializar posteriormente las entradas. La voluntad de llegar a todas las categorías socio profesionales y a todas las franjas de edad se unía a la voluntad de hacer accesible el evento a todo el mundo.

METODOLOGÍA

Fase 1: Elaboración

– Definir el público objetivo y el que tiene tarifa reducida.
– Poner en circulación las entradas diarias para cada categoría de localidad. Se basa en:
  • tarifas de eventos similares, principalmente de grandes eventos de atletismo internacionales, pues no olvidamos que el público objetivo es también extranjero;
  • porcentajes de lleno previstos de cada día, basados en la experiencia de los gerentes de proyectos y eventos de la misma naturaleza;
  • necesidad de atraer al máximo de personas.

- Fijar tarifas preferentes para cierto público: licenciados de la FFA, asociaciones, operadores turísticos, etc.
- Crear paquetes (pasión, etc.). El evento son 9 días de competición. Pero, todos los días tienen los mismos intereses. Así que, se considera que existen días de:
  - interés bajo: sets clasificatorios, final prueba de marcha, etc.
  - interés medio: final de los 100 m femeninos, etc.
  - interés alto: final de los 100 m masculinos, final de relevos, etc.

  La idea es combinar jornadas muy atractivas con jornadas menos atractivas en cada paquete. Este sistema debe permitir llenar el estadio los días en que el interés es menor y ofrecer a los espectadores una garantía de calidad.

  Así, pues, las tarifas varían según la situación en el estadio (la categoría) y la duración del programa elegido. Por ejemplo, se aplica un porcentaje del 10 por ciento a los paquetes de 3 días, del 15 por ciento a los paquetes de 5 días y del 20 por ciento a los paquetes de 9 días.

  Por último, según estos paquetes, se marca el objetivo en un tipo de público diferente. Los 5 días más importantes conforman un paquete de precio elevado que tiene como objetivo a los incondicionales y a las empresas. Los paquetes de 2 días a la semana se orientan más bien a los colegios.
- Realizar una simulación financiera para validar los objetivos que hay que alcanzar.

Fase 2: Comercialización
- Es competencia de los diferentes "comercializadores". Quien comercializa las entradas es el intermediario entre las redes de venta (FNAC, CARREFOUR, VIRGIN, etc.). y el organizador. Los principales comercializadores son France Billet, Ticket Net y también el Consorcio del Estadio de Francia.
- Elaborar un software de venta, que será la herramienta del comercializador para transmitir toda la información del organizador a las diferentes redes de venta. Este software se basa en el sistema Datasport ya existente, que ha creado puentes con los otros software que utilizan las demás redes de venta. Un sistema marcado por:
  - una organización técnica sin precedentes para sacar adelante la coordinación de las redes;
  - los avances tecnológicos: desarrollo informático específico;
  - el diálogo obligatorio entre los diferentes canales de venta;
  - un servicio de gestión complejo y seguro.
- Inicio: puesta a la venta a principios de noviembre de 2002 gracias a los diferentes sistemas: Internet, taquilla, *mailing*, etc.

LA MAYOR RED DE DISTRIBUCIÓN DE ENTRADAS JAMÁS ORGANIZADA
- Combinación óptima de redes y canales
- Todas las formas de pago sin discriminación

Plataforma telefónica: 0892 69 2003, información las 24 horas del día y 0892 68 78 78: información y reservas:
- ofrece información detallada sobre el evento;

- permite la compra directa de 09:00 a 20:00 horas de lunes a sábado;
- servicio en francés e inglés;
- pago con tarjeta de crédito o cheque.

Internet: www.paris2003saintdenis.org:
- toda la información sobre la competición y las actividades del Comité de Organización;
- venta en línea segura bajo protocolo SSL.3.0 las 24 horas del día en 6 clics;
- pago con tarjeta de crédito o cheque.

Distribución general y distribución especializada: una novedad para un evento de ámbito mundial:
- 700 puntos de venta en total que aglutina las marcas: ALCAMPO, CARREFOUR, FNAC, GÉANT, LECLERC, VIRGIN MÉGASTORE
- todas las formas de pago.

CAJAS DE AHORROS: una implicación muy fuerte de la red de cajas:
- 4.600 agencias por toda Francia;
- 38.000 colaboradores dispuestos a vender paquetes;
- documentación comercial en todas las agencias;
- puntos de venta sincronizados en tiempo real;
- todas las formas de pago.

El compromiso de las cajas de ahorro y su consecuencia lógica:
- colaboración con el atletismo desde hace 5 años;
- apoyo a los actos en la región o a nivel nacional;
- acompañamiento de los deportistas de alto nivel;
- compromiso con los jóvenes ("*Kid-stadiums*" o estadios itinerantes, y promoción de las disciplinas).

Para el público extranjero en general:
- Federaciones nacionales: divulgación de documentos;
- Internet: compra en línea desde cualquier país del mundo;
- Operadores turísticos y agencias de viaje (no exclusivos);
- Campañas de promoción comunes en Francia y en el extranjero:
  - Comité departamental de Turismo,
  - Comité regional de Turismo,
  - Casa de Francia,
  - Secretaría de Estado para el Turismo.

VENTA DE ENTRADAS PARA EL PÚBLICO EN GENERAL

Diferentes fases de venta:
- 1ª fase: • familia del atletismo: venta de "packs"
             • asociaciones locales.
- 2ª fase: • público en general: venta de "packs"
- 3ª fase: • venta de entradas individuales

100.000 entradas vendidas a finales de 2002
- 50.000 a la "familia del atletismo"
- 50.000 a las asociaciones locales (programas de acompañamiento)

Campaña de venta para los 170.000 jugadores con licencia de la FFA:
- por correo personalizado;
- prioridad del 1 de agosto al 31 de octubre de 2002;
- descuentos en los precios.
  ... para obtener resultados extraordinarios
- deportistas con licencia fascinados: 50.000 entradas vendidas;
- convencidos por la oferta: 460 euros, valor medio del encargo;
- motivados por el mejor: el 44 % de las entradas en las primeras categorías;
- hinchas asiduos: el 70% de los packs: de 3 días en adelante.

Oferta amplia y adaptada:
- Packs PASIÓN: "9 noches para vivir el evento en toda su dimensión, o 3 noches para asistir a las pruebas punteras";
- Pack SENSACIÓN: "5 noches para vivir todas las emociones de las grandes finales";
- Packs TENTACIÓN: "3 o 4 noches, haga una pausa o déjese tentar por otra noche estelar";
- Pack IMPULSO: "2 días (tarde y noche) para vibrar al ritmo de las pruebas más diversas".

Tarifas: de la accesibilidad al prestigio:
- elaboración de una oferta variada, adaptada a todo el mundo;
- según 2 parámetros:
  • ubicación en el estadio,
  • duración del programa elegido.
- 50.000 plazas para la noche < 16 euros;
- 8 euros: precio único para las tardes (se compran también por separado);
- 4 packs máximos por encargo;
- localidades reservadas para personas con movilidad reducida.

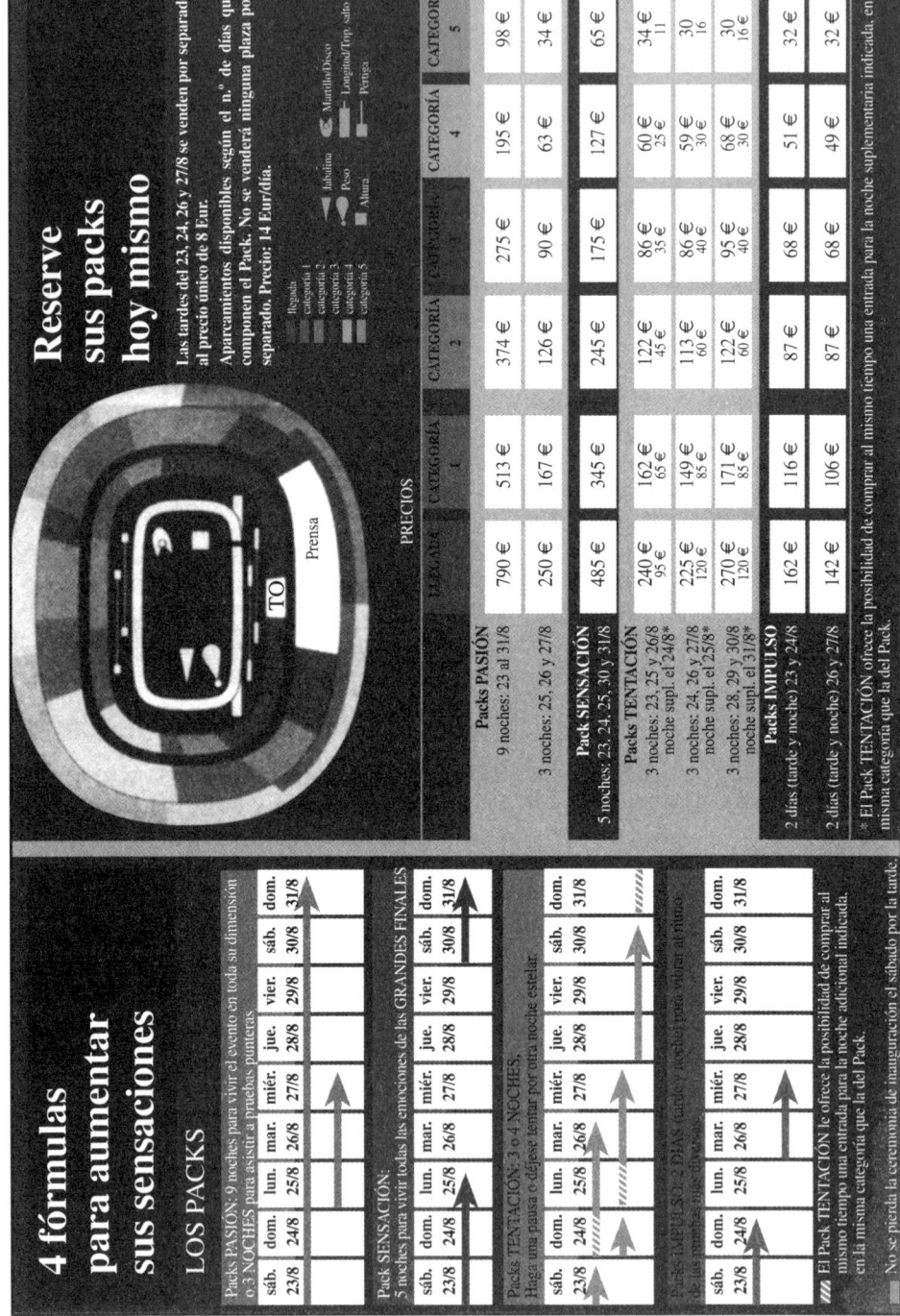

LA TAQUILLA DE EMPRESA

El objetivo es facilitar que los colaboradores y los empresarios franceses y extranjeros organicen operaciones de relaciones públicas excepcionales durante el evento, aprovechando unas condiciones únicas:
- Estadio de Francia, infraestructura receptiva sin comparación;
- 9 días consecutivos de competición;
- evento de fama mundial.

El principio de venta adoptado es: "primero en llegar, primero en comprar".

Palcos exclusivos:

163 palcos de 10, 12 16 y 18 plazas y 4 categorías según la ubicación: Platino, Oro, Plata, Bronce.

Un salón privado que se puede personalizar y cuyo ventanal se abre a una gradería privada "en consonancia":
- recepción personalizada;
- acondicionamiento refinado y personalizado del salón privado;
- incluye servicio de restauración por un restaurador de alta calidad y de prestigio;
- televisor, teléfono privado y acceso a Internet (optativo);
- obsequio-recuerdo que se envía a cada invitado;
- programa oficial y programa del día que se envía a cada invitado;
- aparcamiento (1 plaza por cada 4 asientos).

Localidades "prestigio":

1.200 asientos por sesión sólo 3 categorías: Oro, Plata, Bronce.

Excelentes localidades junto con servicio de alojamiento "de alta calidad" en los alrededores:
- recepción personalizada;
- servicio de restauración "de alta calidad" en el lugar de recepción;
- obsequio-recuerdo que se envía a cada invitado;
- programa oficial u programa del día que se envía a cada invitado;
- aparcamiento (1 plaza por cada 4 asientos).

Venta por *Packs*, de 4 a 28 plazas por empresa y día.

Localidades "panorámica":

250 asientos por sesión. Sólo una categoría.

Las mejores localidades del estadio acompañadas de una cena en el restaurante panorámico antes o después de la competición
- recepción personalizada;
- aperitivo de bienvenida y menú "de alta calidad" servido en su mesa;
- tique de bebidas;
- obsequio-recuerdo que se envía a cada invitado;
- programa oficial y programa del día que se envía a cada invitado;
- aparcamiento (1 plaza por cada 4 asientos).

Venta por *packs*, de 4 a 28 plazas por empresa y día.

Cuadro 3.4
PACKS PROPUESTOS PARA LAS LOCALIDADES "PRESTIGIO" Y "PANORÁMICA": 6 SUGERENCIAS

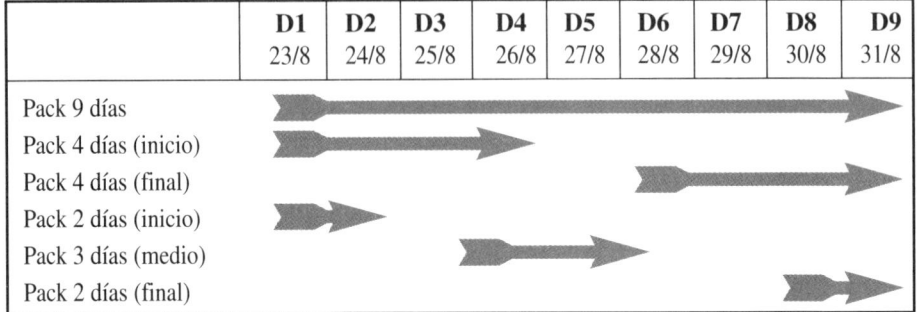

	D1 23/8	D2 24/8	D3 25/8	D4 26/8	D5 27/8	D6 28/8	D7 29/8	D8 30/8	D9 31/8
Pack 9 días									
Pack 4 días (inicio)									
Pack 4 días (final)									
Pack 2 días (inicio)									
Pack 3 días (medio)									
Pack 2 días (final)									

2. FUNCIÓN LEGISLATIVA Y DE SEGURIDAD

En los actos deportivos, hay que poner la máxima atención en la seguridad. La complejidad de las normas y la evolución de la legislación llamarán a la prudencia a los gerentes de eventos. Es vital mantenerse al día en este ámbito y responder a las exigencias materiales y morales durante todo el evento. Las obligaciones que pesan sobre el organizador son muchas y, sobre todo, muy diversas, según las características, la disciplina, o el lugar de la actividad deportiva. En estas condiciones resulta imposible ser perfecto.

Hay que prevenir o asumir cualquier accidente físico y responder a "la obligación de seguridad", de conformidad con la ley de 16 de julio de 1984, modificada en 1992. El artículo 23 de la ley de 21 de enero de 1995 de orientación y programación relativa a la seguridad establece un reparto de las responsabilidades en materia de seguridad en las actividades deportivas, recreativas y culturales con fines lucrativos: en los recintos donde se celebran dichas manifestaciones, la seguridad corre a cargo de los organizadores; pero fuera del recinto, en la vía pública, la seguridad compete a la policía nacional o al ministerio del Interior. La intervención de estos se hará según el convenio establecido con el organizador y conforme a la firma de un contrato de seguros cuya finalidad será cubrir los riesgos correspondientes a la ayuda que ofrecen las fuerzas del orden. Pero, atención, porque se dice que *"las personas físicas o jurídicas en cuyo beneficio se organizan servicios de orden de la policía o la gendarmería, que no tienen relación con las obligaciones habituales que incumben al poder público en materia de mantenimiento del orden, están obligadas a reembolsar al Estado los gastos ocasionados que éste ha soportado en su interés"*. (Texto n.º 97-199, 05 de marzo de 1997, *Boletín Of.* del 7 de marzo de 1997).

Recuadro 3.2
DIFERENTES TEXTOS (LISTA INCOMPLETA)
SEGURIDAD Y ACTIVIDADES DEPORTIVAS

Textos	Objeto	Referencias
L. n.º 84-610 16 de julio 1984	Relativa a la organización y la promoción de las actividades físicas y deportivas	Boletín Of. 17 07 1984
L. n.º 92-652 13 de julio 1992	Modifica la ley n.º 84-610 de 16 de julio de 1984	Boletín Of. 16 07 1992
L. n.º 93-1282 06 de diciembre 1993	Relativa a la seguridad de los actos deportivos	Boletín Of. 07 12 1993
L. n.º 195-73 21 de enero 1995	De orientación y de programación relativa a la seguridad	Boletín Of. 21 01 1995
L. n.º 98-146 06 de marzo 1998	Relativa a la seguridad y a la promoción de actividades deportivas	Boletín Of. 10 03 1998 y 17 03 1998
L. n.º 2000-627 06 de julio 2000	Modifica la ley n.º 84-610 de 16 de julio de 1984	Boletín Of. 08 07 2000
D. n.º 193-708 27 de marzo 1993	Tomado para la aplicación del artículo 42-3 de la ley n.º 84-610 de 16 de julio de 1984	Boletín Of. 28 03 1993
D. n.º 96-926	Relativo a la vídeovigilancia para la aplicación del art. 10 de la ley n.º 95-73 de 21 de enero de 1995	Boletín Of. 07 03 1997
D. n.º 197-199 05 03 1997	Relativo al reembolso de ciertos gastos que soportan las fuerzas del orden	Boletín Of. 07 03 1997
D. n.º 97-646 31 05 1997	Relativo al empleo de servicios de orden por los organizadores de actos deportivos, recreativos y culturales con fines lucrativos	Boletín Of. 01 06 1997
D. n.º 2000-800 24 08 2000	Relativo al personal adjunto de seguridad seleccionado en aplicación del artículo 36 de la ley n.º 95-73 de 21 de enero de 1995	Boletín Of. 26 08 2000
Códigos	Civil, penal, administrativo, etc.	Reediciones habituales
Reglamentos de las federaciones		Tarea de cada federación
Reglamento de los clubes, las agrupaciones y las asociaciones deportivas		Tarea de cada organización

Por tanto, con respecto a los espectadores, la entrada convierte al organizador en responsable y le obliga a garantizar la seguridad. Las responsabilidades civiles y penales son vigentes en cualquier actividad deportiva o festiva. Es importante que el organizador conozca todas los gastos a los que se enfrenta. Tiene la obligación absoluta de ser prudente y previsor para con los espectadores y los deportistas. Las instancias policiales buscarán conjuntamente con los organizadores la posibilidad de riesgos especiales por las características y los tipos de los espectadores presentes (riesgo de consumo de drogas o de alcohol, antagonismos, riesgo de anti-espectáculo). Nos viene a la mente los *"hooligans"*.

La seguridad afecta a todas las personas presentes en el lugar. La comisión legislativa y de seguridad evaluará todas las necesidades del público (servicio de seguridad, médicos, socorristas, bomberos, policías o gendarmes), materiales (vallas de protección, puestos de socorro, ambulancias, *walkie-talkies* y plan de evacuación), y los colocará en los puntos estratégicos, accesibles y con salidas para la evacuación. También se puede montar un dispositivo común a los diferentes servicios de emergencia y de seguridad presentes. Dicho dispositivo permite una mejor coordinación y prepara el inicio eventual de un "plan de emergencia" para socorrer a un número elevado de víctimas.

> *La función de la comisión legislativa y de seguridad es solicitar todas las autorizaciones, ministeriales, de las federaciones, gubernamentales, municipales y, en su caso, a las personas particulares (cruzar una calle, reservar lugares públicos, ofrecer instalaciones deportivas, etc.).*
>
> *Se empieza poniendo de relieve las diferentes aplicaciones legislativas obligatorias. Después se deciden las solicitudes de consentimiento necesarias y, finalmente, se garantiza la conformidad de las diligencias emprendidas. Con la responsabilidad y la seguridad de las personas*[30] *¡no se juega!*

Declaración del espectáculo: es obligatorio declarar a Hacienda un espectáculo con fines lucrativos desde el momento en que el público y el personal reunidos superan las 1.500 personas. Debe hacerse al menos un mes antes de la fecha del acto (Texto n.º 97-646, 31 de mayo de 1997, art. 1º, Boletín Oficial 1 de junio) y se dirigirá a la instancia gubernativa correspondiente, si dicho espectáculo se celebra en París, y al alcalde si se celebra en cualquier otra localidad. En ella deben figurar los elementos siguientes:

En el apartado del organizador:

– si se trata de una persona física: el nombre y los apellidos, cargo y domicilio;
– si se trata de una persona jurídica: razón social y sede, nombre de los representantes legales y, también, nombre y apellidos, cargo y domicilio del responsable de la persona jurídica que hace la declaración.

En el apartado del espectáculo:

– naturaleza;
– fecha (día y hora);
– lugar;

---

30. Si bien este consejo parece una prueba, hay que decir que se habrían podido evitar dramas de forma más competente si hubiera habido organizadores con más conciencia profesional. Sobre todo, recordamos Heysel en 1985 (40 muertos), Sheffield (90 muertos) en 1986, o Furiani (17 muertos en 1992). Todas estas tragedias ocurrían en el fútbol que, no obstante, era el deporte mejor organizado en cuanto a instalaciones de nivel europeo.

- aforo;
- número de espectadores previstos;
- número de personas que participan en la realización del acto;
- inscripción en el calendario de las federaciones, el reglamento de la prueba, etc.;
- ejemplar de la póliza de seguro suscrita;
- si ha lugar, la utilización de un servicio de orden (número, formación ,etc.);
- montaje de instalaciones provisionales para albergar al público;
- cualquier otra medida de seguridad que pueda tomar el organizador.

Creación de un grupo de estudio por parte de la autoridad gubernativa: incluye sobre todo al alcalde del municipio, la Dirección departamental de las instalaciones, el SAMU, los bomberos, la policía, la gendarmería, los organizadores, etc. Los diferentes componentes se reunirán de modo regular para examinar los progresos del proyecto.

Coordinación de un servicio de orden privado por el organizador: puede serle impuesto por la autoridad administrativa destinataria de la declaración. La apreciación se basa en la cantidad de público previsto, la configuración de los espacios y las circunstancias propias del espectáculo. Hay que presentar al alcalde la declaración del uso de dicho orden privado. Las tareas del servicio de orden son varias (Texto n.º 97-646, 31. 05. 1997/ Referencia Boletín Oficial 01. 06. 1997):

- "proceder a la inspección del estadio, de las instalaciones o de la sala antes de que comience el espectáculo para descubrir los riesgos aparentes que pueden afectar a la seguridad";
- "velar porque se mantengan sin obstáculos los itinerarios y las salidas de emergencia";
- "crear, antes del espectáculo y también desde la llegada del público hasta la evacuación total de éste, un dispositivo de seguridad propio que separe al público de los artistas y jugadores y evite la confrontación de grupos antagonistas";
- "estar preparado para intervenir a fin de evitar que una diferencia entre particulares acabe en riña";
- "alertar a los servicios de policía o de emergencia";
- "llevar asistencia y auxilio a las personas que se encuentren en peligro".

Destaquemos que en la entrada al recinto deportivo, el organizador puede autorizar que se hagan registros, para poder confiscar cualquier objeto peligroso. Dichos registros están estrictamente reglamentados en textos y es obligatorio el acuerdo del interesado. Con todo, si el interesado se niega, el organizador podrá prohibirle el acceso.

Homologación del sitio: los recintos destinados a acoger actos deportivos abiertos al público tienen un procedimiento de homologación específica, acordada por la autoridad tras su anuncio por la comisión de seguridad competente. En el caso de las instalaciones provisionales, la homologación de las infraestructuras y equipamientos, así como la autorización para que se celebre, se da justo antes del acto mientras está allí la comisión consultiva departamental de seguridad y accesibilidad. El alcalde decide si debe pasar la comisión o no. El gobierno civil se encarga de coordinar los diferentes servicios. El organizador informa a los montadores y delega en una persona para que ayude a la comisión, que se compone de una serie de personas procedentes de la policía, el gobierno civil, los servicios sanitarios, técnicos electricistas, bomberos, etc. Se exige un control técnico que depende de la comisión consultiva departamental de seguridad y accesibilidad. Ésta entrega una notificación y el alcalde autoriza, o no, el uso de estas instalaciones provisionales. El alcalde tiene la obligación de garantizar la protección del público según el artículo L 2212-1 del Código General de Asociaciones territoriales.

La comisión de seguridad también podrá verificar el buen funcionamiento de la iluminación, la señalización de los itinerarios de evacuación del público, las redes de comunicación, y los dispositivos de protección y de circulación. Además de la homologación de los recintos deportivos, sus ámbitos de competencia afectan también a los riesgos de incendio y de pánico en los establecimientos públicos, a la accesibilidad de los discapacitados, a la seguridad en los terrenos de acampada y a los incendios de bosques (Decreto n.º95-260 de 8 de marzo de 1995). Las instalaciones eléctricas estarán supervisadas por un organismo asociado.

En el caso de los establecimiento públicos, se ven afectadas por las normas todas las instalaciones de más de 50 m^2. En lo que a éstas se refiere, el permiso de construcción y la carpeta del proyecto se registran en el gobierno civil como mínimo un mes antes de la celebración.

Los documentos que hay que presentar son:
– los certificados de registro de seguridad rellenos por los instaladores;
– el certificado de montaje;
– las actas de los elementos añadidos: moqueta, entoldado, etc.
– el certificado de autorización eléctrica;
– la notificación de la oficina de control, si la hay.

Higiene: el organizador está obligado a mantener la higiene allí donde haya personas. Para ello, se hará dotación de una cantidad de sanitarios suficiente que estarán equipados en la medida de lo posible. Se procurará poner fuentes de agua potable. Y, por supuesto, se observará el mayor rigor en cuanto a la calidad y las condiciones de presentación y acondicionamiento de los alimentos que se ofrecen para el consumo.

Gestión de los accesos para peatones y conductores: hay que preparar un sistema de vigilancia y control para seleccionar los accesos y los espacios (público, competidores, periodistas, etc.). Siempre puede haber objetos de valor que despierten el deseo ajeno. Además, la posible actuación de las fuerzas del orden y la distribución de la ayuda requieren la fluidez de los accesos y de la circulación.

Seguros: el organizador, en caso de problemas, se declara responsable de cualquier accidente. Tiene que suscribir un seguro de responsabilidad civil para todos los espectadores, los organizadores y los empleados. También cubre todos los daños físicos y materiales que puedan sufrir el organizador o el participante. Si el evento se celebra en un lugar especial, le corresponde al propietario contratar un seguro para cubrir todos los daños que puedan afectar a las personas. La asociación deportiva también tiene obligación de contratar un seguro a todo riesgo para los participantes.

Se necesita un segundo seguro para la protección de bienes. Y hay que tener en cuenta otros seguros en caso de incendio, de daños por inundaciones e, incluso, destrozos por el mal tiempo[31]. El seguro anulación cubre los riesgos especiales inherentes a un determinado acto. Analiza los factores externos que pueden poner en peligro el evento: desaparición del tema mismo del evento, de algún material esencial, atentados, muerte de alguna persona de Estado. Es un seguro que se utiliza mucho porque se recupera la inversión hecha.

Todo puede asegurarse y podemos asegurarnos contra todo. La contratación de dichos seguros debe hacerse durante la preparación, la celebración y el desmontaje, y es preciso revisar en cada evento una serie de puntos que se pueden prestar a confusión, y modificar los contratos de seguros si es necesario. Cuanto más claras estén las medidas que se tomen y mejor definidas las responsabilidades, más se curará en salud el organizador en caso de problemas.

El consentimiento deportivo: es obligatorio solicitar el consentimiento de la disciplina en cuestión y la autorización de la federación. Tal cosa, es competencia de la comisión deportiva, si la hay. Además, el acto se inscribe en el calendario de la federación. Dicha inscripción se efectúa en principio entre dos temporadas y según las modalidades y condiciones estipuladas por los reglamentos de las federaciones. Si una federación no lleva a cabo el proyecto, el acto se declara igualmente y los participantes deben presentar un certificado médico conforme no tienen ninguna contraindicación para la práctica física.

Existen muchas otras obligaciones que afectan al organizador, entre las que destacan:
– el uso del terreno público requiere una autorización concedida por orden municipal, o gubernativa, que detalla las condiciones de ocupación, su duración así como las obligaciones del beneficiario[32];
– la autorización por el alcalde de un despacho de bebidas y la declaración a los servicios de aduanas;
– la declaración, al menos 24 horas antes, de aranceles locales y de los derechos indirectos en la oficina de recaudación;
– la obligación de declarar los ingresos durante el mes siguiente. En ella se indicará la cuantía de los ingresos imponibles, la categoría y el precio de las entradas, el número de orden de las entradas y el número de entradas distribuidas);
– la declaración a la SACEM (sociedad de autores, compositores y editores de música) por la difusión pública de música.

---

31. En caso de inclemencia del tiempo, si hay organizado un espectáculo musical en el Estadio de Francia, el acto se suspende. Por regla general, el consorcio reserva una noche "de seguridad" (por ejemplo, un espectáculo programado el viernes puede representarse el sábado) pero eso no impide tener que suscribir un seguro en caso de devolución total del dinero a los espectadores.

32. Esta lista no es completa pero recoge las obligaciones principales.

Recuadro 3.3
LA SEGURIDAD DEL ESTADIO DE FRANCIA

- En un partido de fútbol normal o en un concierto, se moviliza a 800 personas con un presupuesto de 110.000 euros;
- En un partido de rugby, la FFR (Federación Francesa de Rugby) gestiona el mismo dispositivo. Por lo que nosotros sabemos, se moviliza a 1.000 personas, pero no han hecho público el presupuesto;
- En un partido o un evento de riesgo, se recurre a 1.200 personas, es decir un presupuesto de 160.000 euros.

Fuente: Fabien MARSAUD (promoción DESS Orsay 2001), dirección de marketing y patrocinio del Consorcio Estadio de Francia.

Estudio de casos 3.6
El dispositivo de seguridad del encuentro Francia-Eslovenia en el Estadio de Francia, el 12 de octubre de 2002 (fuente: entrevista con Gilles Paineau, responsable de seguridad del Estadio de Francia)

LA SEGURIDAD EN EL ESTADIO DE FRANCIA: NORMAS GENERALES

La seguridad en el Estadio de Francia depende entre otras cosas de la ubicación del público.

El estadio se divide en 4 sectores: norte, sur, este y oeste.

El acceso al estadio es mediante un trípode electrónico situado en bloques de acceso inscritos con letras del abecedario.

Solamente entran al estadio las personas que están en posesión de una entrada o de una acreditación (incluso los niños).

Las personas con una acreditación se presentarán delante de las puertas J, A, U, y N.

En las otras puertas, las personas acreditadas pueden volver a entrar o salir durante la apertura al público por una compuerta especial.

El público está **controlado** por **agentes** de seguridad, a su vez supervisados por las fuerzas del orden dentro del estadio. Estos agentes se ocupan de que no se entren al recinto objetos prohibidos.

Son objetos prohibidos:
- objetos contundentes,
- botellas de vidrio,
- botellas de plástico de más de 50 cl.,
- bebidas alcohólicas,
- bebidas con envases metálicos,
- astas y mástiles de banderas rígidos,
- fuegos artificiales y fumígenos,
- cámaras y aparatos de fotos profesionales,

- zapatos con puntera metálica
- cascos de motos
- animales
- paraguas grandes
- documentos, octavillas, chapas, insignias, símbolos o banderolas de cualquier tamaño, de índole política, ideológica, filosófica o publicitaria con un marcado carácter racista o xenófobo.

Cada puerta dispone de una **consigna** en donde se pueden depositar gratis los objetos no autorizados.

Las personas **discapacitadas** entran por una compuerta especial que hay en cada entrada.

El sector y la puerta de acceso se indican en cada entrada.

No se puede estar en el estadio en otro sector que no sea el indicado en la entrada; sin embargo, dentro del mencionado sector se puede volver a entrar por todas las puertas.

Una vez en el estadio, **el público es acompañado a las gradas por azafatas** que esperan al pie de las escaleras.

A la **grada más alta** se accede por las escaleras gigantescas.

A la **grada intermedia** se accede por las pasarelas situadas enfrente de los trípodes.

A la **grada más baja** se accede bajando las escaleras de la vertiente, situadas enfrente de los trípodes.

Una vez en la grada correspondiente, está **prohibido**:
- cambiar de grada,
- bajar al campo,
- trepar por las vallas para cambiar de sector,
- sentarse en las escaleras de acceso.

También está **prohibido:**
- incitar a los espectadores a la ira o a la violencia con respecto a los árbitros, los jueces deportivos, los jugadores, los equipos, o a cualquier otra persona o grupo de personas,
- lanzar, por las gradas o al campo y, en general, en el recinto del estadio, proyectiles que representen un peligro para la seguridad de las personas.

Asimismo, para garantizar la protección del medio ambiente, está **prohibido** hacer graffiti, fijar carteles, pintar marcas o ensuciar las paredes, las verjas y los árboles y, en general, emprender cualquier acción que pueda comportar un daño.

Toda **persona sorprendida** *in fraganti* será expulsada del recinto y llevada al puesto de policía activa en el Estadio de Francia, donde se le encerrará en una celda aislada hasta el final del evento, después de haber prestado declaración.

Se informa al público de que para su seguridad durante el acto, todo el estadio está equipado con un **sistema de videovigilancia** bajo control de agentes de la policía judicial, que podrá ser utilizado en caso de **diligencias penales**.

DISPOSITIVO

De seguridad contra incendios:

Cuenta con 17 agentes: 1 en el recinto público3, 9 en el recinto público2 y 7 en el recinto público1.

Dispositivo prudencial en los 3 centros de emergencias de Aubervilliers - St Denis- La Courneuve facilitados por la Brigada de Bomberos de París.

Médico:

ISMA (Servicio internacional de asistencia médica): 1 director médico, 8 médicos, 6 enfermeras (os), 94 socorristas de la Cruz Roja y 3 ambulancias.

Entrada al campo: Cruz Blanca: 1 médico, 15 socorristas y 2 ambulancias.

Total: 9 médicos, 6 enfermeras (os) y 109 socorristas.

Más un dispositivo en el metro y en el RER: 1 ambulancia y 5 socorristas.

De seguridad:

1 coordinador general y 5 coordinadores de sectores.

- 112 agentes organizados normalmente para realizar los cacheos (sociedad SPARTE);
- 108 agentes organizados normalmente para controlar el acceso a los aparcamientos (sociedad GROOMS de París);
- 230 agentes organizados que se encargan normalmente de vigilar los accesos (sociedad ONET) de los que 8 se destinan al dispositivo para personas con movilidad reducida;
- 708 agentes organizados que se encargan normalmente de la seguridad (sociedad S3G);
- 48 agentes organizados que se encargan del diagnóstico de la taquilla y de las consignas (sociedad ALES);
- 86 agentes organizados que se encargan de la entrada al campo y de los lados de la tribuna oeste (sociedad SGPS).

Total de agentes: 1.298

Cámaras:

102 cámaras: 71 fijas, 18 de ellas situadas están sobre las rejillas exteriores y 31 teledirigidas, de las que 12 se encuentran en las gradas.

Más 29 cámaras exteriores de la policía.

Dispositivos humanos especiales:

- 68 hombres fuera, a lo largo de las rejillas exteriores, hasta el final del partido;
- refuerzo del dispositivo de seguridad en la grada baja con 2 agentes más en las 27 escaleras (54 hombres);
- más agentes repartidos en cada escalera de la vertiente para reforzar el control de entrada en la grada después del descanso (68 hombres).
- refuerzo del dispositivo en el campo con:
  - 1 primera hilera de agentes por todas las rejillas de la grada baja (70 hombres);

- otra hilera de agentes más disuasivos (66 hombres) parar reforzar al primer grupo de agentes, 1 equipo de intervención alrededor del terreno que se encarga de coger a los hinchas que vuelven a entrar entrada en el campo (20 hombres);
- 1 refuerzo de agentes en autopistas de la periferia de la capital, que llegan antes del descanso para intervenir en caso de necesidad (80 hombres, 20 por autopista);
- la coordinación de la Sección de intervención rápida (5 por autopista + 1 equipo de reserva de 5) para detener a los infractores y llevarlos a la comisaría central de policía.

– Coordinación de un dispositivo para "cacheos" por 5 agentes, 2 de ellos mujeres, en cada puerta (90) que se encargan de la inspección ocular de los objetos prohibidos, más la ayuda de un equipo de agentes de policía por sector en caso de pleitos;

– refuerzo de los puestos del estadio (plan Vigipirate reforzado en los accesos exteriores, con registro y control de los vehículos que entran en el estadio);

– refuerzo del dispositivo de la tribuna oficial – tribuna presidencial con la coordinación de 16 hombres, por el lado del público.

Dispositivos materiales especiales:

– instalación de un sistema Trunk complementario para hacer más eficaz la red de radio de la Seguridad;

– vallas de protección Vauban fuera, y cintas de balizamiento en la explanada.

Observaciones especiales:

– Fuegos de artificio a las 22:30 horas

ORGANIGRAMA GENERAL

Cada agente lleva incorporada una ficha de localización detallada que informa sobre su ubicación exacta, sus cometidos y el material que debe tener disponible.

Esquema 3.1
ORGANIGRAMA DE LA SEGURIDAD EN EL ESTADIO DE FRANCIA

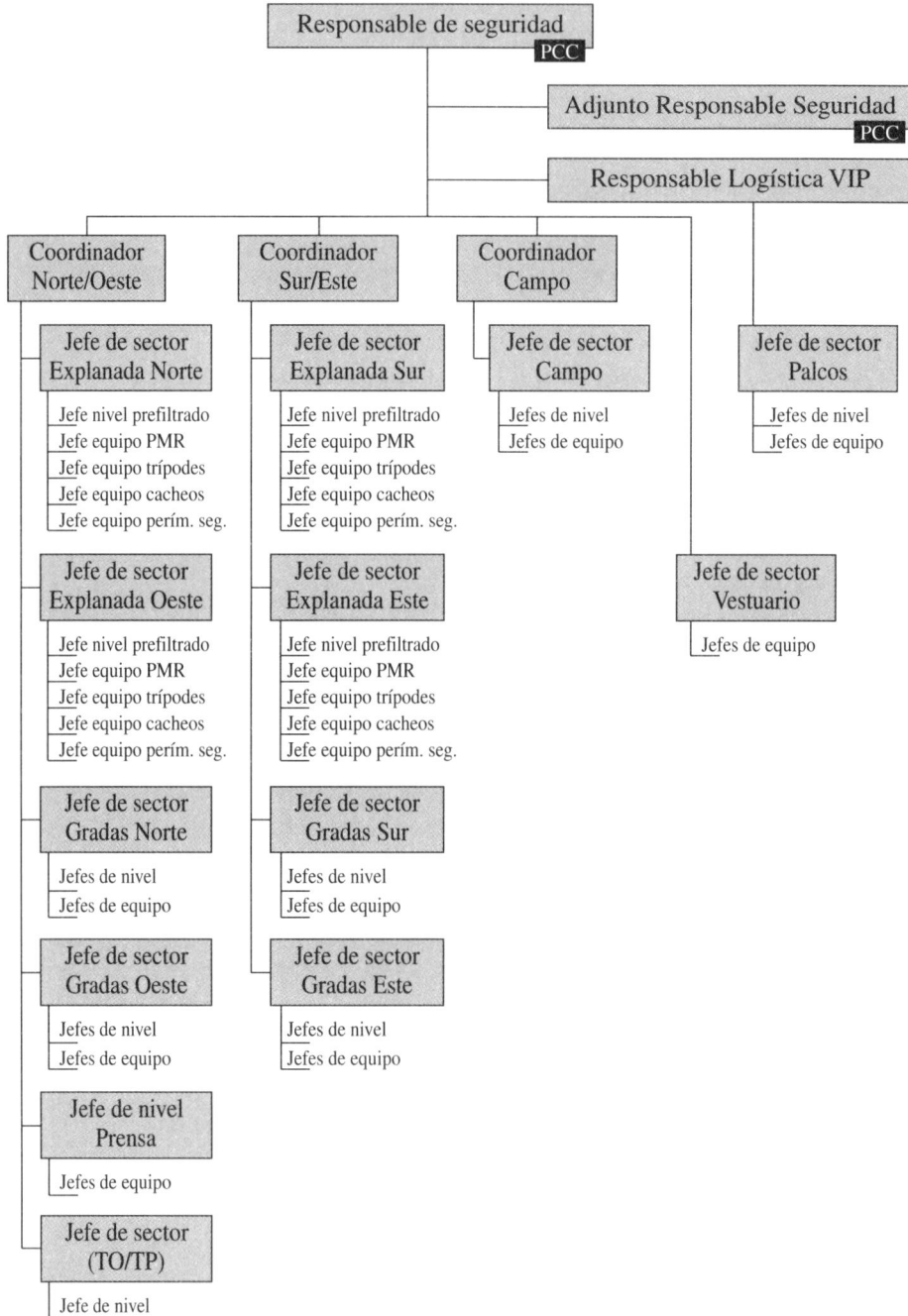

Estudio de casos 3.7
Pur Mix[33]

3. FUNCIÓN DE COMUNICACIÓN Y MEDIOS DE COMUNICACIÓN

Entre la emoción y la racionalidad (Ferrand, A. 1995)

La comunicación relativa a los eventos deportivos ocupa un lugar preeminente en el panorama cultural francés. Sus promotores creen que es un potente vector de comunicación. En efecto, permite diferenciarse en el espacio saturado de la publicidad, provocando un auténtico choque en las personas implicadas: espectadores, organizadores patrocinadores, deportistas, etc. Se considera que su energía le viene dada por la movilización de los procesos emocionales de los diferentes agentes. Con todo, y para hacer de ella una gestión más eficiente, puede racionalizarse mediante la elección de los objetivos, las herramientas y las finalidades pero, también, mediante el control de los resultados.

En este capítulo se detalla cómo se organiza la campaña de comunicación de los actos de los anunciantes y en el capítulo siguiente, el patrocinio. Sin embargo, una de las obligaciones básicas de dicha campaña es que las empresas cobren importancia. Si lo que se busca es financiación, hay que garantizar unos beneficios en términos de imagen y notoriedad a los inversores.

Plan de comunicación[34]

En primer lugar, los objetivos de este plan tienen que estar claramente definidos. Según el caso, se dará prioridad a la fama o a la imagen del evento o de los anunciantes. Seguidamente, se busca un tema en torno al cual gire la comunicación y que puede tratar de las actuaciones, las sensaciones, el compañerismo y la presencia de personalidades. Finalmente, una imagen y un eslogan darán forma a las orientaciones que han elegido. Los organizadores confunden con demasiada frecuencia información y comunicación. Además, la denominación del evento, la fecha, la hora y el lugar, son datos más sensibles, muchas veces ligados a lo imaginario, a lo irracional y a los sueños y pueden garantizar el éxito de la comunicación (cf. Análisis sociológico del espectador de eventos. Capítulo sobre el diseño). Para ello, a veces la comunicación debe asumir riesgos, pero la mayoría de los organizadores se conforman con una foto, un nombre y una fecha. Sin embargo, el hacer gala de originalidad a veces resulta efectivo. Eventos como la tabla de

---

33. Ver Anexos al final del libro

34. Para obtener más información teórica o de datos estadísticos, se puede consultar Tribou, G., *Sponsoring sportif*, Economica, Paris, 2002 y Desbordes, M., Ohl, F., Tribou, G., *op. cit.*, también todos los estudios que ofrece la UDA (Unión de Anunciantes), Médiamétrie, Carat Sport, Secodip, o el CSA (Consejo Superior de Audiovisuales).

vela en Bercy, el *snowboard* en el Trocadero y el esquí en el Estadio de Francia, han marcado indudablemente la mentalidad, pues eran completamente innovadores. Del mismo modo, podemos citar "París Playas" en el verano de 2002.

Después de realizar un primer bosquejo sobre la comunicación con una imagen, es preciso empezar a examinar los medios de comunicación. Su objetivo inicial es fidelizar a su clientela para ganar cuota de mercado. Luego, su misión es transmitir lo mejor posible la imagen del evento y de los colaboradores; estos se presentan como colaboradores de los organizadores, o sencillamente garantizan la cobertura de la redacción de los eventos. Cualquiera que sea su posición, son los medios con su implicación quienes determinan el impacto del plan de comunicación y le garantizan la audiencia necesaria.

El éxito de este plan radica en la multiplicidad de las acciones comunicativas en un período reducido y próximo al evento.

Estudio de casos 3.8
Las colaboraciones con los medios de comunicación (Duchemin, R. 2002)

HISTORIA Y DEFINICIÓN

Desde comienzos del siglo XX, las relaciones entre deporte y medios de comunicación vienen siendo muy estrechas. Dejando de lado los intereses convergentes de esas relaciones, recordemos simplemente que los grupos de prensa han ejercido una función especialmente importante en la realización de los mayores eventos deportivos (*"L'Auto"* y el Tour de Francia, en 1903, el *"Daily Mail"*, *"L'Equipe"* con la Copa de Europa de Clubes en 1954, *"La Gaceta dello Sport"* y el Giro de Italia...). Al incorporarse enseguida al deporte de alto nivel, los medios de comunicación han contribuido ampliamente a la promoción de una práctica masiva y a la difusión de una cultura especializada. Mencionemos también la creación del circuito europeo de golf durante el período de entreguerras, fruto del apoyo muy activo de seis empresas de medios de comunicación del golf británico de la época (*"Glasgow Herald", "Daily Mail", "Daily Telegraph", "Yorkshire Evening News", "Daily Sketch"* y *"News Chronicle"*).

En el transcurso de los últimos 50 años, debido a la ascensión en potencia de la televisión, los eventos deportivos más prestigiosos han entrado en una lógica de comercialización de derechos de marketing (retransmisiones televisivas y patrocinadores) reduciendo, así, la importancia concedida a la colaboración con los medios de comunicación.

No obstante, en los últimos tiempos estamos asistiendo a un incremento de las iniciativas. En los soportes de promoción de los eventos deportivos se ven los logotipos de algunos medios de comunicación, sobre todo en prensa escrita y en radio para los cuales no existen derechos de difusión[35]. Los medios quieren explotar comercialmente el evento deportivo. Tomemos el ejemplo del Encuentro de atletismo de Saint-Denis que, incluso después de haber vendido derechos a FRANCE TÉLÉVISIÓNS, ha concluido

---

35. Los derechos de radio es un fenómeno muy reciente en Francia: *RMC Info* abrió la caja de Pandora al adquirir para sorpresa general la exclusividad de los derechos de la Copa del Mundo de Fútbol en 2002.

seis colaboraciones con medios relativamente poderosos: RTL, *"Le Parisien"*, *"L'Humanité"*, *"France Soir"*, *"Libération"* y el *"Journal du Dimanche*[36]*"*

La lógica de la colaboración es idéntica a la del patrocinio dejando todas las operaciones financieras aparte. Se trata de una verdadera técnica de comunicación ya que el medio intenta aumentar su notoriedad, revalorizar su imagen y promocionar su oferta asociándose más o menos directamente a un evento deportivo. La implicación del colaborador de un medio de comunicación responde sistemáticamente a objetivos de comunicación de marketing. Al contrario que el patrocinio, la colaboración minimiza los aspectos financieros y favorece al máximo los intercambios de productos. En contrapartida a las diferentes prestaciones que ofrece el evento, el medio colaborador garantiza una triple cobertura editorial, promocional y publicitaria del acto.

PRINCIPIO BÁSICO DE LA COLABORACIÓN CON LOS MEDIOS DE COMUNICACIÓN

El análisis de la colaboración con los medios de comunicación en la que también se encuentra "Carat Sport" demuestra que existen tres formas principales:

– La colaboración entre un medio y el evento deportivo[37]
  Ej.: "RTL" y "Metro", colaboradores en la Final del Gran Prix IAAF 2002.
– La colaboración entre un medio de comunicación y el anunciante comprometido en una acción de patrocinio sobre dicho evento.
  Ej.: colaboración entre *"Onze Mondial"* y But (patrocinador oficial de los árbitros)
– La colaboración entre un medio de comunicación, el evento deportivo y el anunciante implicado en una acción de patrocinio sobre este evento.
  Ej.: asociación de empresas entre *"Paris Match"*, la marca JACQUES VABRE y la Transatlántica epónima.

El principio básico es proponer a la dirección general del medio de comunicación una colaboración en forma de servicios recíprocos, que se base en el valor añadido editorial de un evento y en la originalidad de la inversión de una marca en materia de patrocinio deportivo. Dado que sobrepasa el marco de las simples relaciones de prensa, se trata de una sensibilización activa y simultánea de la dirección editorial, promocional y publicitaria en el evento y/o en el patrocinio de la marca.

---

36. Otros ejemplos:
   – Campeonato de yates multicasco 2001: *Eurosport France, France Info, France Bleu, MCM, Bateaux y Avenir*.
   – Campeonato del Mundo de Canoa-kayak 2002: *France Info*.
   – Tour de France de Vela 2001: *France Info, France Bleu, M6, "L'Équipe"*.
   – Evian Masters 2002: *Canal +, Europe 1, Golf Européen*.
   – Roland-Garros 2002: *RTL*.

37. Aquí utilizamos el término "evento" para calificar cualquier proyecto deportivo que comporte la organización de una operación de empresas de medios de comunicación (actos, competiciones, disciplina, equipo, escudería, atleta, proyecto individual, etc.).

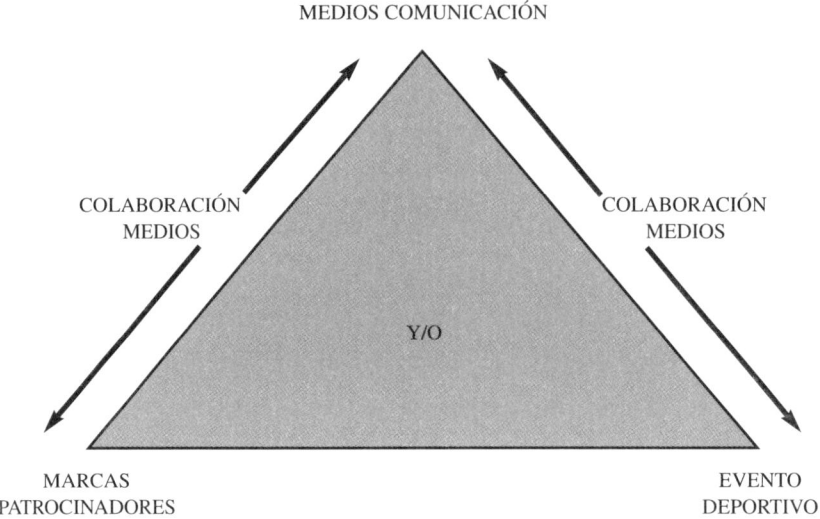

Organizar la colaboración con los medios requiere una buena sintonía entre los medios, el evento y el anunciante. Carat Sport, identificará en primer lugar las cualidades intrínsecas, las especificidades, la problemática y el posicionamiento de cada uno de los tres agentes, si el objetivo es impulsar un acercamiento semánticamente coherente y natural. Desde el esquema general de las colaboraciones con los medios de comunicación[38] se juega con la personalidad, la fuerza y la imagen del evento (o la acción en patrocinio deportivo) a fin de desencadenar, mediante efectos de palanca sucesivos, toda una serie coherente de cambios que multiplicará la potencia mediática del acto y/o la resonancia global de la inversión del anunciante.

La labor de la agencia de marketing (Carat Sport en este caso) consiste en buscar la mejor combinación posible de apoyos, con respecto a los problemas del organizador o de la marca, en una acción de colaboración basada en la puesta en marcha de servicios recíprocos (instauración de una relación ganador-ganador[39]). Las contrapartidas que ofrece el organizador o el patrocinador a los medios de comunicación están bastante diversificadas (visibilidad de los medios, visibilidad en los medios no convencionales, operaciones de relaciones públicas, asignaciones para operaciones de promoción, ofertas comerciales específicas...), mientras que la aportación de los colaboradores de los medios de comunica-

---

38. Se puede hablar de *colaboraciones con los medios de comunicación* desde el momento en que la noción de exclusividad aparece muy poco durante las negociaciones, en comparación con la comercialización de derechos de retransmisión. Así, pues, podemos pronosticar un acuerdo entre un evento y varios soportes del mismo medio (ej.: RTL, Sport O'FM y Europe 2 eran los tres colaboradores de radio de los Rando-Raids SFR 2001).

39. Dentro de la colaboración entre un evento y un medio de comunicación, la valorización de la aportación del primero es igual a la valorización de la aportación del segundo.

ción flaquea en los tres puntos principales siguientes: el volumen de espacio publicitario, algunas operaciones de promoción (juegos concurso, regalos...) y la amplia cobertura editorial del evento. Para que tenga lugar, es preciso optimizar la promoción cruzada entre los diferentes medios colaboradores al objeto de aumentar el volumen total de espacios. A continuación se ilustran dos ejemplos de promoción cruzada llevada a cabo no hace mucho, ya que la lógica es la misma para un patrocinador que para un evento:

– La edición del mes de septiembre de 2002 de la revista "*Onze Mondial*" se asocia a un producto de regalo, con un folleto magnético en forma de tarjeta de árbitro, que enumera las principales normas del fútbol y muestra la marca BUT. La empresa editora (Hachette Filipacchi Asociados) organizó un plan de promoción en la radio y mediante carteles publicitarios para apoyar esta operación. "*Onze Mondial*", colaborador de prensa y revistas de la operación, y BUT, colaborador oficial de los árbitros, garantizan al anunciante la publicación en sus propias páginas, pero también en otros soportes mediáticos.

– "*Paris Match*", colaborador de prensa en las revistas de "*The Race, la carrera del milenio*" sacó en 2000 un suplemento especial de 24 páginas totalmente dedicado al evento. El impacto de esta operación editorial se multiplicó gracias al apoyo promocional en la red nacional France Rail, a iniciativa del medio de comunicación colaborador.

Cada soporte tiene un posicionamiento específico que corresponde a un tipo de lector, oyente, o telespectador. Se trata, por tanto, de elaborar un plan de acción que permita satisfacer todas sus metas y alcanzar sus objetivos seleccionando los medios más apropiados. Estos últimos disponen de datos sobre el índice de audiencia, los tipos de público objetivo, etc. De igual modo, se trata de decidir la fecha oportuna y la duración necesaria para difundir los actos en función del presupuesto. En resumen, hay que hacer publicidad en el lugar adecuado y en el momento oportuno, con los soportes apropiados y en cantidades razonables con respecto a los lugares, a la afluencia de público o, incluso, de lectores para poder concretar las acciones de segmentación del mercado.

Para llevar a cabo una política de cooperación eficaz con los medios, hay que seguir los siguientes pasos por este orden:

1) "Apropiarse" el evento: la confección de un plan de colaboración con los medios de comunicación requiere, en primer lugar, un encuentro con el organizador durante el cual la agencia (en este caso Carat Sport) recibe un informe. Éste es el punto de partida de la estrategia mediática, que tiene que dejar bien claros los objetivos fijados por el cliente (objetivos de marketing, mensaje que transmitir, metas, períodos de toma de palabra, etc.). La carpeta ofrece ante todo la oportunidad de captar el concepto y el posicionamiento del evento, pero también las problemáticas que lo animan y las dificultades que experimenta (competencia del evento[40], presupuesto asignado[41], etc.).

---

40. En 2001, la primera edición de *The Race* estuvo en competencia frontal con la 4ª edición del *Vandea Globe*.

41. En algunos casos, el organizador puede decidir desbloquear un presupuesto realizado por los medios, generalmente muy limitado, que sirve de palanca para negociar acuerdos de colaboración con los soportes mediáticos.

2) Elegir soportes eficaces: la fase de selección de los medios[42] es vital, pues el soporte, a través del mensaje que transmite, es el vínculo directo entre el evento deportivo y el consumidor. A fin de optimizar el impacto del plan de colaboradores con los medios de comunicación, los soportes deben tener una perfecta sinergia con el evento o la disciplina deportiva, con el público objetivo y con el mensaje que va a difundir.

Recuadro 3.4
MODELO DE *THE RACE*, LA CARRERA DEL MILENIO

La campaña de prensa, lanzada tres meses antes del comienzo, sufrió tres modificaciones distintas:

– el acuerdo con "Paris Match", cerrado en función de los rendimientos del título sobre un público objetivo amplio, ilustra perfectamente el principio de colaboración con los medios (suplemento de 24 páginas, apoyo promocional en carteles publicitarios nacionales y oferta comercial específica[43]);

– la operación con "Le Monde", "Les Echas" y "L'Équipe·", organizada a partir de una idea original de promoción de la unión publicitaria Plein Cadre, demostró su eficacia tanto para el organizador como para los tres soportes. Estos, líderes en el ámbito de la actualidad, la economía y el deporte respectivamente, demostraron estar en perfecta sintonía con el evento;

– la colaboración con "La Provence" ha permitido reforzar a nivel local la comunicación del evento (edición de un suplemento especial).

Por tanto, las colaboraciones con los medios constituyen un medio original para incrementar la mediatización de un evento. Se adaptan especialmente a los eventos de importancia media con valores sólidos y se prestan a que los participantes puedan "contar batallitas" (la regata de altura, las expediciones en alpinismo y los raids-aventuras son especialmente apropiados[44]).

---

42. Desde siempre, el medio de comunicación se define como un modo de difusión y transmisión de información. Se trata de un conjunto de soportes homogéneos que dependen de un mismo modo de comunicación. Nosotros contamos históricamente cinco grandes medios: los carteles publicitarios, la prensa, la radio, la televisión y el cine, a los que además podemos añadir ya Internet.

43. La regla Interdeco ha desarrollado una oferta publicitaria muy ventajosa destinada a los esponsors del evento.

44. La manera en que los estadounidenses filman los grandes raids (Raid Gauloises, Eco Challenge) es un ejemplo típico. Son pruebas complicadas, difícilmente comprensibles para un neófito (a las clasificaciones de las diferentes pruebas se les suman sanciones en caso de una realización insuficiente) y cuyos campeones son desconocidos del gran público; por ese motivo, las cadenas norteamericanas filman el evento en el interior, para hacer una especie de "*reality-raid*" con todas sus molestias físicas o psicológicas (el telespectador se convierte en un testigo privilegiado del ambiente existente bajo la carpa).

FUNCIONES PRINCIPALES NECESARIAS PARA EL DESARROLLO DE UN EVENTO DEPORTIVO 93

> *No hay que olvidarse de proporcionar a los colaboradores del evento soportes publicitarios, ya que dichos soportes ofrecen programas a través de sus redes de distribución o comerciales y se encargan de poner pósters en los locales. Es una comunicación dirigida al público, eficaz y gratuita.*

El póster

La imagen y la denominación del acto (logo, grafismo, título) forman la trama de base de la comunicación de eventos. Estos datos se completan con información exacta sobre la fecha, los horarios, el lugar, el precio, la información (número verde, sitio Internet) y los logos de los colaboradores principales. Así, pues, la misión del póster es suscitar el interés del espectador potencial y la eficacia de su mensaje radica en el poder de la imagen combinado con estos otros elementos.; tendrá que incorporarlos intentando potenciar la máxima legibilidad, ya que muchas veces se ve de forma rápida al pasar (sobre todo los de 4 m x 3 m).

Las grandes empresas de colocación de pósters disponen de numerosos datos estadísticos que les permite realizar planos donde figuran las vallas publicitarias más interesantes según la demanda. Las campañas publicitarias duran de una a dos semanas por regla general. A veces, empiezan antes si el evento tiene interés y las reservas son anticipadas. Ese es el caso del Gran Prix de Francia de Fórmula 1 de Magny-Cours que efectúa una campaña de colocación de pósters continuada. En Francia, las tres redes principales de colocación de carteles publicitarios son Dauphin, Avenir y Giraudy. También existen otras redes de colocación de carteles en los autobuses e, incluso, la instalación de lonas o toldos publicitarios.

Estudio de casos 3.9
Evolución del logotipo y del póster anunciador del TUIJO (Torneo Universitario Internacional de Orsay)

Objetivos de comunicación mediante la imagen.
En 2003, los estudiantes del DESS "Gestión internacional del deporte" utilizaron diferentes soportes de comunicación:
– pósters A3;
– desplegables A5;
– tarjetas de invitación;
– artículos en la prensa;
– franja de audiencia de la radio local;
– sitio Internet.

1) Evolución del logo

El logo es el soporte de comunicación principal ya que aparece en todas las carpetas y en toda la correspondencia de prensa. Es un vector de identificación que ha evolucionado desde el primer torneo organizado hace tres años. Así, pues, el objetivo es conservar una cierta identidad ya desarrollada con los colaboradores y los participantes. Por tanto, la finalidad no es modificar por completo la imagen sino hacer que evolucione, de modo que resulte más moderna pero respete los valores del judo:

- deporte de combate;
- ética;
- honor;
- valor;
- etc.

Por tanto, la finalidad es obtener un logo personalizado para la sesión 2003 sin romper la comunicación del año anterior. Durante el torneo pasado, a fin de respaldar su comunicación, los anuncios de comunicación se basaron en dos logos. Pero después, lo correcto sería usar solamente un logo, por varios motivos:

- un solo vector de comunicación;
- plazo muy breve para su creación;
- homogeneizar la identidad del torneo aunque haya una diversidad cultural que imponga que se comunique de formas distintas en cada país. Por ejemplo:
  - para Alemania, el logo será complejo y recargado,
  - para Francia, el logo será sobrio y poco recargado,
  - para Gran Bretaña, se insistirá en el dinamismo y el movimiento,
  - etc.

Así, no se puede establecer una comunicación personalizada para cada país.

2) Evolución del anuncio

La finalidad es modificar de manera general el anuncio, sugiriendo una nueva configuración más legible y en la que quepa más información sobre el torneo.

En el anuncio debe figurar:

- **la fecha:** 8 y 9 de febrero de 2003;
- **el lugar:** universidad de Orsay –edificio 225– en el complejo deportivo;
- **el logo;**
- **ubicación para los colaboradores** principales (6/7 ubicaciones para el logo de los colaboradores importantes);
- **título:** 4º Torneo Universitario Internacional de Judo;
- **un espacio para poner un dibujo relacionado** y una pequeña porción de texto como:

Y tú, ¿te lo vas a perder?

- **un espacio para poner un eslogan:** tal eslogan sólo incluirá 4 ó 5 palabras para personalizar mejor el torneo;
- **un espacio para las condiciones de invitación:** entrada gratuita.

La finalidad es insistir en:

- el impacto internacional y universitario;
- el hecho de que sea la 4ª edición del torneo;
- el aspecto espectacular del torneo: esto podría ser el tema del texto que figura debajo del dibujo.

FUNCIONES PRINCIPALES NECESARIAS PARA EL DESARROLLO DE UN EVENTO DEPORTIVO

3) *Exigencias y limitaciones*

El anuncio no será recargado y respetará las prioridades así como los objetivos enumerados más arriba.

Al final, el póster elegido fue el siguiente:

4º Torneo universitario internacional de Judo de Orsay

TUIJO, un evento internacional a tu alcance

8 y 9 de febrero de 2003

Universidad de Orsay – edificio 225

300 estudiantes, 50 universidades y 15 países reunidos en torno a una competición de alto nivel

Entrada gratuita

Y tú, ¿te lo vas a perder?

Folleto publicitario o programa

Es el soporte que más habitualmente emplean los proveedores de servicios deportivos. Contribuye a la dialéctica reflexiva inscrita en el cliente (público o colaborador), que puede hojearlo a voluntad antes de profundizar en sus investigaciones o de tomar su decisión. Dicho folleto está disponible en diferentes lugares públicos y de información o, incluso, en los envíos de correo dirigidos al público objetivo. Como en toda comunicación, hay que procurar llegar al mayor número de clientes posible. Por eso, es esencial repartirlos en función de las zonas de paso, los índices de asistencia, etc., y depositarlos en muchos sitios para evitar que su difusión quede fija en una cantidad limitada de público. Así es, porque normalmente las mismas personas vuelven a pasar por los mismos sitios. La difusión será más o menos prolongada según el número de programas o de folletos que haya que distribuir, y se realizará hasta el mismo día del evento e, incluso, durante la celebración del mismo.

Sitio web

El evento debe tener además su sitio en Internet. En él los visitantes pueden obtener una información más precisa sobre las características de los actos. Lo normal es que el diseño y la gestión del sitio se deje en manos de empresas especializadas. A través del sitio se pueden reservar entradas "en línea". Así, la publicidad aumenta, y ofrece a los organizadores un nuevo soporte comercial.

Radio

Las afinidades con las emisoras generalistas (France Inter., Europe 1, etc.) aumentan con la edad y lo contrario ocurre con las emisoras musicales (Fun Radio, NRJ, Sjyrock, etc.). Sport'O FM es la primera emisora de radio especializada en información deportiva. Las otras radios emiten "flashes" deportivos y son bien conocidos los famosos múltiplex en Europe 1, France Inter., RTL y RMC Info.

Las emisoras de radio invierten mucho como colaboradores, muchas veces en forma de intercambio de comunicación. De modo que, también pueden ofrecer a sus oyentes la posibilidad de ganar entradas.

Televisión

La televisión es sin ningún género de dudas el medio de comunicación más poderoso. Ésta llega a un número ingente de espectadores, normalmente esclavos por el hecho de permanecer pasivos ante la pantalla. El deporte garantiza a las cadenas de televisión récords de audiencia. Y al mismo tiempo, el poder de la televisión es una baza primordial, casi indispensable, para lograr el éxito de un evento, que asegura la mayor parte de los ingresos en las grandes ocasiones. Podemos decir que los espectáculos se diseñan ante todo para su difusión televisiva. Las cadenas regionales se interesan con mucha frecuencia por los eventos. La proliferación de las cadenas temáticas como Eurosport, L'Équipe TV, Motors TV, Infosport, Equidia, o Pathé Sport, por cable y por satélite, ofrece otras posibilidades a los organizadores así como una segmentación del público más precisa. De igual modo, existen muchísimos programas especializados en una sola disciplina (Téléfoot, Automoto...) o no (Stade 2, Tout le Sport, Sport 6...). En resumen, las cadenas se especializan en el fútbol y los deportes mecánicos, como hace TF1; FRANCE TÉLÉVISIONS, en ciclismo y rugby, y Canal + en fútbol, rugby y deportes norteamericanos.

Prensa escrita

La prensa escrita, habida cuenta de su extracción geográfica y de la exactitud de su segmentación del mercado, es vital para todos los eventos. Los periódicos regionales permiten una difusión local necesaria para el éxito del evento y las revistas especializadas, una segmentación afinada de la comunicación. Además, la prensa es el medio más utilizado por los anunciantes. Los eventos importantes favorecen las grandes tiradas de todos los periódicos y hasta figuran artículos de prensa varios meses antes del día D. Cabe destacar que no ésta no supone ninguna competencia o sustitución para la difusión televisiva, sino que las descripciones y los análisis que se ven en la prensa escrita parece que completan la imagen y el comentario en caliente. No podemos dejar de lado el diario *"l'Équipe"*, y los periódicos generalistas de gran tirada también incluyen cada vez más sus artículos deportivos. Los periódicos locales son aficionados a este tipo de producto. El intercambio de mercancías está muy de moda: espacio publicitario a cambio de invitaciones y localidades VIP y comunicación en el sitio del evento.

Relaciones con la prensa

Hay muchos periódicos, emisoras de radio e, incluso cadenas de televisión, que por medio de su departamento de redacción, pueden estar interesados en el evento e incluyen información de forma gratuita, por eso hay que hacer una selección de esos medios y, sobre todo, mantener relaciones de confianza con los periodistas. A estos no les gusta desplazarse en vano o recibir informaciones erróneas. Existen varios métodos de relaciones con la prensa.

1) El responsable de las relaciones con la prensa

Éste poseerá un buen conocimiento del evento, la empresa o la asociación, los colaboradores y los medios de comunicación. Además debe estar autorizado por la dirección de la empresa para tener credibilidad ante los medios. Pero, sobre todo, dispondrá de una buena agenda de direcciones y de contactos con periodistas.

2) El comunicado de prensa

Incluye una información única, exacta y actualizada. Ésta puede ser sobre alguna novedad en cuanto a los espectáculos, los participantes, etc., y su redacción será concisa (pocas veces excederá de una página mecanografiada). Los periodistas lo utilizan algunas veces tal cual y consta de un título explícito que sitúa inmediatamente el tema. Tiene que ir directo al objetivo e incluir las respuestas a las preguntas, ¿quién?, ¿qué?, ¿cuándo?, ¿cómo? y ¿por qué? Las respuestas se desarrollarán después en la carpeta de prensa. Deberá indicar los nombres y los datos de las personas de contacto; ahora es muy frecuente enviarlo por correo electrónico, porque es rápido y los periodistas pueden volver directamente a la base de datos digital.

3) La carpeta de prensa

Se hace con el fin de ofrecer una información más completa e incluye:
- una página de guarda con un título y, generalmente, la imagen del evento;
- un índice paginado;
- un informe completo que puede incluir datos históricos, hechos y cifras claves, información técnica, una presentación de las personas importantes que participan en el acto, etc.;
- una o varias fotos puestas a disposición de la prensa (en forma digital preferiblemente);
- los datos de las personas que se encargan de garantizar las relaciones con la prensa.

Estudio de casos 3.10
La carpeta de prensa France Galop 2001[45]

1) La carpeta de prensa

La carpeta de prensa se compone de informaciones disponibles y utilizables de forma rápida, pues los periodistas son personas que siempre van con prisa y deben ir al grano. En efecto, una mala carpeta de prensa puede contribuir a que el periodista desista de ir al evento o, peor aún, que no escriba ningún artículo en su periódico. Existen diferentes tipos de carpetas que dependen del presupuesto del organizador, de la duración del evento (un día, una semana, o una temporada) y del número de periodistas al que va dirigida).

France Galop se creó el 3 de mayo de 1995 tras la fusión de la Société d'Encouragement (Sociedad de Fomento) y los Steeple-Chases de Francia, la Société de Sport de Francia y la Société Sportive d'Encouragement (Sociedad Deportiva de Fomento). Es la sociedad matriz de las carreras de caballos de galope, y su vocación es el fomento para la mejora de las carreras de caballos de galope en Francia.

Presidida por Jean-Luc Lagardère[46], France Galop cuenta entre sus socios a los representantes de las instancias regionales de las carreras, los agentes socio profesionales (propietarios de caballos, entrenadores, jockeys y criadores). France Galop gestiona seis hipódromos que están bajo el mando de un director de centro: Longchamp, Auteuil, Chantilly, Deauville, Maisons-Laffitte y Saint-Cloud. También ha organizado carreras de obstáculos en el hipódromo de Enghien.

Dada su actividad, France Galop lleva a cabo cometidos muy importantes a nivel nacional:
- fomentar la crianza;
- mejorar las diferentes razas de caballos de galope;
- decidir las asignaciones y las primas;
- favorecer el entrenamiento;
- garantizar el buen funcionamiento de las apuestas en los hipódromos.

France Galop organiza cada año importantes competiciones internacionales:
- Premio del Arco de Triunfo Lucien Barrière en Longchamp;
- Premio de Diana Hermès en Chantilly;
- Premio del Jockey Club en Chantilly;
- Gras Savoye Grand Steeple-Chase de París, en Auteuil.

France Galop es una asociación sujeta a la supervisión del ministerio de Agricultura y al ministerio de Economía según la ley 1901. El ministerio del Interior también garantiza el control de la regularidad de las apuestas.

---

45. Fuente: France Galop, carpeta de prensa 2001. France Galop – 46, place Abel Gance – 92655 Boulogne Cedex

46. Hasta su fallecimiento en 2003.

ORGANIGRAMA GENERAL DE FRANCE GALOP (2001-2003)

```
                          Presidente
                       Jean-Luc Lagardère
        ┌──────────────────┼──────────────────┐
   Vicepresidente                        Vicepresidente
 Charles-Henry de Moissac                  Serge Landon
        │
┌───────┬──────────────┬──────────────┬──────────────┐
Director general  Director de carreras  Director de marketing  Director de finanzas
Louis Romanet     y de espacios         y de desarrollo        y de organización
                  Thierry Delegue       Olivier Guiguet        Christian Maigret
```

En 2000, el importe de las apuestas recaudadas por la sociedad PMU (Apuestas mutuas) fue de 5 mil 780 millones de euros, de los cuales 2 mil 730 millones fueron para las 6.384 carreras de galope organizadas. La evolución del volumen de negocios es de +6,5 %. Al año, hay unos 6 millones de apostantes. France Galop cuenta con 448 empleados, de los cuales 148 trabajan en la sede. Su principal fuente de financiación la constituye la deducción sobre las apuestas que recauda PMU (Apuestas Mutuas Urbanas), cuyo índice se fija por decreto, por una parte, y por los hipódromos (PMH) por otra. En total, el presupuesto de France Galop asciende a 230 millones de euros.

La carpeta de prensa de France Galop es un auténtico libro que ilustra la política de comunicación de la entidad. Dicha comunicación se ha vuelto a diseñar y a modernizar desde que las carreras se trasmiten por Canal +. Dicha carpeta consta de once partes:

– una presentación de France Galop;
– un histórico de las carreras desde la antigüedad hasta nuestros días;
– una descripción de los hipódromos y los centros de entrenamiento;
– un léxico detallado de todos los términos para entender el vocabulario de las carreras.
– una presentación de los agente de las carreras;
– una introducción a los oficios de las carreras;
– el calendario de las carreras;
– un análisis detallado de las cifras claves para el año 2000;
– una presentación de los demás agentes económicos;
– otras actividades de eventos del grupo;
– contactos útiles (indispensables para el periodista).

Podemos decir que dicha carpeta invita a asistir a las carreras y ofrece todos los elementos útiles para que un periodista escriba un artículo sobre las carreras de galope. No obstante, hay que señalar que no todos los organizadores de eventos tienen necesariamente el mismo presupuesto para realizar un documento así; se trata, pues, de rivalizar en ingenio para atraer la atención de periodistas muy solicitados en el ámbito del evento deportivo.

2) La conferencia de prensa

Es un acto que congrega a la prensa en un lugar y una fecha concreta. Tiene que estar justificada por la importancia de la ocasión. Hay que prestar atención a la fecha (tener en cuenta los cierres de los periódicos, que no haya otros eventos importantes ese mismo día, etc.) Por regla general, la fecha se pone quince días antes del evento.

También hay que tener en cuenta el lugar (debe ser práctico y accesible) y la hora (pensar en los horarios de los periodistas).

3) Otros

A veces, se organizan almuerzos, cócteles, o viajes con algunos periodistas.

Cuadro 3.5
CARACTERÍSTICAS TÉCNICAS Y CUALITATIVAS DE LOS MEDIOS

Tipo de mensaje	Televisión	Radio	Diario	Revista	Póster	Cine
Cantidad de información transmitida	-	-	++	++	-	-
Rapidez de realización	--	++	+++	-	-	-
Duración material del mensaje	-	-	+	++	+	-
Capacidad de influencia de una imagen	+	-	-	+	+	+++
Capacidad para influir una actitud por la imaginación	+	+	-	+	+	+++
Capacidad para influir en una mente regional	-	+	+++	-	++	-

Fuente: Dubois, P.-L., "Publicité", en *Encyclopédie de gestion*, Paris, Economica, 1997, pág. 2444.

El diseño

Siempre se refiere a los objetivos generales y a la estrategia de marketing. Debe estar "en sintonía" con el público objetivo y corresponderle para "impresionarle". Se establecen dos grandes etapas para los documentos (anuncios, programas, artículos de prensa...):

– La recopilación, en función del soporte de todos los elementos útiles que afectan al "espíritu" del acto y de su comunicación. Se puede echar mano de la carpeta de prensa. Esta primera parte de diseño del documento recoge los textos, títulos o logos. Estos elementos se redactan, se ordenan y se ponen de relieve unos con respecto a los otros. Cabe destacar que la fase editorial, es decir, la forma de redactar el texto es primordial.

El estilo, la "fraseología", la elección de las palabras y su ilación son esenciales para que se adecue a las demandas del evento. Además, hay que velar porque se satisfagan las demandas de los colaboradores;

– el diseño gráfico, sonoro o audiovisual. Para eventos de una cierta importancia dicho diseño necesita inevitablemente recurrir a los profesionales privados o dependientes de los medios. Su función es crear un ambiente visual y/o sonoro y poner a punto los documentos. Para ello se elaboran una serie de maquetas hasta que es aceptado el documento final. Es aconsejable conservar a los mismos proveedores de servicios, a saber:

- el diseñador, para preservar el espíritu y la identidad de la actividad en todos los medios de comunicación,
- el editor, para economizar escala.

FUNCIONES PRINCIPALES NECESARIAS PARA EL DESARROLLO DE UN EVENTO DEPORTIVO 101

Estudio de casos 3.11
Plan de comunicación de las grandes marcas

Cuadro 3.6
PLAN DE COMUNICACIÓN DE LAS GRANDES MARCAS EN PATROCINIO O MECENAZGO

Marca	Patrocinio			
	Ciclismo	Fútbol	Deporte olímpico	
COCA-COLA Francia Presupuesto apadrinamiento NC	Colaborador del Tour de Francia de 1985 a 2009. Búsqueda de acercamiento: operación "En el corazón del Tour" para los niños	Colaborador de la FFF y la selección francesa desde 1996. Operación "Colectivo futbolístico" para que los clubes ganen equipos	Colaborador del CNOSF hasta 2008. Programa "Vive sensaciones fuertes" para aumentar inscripciones en clubes donde practicar alguna disciplina olímpica	
	Rugby	Fútbol	Golf	
AIR FRANCE Presupuesto deporte/cultura: NC. Fundación: 0,6 millones de euros	Transporte oficial de la selección francesa, colaborador de 9 clubes (ayuda en el transporte a cambio de figurar en la camiseta). Colaborador del AIR FRANCE Rugby Seven (encuentro rugby a 7)	Transporte oficial de la selección francesa: plazas a bordo a cambio de localidades en los estadios para los mejores clientes de la compañía	Organización de un circuito en 16 etapas, el AIR FRANCE Business Golf Club" (programa con profesionales y los dos mejores clientes de la compañía)	
	Fútbol	Rugby	Olimpismo	
ORANGE FRANCE Presupuesto comunicación NC	Patrocinio camiseta en L1 (Lens, Nantes). Colaborador oficial de los otros clubes durante el periodo 2001-2008: pantallas gigantes, relaciones prensa, derechos de UMTS	Colaborador de la LNR y de los 16 clubes del TOP 16 (patrocinador principal de 3 de ellos: Perpignan, Stade Français, Montauban) hasta el 2006: derechos de UMTS, RR.PP y derechos de Internet. Patrocinador de la Copa de Europa de rugby hasta el 2003. Colaborador de la Copa Orange (partido entre el campeón de Francia y el de Reino Unido). Colaborador de jugadores (Benazzi, Castaignède, Pelous) = team FRANCE-TELÉCOM ORANGE	Colaborador del CNOSF para llegar a los 165000 clubes afiliados y a sus 14 millones de licenciados. Relaciones con la prensa en los JJ.OO. de Salt Lake City (2002) y Atenas (2004)	

Cuadro 3.6 (continuación)
PLAN DE COMUNICACIÓN DE LAS GRANDES MARCAS EN PATROCINIO O MECENAZGO

Mecenazgo

Solidaridad	Entorno	Cultura
Programa "Vive la solidaridad" en la operación "Pièces jaunes" ("habitaciones amarillas"; para los niños hospitalizados)	Premio Entorno Saludable, creado en 1987 por el mecenazgo COCA-COLA	Participación en el Premio nacional de educación, en el Premio a la Vocación y en el "talentbrutdisc" para fomentar a los jóvenes creadores

Culture

Culture	Solidaridad
Apadrinamiento del festival de Cannes (transporte oficial desde 1985), del festival lírico de Aix-en-Provence y de las "Chorégies de Orange".	Fundación AIR FRANCE (ayuda a los niños con problemas del mundo).
Colaboradores en el año de los museos y en el del teatro.	"Aviación sin fronteras": asociación de ayuda humanitaria creada por los pilotos en 1980.
	Respalda a la ECPAT (End Child Prostitution & Trafficking) que lucha contra la explotación sexual de los niños.
	Ayuda a la AFM (Asociación Francesa contra la miopatía).
	Operación "Téléfood" para colaborar con la FAO que lucha contra el hambre en el mundo.
	Presta su apoyo a operaciones en situación de crisis.

Cine

Cine	Música
Colaborador del festival de Cannes: Relaciones prensa y recepción de 400 personas al día por RR.PP.	Colaborador de conciertos en 2001 (Björk, Radiohead) del festival de los *"Inrockuptibles"*, del último álbum de Jean-Louis Aubert
Colaboración del festival de cine norteamericano de Deauville.	
Colaborador en películas (descarga de tráileres, juegos e invitaciones para los clientes).	
Colaborador del programa "los secretos de un rodaje" en TF1	

Cuadro 3.6 (continuación)
PLAN DE COMUNICACIÓN DE LAS GRANDES MARCAS EN PATROCINIO O MECENAZGO

Marca	Patrocinio		
	Fútbol	Tenis	Vela
MONSTER.FR Presupuesto comunicación y patrocinio (Francia = 12 millones de euros, Mundo = 260 millones de euros)	Pantallas gigantes en el Estadio de Francia (selección francesa, final Copa de Francia) = pantallas con 5 clubes de L1 (Lens, Lyon, OM, Nantes, Rennes). Relaciones públicas en París y en provincias durante los partidos	Patrocinador televisivo de Roland-Garros, relaciones públicas durante el torneo (colocación de un palco) supervisión de los resultados en directo por los empleados.	Patrocinador del "*Défi* francés (5 millones de euros en tres años) = campaña de pósters 4 x 3, relaciones públicas para la inauguración del barco a Lirones en noviembre de 2001, invitación dirigentes y clientes a Nueva Zelanda. Comunicación interna en el sitio Internet

	Fútbol
LA POSTE Presupuesto: inversión medios = 45,7 millones de euros, patrocinio selección francesa = 3 millones de euros	Colaborador de la FFF para los equipos de la selección francesa (1997-2004), pantallas, RR.PP. Organización de un torneo interno "Postalito" con final en Clairefontaine. Operación "Locos por el fútbol" con destino a los trabajadores durante el Mundial 2002. Máxime Bossis (antiguo jugador) es asesor y Bruno Derrien (árbitro) es director de comunicación. Colaborador de la Copa de la Liga (presencia en camisetas, RR.PP., selección de los recogepelotas)

	Rugby	Golf	Bridge
SOCIÉTÉ GÉNÉRALE Presupuesto deporte = 8,4 millones de euros, solidaridad = 1,5 millones de euros, cultura = 1,14 millones de euros	Colaborador oficial de la FFR (1987-2003), de la LNR (1999-2003), patrocinador de 340 clubes nacionales. Suma = 7,6 millones de euros al año. Pantallas, vallas publicitarias, relaciones prensa	Colaborador oficial de la FF de Golf de 2001 a 2004 por 1,98 millones de euros. Organización del Open SG para sus clientes. Política orientada a los jóvenes: presta su apoyo a 50 escuelas de golf	Colaborador oficial de la FF de Bridge (2000-2004) por 304.900 euros al año. Presta su apoyo a la selección francesa y a torneos locales "*Las rondas de la SG*"

Cuadro 3.6 (continuación)
PLAN DE COMUNICACIÓN DE LAS GRANDES MARCAS EN PATROCINIO O MECENAZGO

Mecenazgo	
Solidaridad	**Cultura**
Colaborador de Cruz Roja desde 1946, de UNICEF desde 1981, de la operación "Más vida" (hospitales) desde 1987, del Téléthon desde 1989, de la operación *"Pièces jaunes"* desde 1990 y de Solidaridad Sida para Solidays desde 1998. 80 millones de euros recaudados para proyectos solidarios	Fundación La Poste. Creada en 1995, disponía de un presupuesto anual de 2,6 millones de euros en 2002. Lleva a cabo acciones en los ámbitos de la música y la literatura. Participación en la edición de la correspondencia de artistas famosos (Brassens, Satie, Berilos, Baudelaire), da su apoyo a varios eventos relacionados con la literatura y ayuda a jóvenes autores-compositores-intérpretes, selección de jóvenes talentos para las noches de cabaret-LA POSTE, premio *"Timbre de voz"*. El museo de LA POSTE gestiona colecciones filatélicas y postales: es el mayor museo de empresa de Francia.
Música	**Arte moderno y contemporáneo**
MMSG (Mecenazgo musical SG): 1,14 millones de euros / año dedicados a los jóvenes, a organizar conciertos, al *Grand Prix* de compositores de estudiantes de secundaria...	Compra de varios cientos de obras y litografías para la sede de la *Défense*, creación de un museo virtual en su sitio Internet (Modern Art Gallery), organización de conferencias sobre historia del arte.

Fuente: *"L'Événementiel"*, septiembre 2001, octubre 2001, noviembre 2001, diciembre 2001, enero-febrero 2002, septiembre 2002.0

En total, se ha comprobado que las grandes marcas aparecen en los deportes más populares a fin de llegar al máximo de clientes: el fútbol se lleva la palma, pero cada marca tiene su propia estrategia. COCA-COLA juega a la carta del gran público con el ciclismo, mientras que la SOCIÉTÉ GENÉRALE tiene una posición más elitista (rugby, golf y bridge) que tiene que ver con su clientela CSP+. Lo mismo ocurre con AIR FRANCE. LA POSTE centra mucho su comunicación en la solidaridad, en la ayuda a los más desfavorecidos, y es lógico teniendo en cuenta su situación de servicio público universal.

También se observa que todas estas empresas tienen un plan de comunicación global que se va perfeccionando con el paso del tiempo: deporte, cultura y solidaridad son tres elementos indisociables y complementarios. Por eso, cabe preguntarse cuál es la diferencia entre patrocinio y mecenazgo. Normalmente la diferencia estriba en el carácter desinteresado del mecenazgo; no obstante en la mayoría de los casos, vemos que las marcas ya se encargan de hacer público que llevan a cabo acciones en los ámbitos cultural y humanitario. Por tanto se puede concluir que patrocinio y mecenazgo son un todo, que se dedican a ámbitos de intervención diferentes pero con el mismo objetivo: aumentar la notoriedad de la marca elaborando su imagen, con miras a aumentar considerablemente el volumen de negocio.

4. FUNCIÓN COMERCIAL Y DE PATROCINIO

El evento es ante todo una realidad económica. La parte comercial se marca el objetivo de "vender" el evento a colaboradores, patrocinadores potenciales, privados o públicos y de fidelizarlos. Los especialistas hablan de gestión publicitaria cuando el organizador vende realmente espacios. Efectivamente, a través de la prueba el colaborador podrá crear su propia comunicación, su imagen y su fama. Para Alain Ferrand la regla básica es muy elemental: para comunicar, hay que sentir el pellizco del público, directo o indirecto, y formar parte del evento. Para crear esta asociación es preciso que funcione el mecanismo de transferencia de características o de afecto entre el evento deportivo y la empresa, el producto o la marca. Para Jean Claude Darmon, *"el deporte como medio de comunicación es el único soporte que mantiene con su público una relación emotiva tan fuerte y afectiva, lo que hace de él un vector de comunicación sin igual para las marcas."*[47]

Asesoramiento en patrocinio deportivo

El principal consejero estratégico del anunciante es, en la mayoría de los casos aquella persona que detenta derechos (organizador, federación, empresa de marketing deportivo, etc.). Por eso, nos adentraremos en los recovecos del patrocinio deportivo, sus métodos, sus objetivos y sus retos.

---

47. Sitio Internet www.darmonsport.com, mayo 2002.

> **Recuadro 3.5**
> **PATROCINIO, MECENAZGO Y APADRINAMIENTO**
>
> El apadrinamiento es un término genérico que abarca las acciones de patrocinio y de mecenazgo. Marie-Hélène Westphalen (2002) hace la distinción teniendo en cuenta los objetivos perseguidos por uno y otro. La diferencia no reside en un problema de campo de aplicación (deporte/social), ni en un problema de intención (rentabilidad/generosidad), ni en un problema temporal (a corto o largo plazo) sino en una cuestión más global. El patrocinio responde a una estrategia económica de valorización comercial de la marca o los productos, mientras que el mecenazgo responde a una estrategia institucional de valorización social de la empresa. De modo que, patrocinio y mecenazgo son complementarias; la empresa puede financiar un evento deportivo para una marca o un producto y crear una fundación para obtener cierta legitimidad institucional para dicha empresa.

El patrocinio es una técnica de implantación de la marca. Le permite distinguirse de sus competidores en mercados saturados. Además, ayuda a demostrar a las empresas que también son dinamizadoras de la vida local, y que se interesan por su entorno. La ayuda puede ser material, profesional, tecnológica y, naturalmente, financiera.

Pero el patrocinio es también el gusto por el reto. El patrocinador asume riesgos económicos al mismo tiempo que el evento, el club o el jugador hacen la apuesta deportiva. El apadrinamiento deportivo asocia la empresa, la marca, etc., a connotaciones positivas relacionadas con el deporte, por un mínimo coste. Las entradas, en comparación con la repercusión son, casi siempre, muy baratas. Pero es una práctica arriesgada. El desconcierto y el abandono de una regata de altura, la lesión al principio de una competición, el último en la meta... son otros tantos riesgos que hay que tener en cuenta y que pueden generar malas consecuencias en cuestión de imagen a la empresa.

El patrocinador del evento minimiza estos riesgos, su acción no depende directamente de una marca deportiva. Sin embargo, el riesgo existe y los organizadores lo asumen. Si el evento viene marcado por una sorpresa, o por el triunfo de un campeón, los impactos mediáticos se multiplican. En cambio, un evento sin público, en el que reina el desorden o, incluso las protestas por las decisiones de los jueces, puede arrastrar al colaborador hacia un río de críticas y de protestas.

El consejero, en su actividad, siempre debe tener preparada una respuesta. Se recomienda hacerse una lista de las eventualidades y presentar una estrategia distinta de comunicación, de rápida ejecución.

Recuadro 3.6
"LOS ANUNCIANTES HABÍAN PREVISTO TODO, INCLUSO LA ELIMINACIÓN"

La eliminación de la selección francesa pronto hará que se vuelvan a incluir en las tarjetas los anuncios de ADIDAS, elaborados al abrigo del sueño de ganar una "segunda estrella" de campeones del mundo. Exactamente igual que LA POSTE y CARREFOUR, el fabricante se apresura a publicar en la prensa y la televisión un anuncio para "saludar y agradecer a los jugadores azules todo lo que han hecho durante los últimos cuatro años". Pero, después de la competición, ADIDAS, que había previsto poner 6 millones de euros por su comunicación en Francia, duda. El spot francés acerca de la segunda estrella podrá ser sustituido por la campaña internacional de la marca, que lleva a escena a estrellas del fútbol como el inglés Beckham, el español Raúl o...

Zinedine Zidan. En BOUYGUES TÉLÉCOM sostienen que *"no va a haber grandes cambios"*. *"Nos hemos comprometido teniendo in mente una posible derrota de la selección francesa. Su victoria habría sido la guinda"*. Pero, el operador de telefonía móvil suspende la difusión de un spot previsto para el lanzamiento de un nuevo servicio, en el que se veía a Bixente Lizarazu asediado por los hinchas, que decía: *"No voy a soportar un mes como éste"*. La marca pasa *"antes de lo previsto"* al siguiente spot de su plan de comunicación.

Para evitar tales escollos, las marcas habían procurado en la medida de lo posible no vincular su suerte a la de la selección francesa. En Danone afirman que *"nuestra campaña es sobre la duración"*, y en esa firma la comunicación sobre los futbolistas representa entre el *"20% y el 30% de los productos de la marca LU"*. En ORANGE, donde lanzaron una campaña con Zidane el 30 de mayo para un nuevo aparato, aseguran que *"se difundirán los anuncios previstos."*

La principal víctima de la eliminación del equipo azul puede ser TF1, que apostaba porque la selección francesa fuera la locomotora que arrastrara a los telespectadores... y los anunciantes. Una cuestión vital para la cadena que desembolsó 168 millones de euros para adquirir los derechos de la copa del mundo 2002 y los de los 24 encuentros de la prueba de 2006. Claude Cohen, directora general de publicidad de TF1 indica que *"Todas las tarifas publicitarias propuestas a los anunciantes se habían calculado desde la base, es decir, sin la selección francesa."*

Sin embargo, habían pensado en una doble tarificación para los encuentros de la selección a partir de los octavos de final. Así, en la final, el spot de 30 segundos proporcionará a la cadena 100.000 euros, mientras que se habrían facturado 222.000 euros si los compañeros de Marcel Dessailly hubieran estado presentes. El éxito final del programa *"Tous ensemble"* (Todos juntos) depende de las audiencias: TF1 garantizó a los cuatro padrinos del programa (ADIDAS, BOUYGUES TELECOM., FUJI y PEPSI) un mínimo de audiencia entre los varones de menos de 50 años, objetivo prioritario del programa. Un objetivo que TF1 no consigue *"todos los días"* y que según algunos observadores le llevaría a *"recuperar una parte de las inversiones de los anunciantes"*. Pero, desde el inicio de la competición, las únicas veces que TF1 estuvo por delante de M6 y France 3 en la franja horaria fueron los días de los encuentros de la selección azul y los días posteriores a estos.

> **Recuadro 3.6 (continuación)**
> **"LOS ANUNCIANTES HABÍAN PREVISTO TODO, INCLUSO LA ELIMINACIÓN"**
>
> Según algunos analistas, todo esto representa un beneficio no obtenido sobre los ingresos publicitarios que puede alcanzar los 15 millones de euros, cifras que TF1 califica de *"absolutamente irreales"*. Claude Cohen afirma que *"de momento, nuestro volumen de negocios es conforme a nuestros objetivos"*. Y la cadena adelanta que los espacios publicitarios de la Copa del Mundo ya están llenos en un 85 por ciento hasta el 30 de junio. *"De todos modos, prosigue Claude Cohen, nuestra inversión depende de dos copas del mundo."* Pero, los jugadores de la selección aún no se han clasificado para 2006.

Fuente: Barroso, J., "Le Monde", 12 de junio de 2002: *"Les annonceurs avaient tout envisagé, même l'élimination."*

El patrocinio deportivo responde a múltiples objetivos

Objetivos de la comunicación

La búsqueda de notoriedad: el evento ayuda a recordar el nombre de la empresa. EUROCARD MASTERCARD ha aumentado su notoriedad en un 10 por ciento apadrinando el fútbol (Westphalen, 2002). A finales de los años setenta, FLEURY MICHON, empresa de salazones, instalada fuera de la capital, decidió financiar un velero para que compitiera en las grandes regatas de multicascos: su notoriedad (asistida) pasó del 58 por ciento en 1982 al 97 por ciento en 1986 (Westphalen, 2002).

Estudio de casos 3.12
Patrocinio deportivo: la notoriedad de los patrocinadores tema de estudio en Francia y Alemania

Las líneas siguientes presentan la notoriedad de los patrocinadores en cuatro deportes: fútbol, tenis, ciclismo y F1.

FÚTBOL

Las marcas más recordadas en Francia son ADIDAS (59%), NIKE (33%) y COCA-COLA (18%).

En Alemania, OPEL obtiene el 32 por ciento, ADIDAS el 14 por ciento y VW el 10 por ciento.

TENIS

En Francia, PERRIER está a la cabeza (33%), le sigue la BNP (25%), ADIDAS (22%), PEUGET (15%) y NIKE (14%).

En Alemania solo MERCEDES (17%) y ADIDAS (16%) sobrepasan la barrera del 10 por ciento.

CICLISMO

En Francia, sobrepasan la barrera del 10 por ciento 7 marcas: FESTINA (46%), CRÉDIT LYONNAIS (30%), COFIDIS (26%), CRÉDIT AGRICOLE (21%), LA

FRANÇAISE DES JEUX (19%), CHAMPION (17%) y CASINO (15%). Estos porcentajes muestran el extraordinario impacto del Tour de Francia.

En Alemania, DEUTSCHE TELEKOM (64%) arrasa la competencia.

FÓRMULA 1

EN Francia, las marcas más recordadas son MARLBORO (36%), ELF (30%), PEUGEOT (16%), RENAULT y MICHELIN (11%).

En Alemania, MARLBORO (47%), WEST (27%), MERCEDES (16%) y SHELL (15%) son los líderes.

El análisis de la cifras muestra igualmente que:

– DEUTSCHE TELEKOM, en Alemania, obtiene la mejor puntuación en ciclismo con una notoriedad espontánea, como patrocinador del 64 por ciento, lo que puede considerarse como un porcentaje cercano a lo excepcional. Quizá DEUTSCHE TELEKOM tiene la ventaja de que no hay un competidor real, ya que las marcas que llegan en segundo lugar son ADIDAS y COCA-COLA con el 2 por ciento;

– MARLBORO en F1 y, en menor medida, ADIDAS en fútbol son las dos únicas marcas que consiguen una mayor memorización en los dos país;

– el índice de "patrocinador desconocido" varía entre el 19 y el 42 por ciento, lo que puede considerarse relativamente poco si se tiene en cuenta el hecho de que algunas personas no tienen el menor interés por el deporte en general ni siquiera por uno de los cuatro deportes en particular.

Memorando metodológico:

En Francia: SportLab lanzó "Sportimat", en colaboración con TMO (grupo CSA-TMO), un instrumento que mide constantemente el impacto del patrocinio deportivo.

En Alemania, INRA Germany, socio alemán de la red NRA (es el socio francés de la TMO) realiza desde hace muchos años "Sportcheck", un estudio cuyos objetivos son similares a los de "Sportimat".

Estos dos estudios:

– se basan en una misma metodología, que es la encuesta a una muestra representativa de la población francesa o alemana, de más de 15 años;

– presentan una pregunta idéntica que intenta medir la notoriedad espontánea de los patrocinadores: *"Según su opinión, ¿qué empresas o qué marcas patrocinan...? (deporte en cuestión)"*

Fuente: sitio Internet www.csa-tmo.fr, septiembre de 2002.

Búsqueda de imagen: la marca busca que evolucione su imagen basándose en el espíritu de competición, de equipo y de aventura. Los valores que se buscan muchas veces se asocian a la juventud, al dinamismo y a la fuerza.

Objetivos comerciales

En última instancia, las empresas no son entidades de filantropía, sino que quieren aumentar sus beneficios, y eso pasa por el incremento de las ventas, el desarrollo de los mercados, o el relanzamiento de un producto. Además, los puntos de venta y las redes de distribución se acercan así a su tejido local, es decir los clientes y los que toman las decisiones. Tras su apadrinamiento de la Copa del Mundo en 1994, COCA-COLA registró una considerable evolución de sus ventas del 34 por ciento en Brasil y del 22 por ciento en Venezuela. PHILIPS experimentó una expansión de sus ventas de televisores con el apadrinamiento de la Eurocopa 96 (Westphalen, M.H. 2002).

Objetivos de motivación interna

Estos objetivos se centran en los empleados, la red comercial, e incluso las redes de influencia de la empresa. El patrocinio deportivo favorece que el personal se federe en torno a una marca deportiva y se responsabilice de ella; le proporciona un sentimiento de orgullo. En los ochenta, toda la empresa PEUGEOT se movilizó para apoyar las victorias en rally de la 205 turbo 16. En 2000, la empresa PRB utilizó mucho la victoria del barco de Michel Desjoyeaux (era su patrocinadora) para su comunicación interna.

Coherencia de la asociación

El futuro padrino debe comenzar por examinar los objetivos que persigue, las metas que quiere alcanzar, el presupuesto asignado y también las demás técnicas de comunicación posibles que deben ponerse en marcha, así como las actuaciones de la competencia[48].

Para garantizar un buen impacto a los anunciantes, antes de nada hay que asegurarse de la compatibilidad entre los objetivos del evento y de la práctica deportiva que pone en juego (en cuanto a público, valores, estrategia de marketing...) y los de la empresa. Por tanto, para que el patrocinio sea posible, tiene que darse una adecuación entre la firma, sus actividades, sus productos y la imagen del deporte, o del evento. Se habla de vínculo semántico entre el patrocinador y el patrocinado (Desbordes, M. 2001).

Por supuesto, las empresas buscan siempre los valores que encarna el deporte: combatividad, espíritu de equipo, notoriedad, etc. No obstante, tienen que darle sentido y encontrar un vínculo válido. La imagen de una empresa, de un producto o de un servicio es muy compleja y las firmas importantes conocen bien las trampas que deben evitar. *"Está mal visto que la petrolera TOTAL haga comunicación sobre cursos de navegación después del naufragio del Erika (y sin embargo, la marca intentó en vano ser patrocinadora de la liga de Bretaña de vela 2003) Del mismo modo, una marca que pregona la suavidad de una lejía no se asociará nunca al boxeo* (Westphalen, M.H. 2002)".

En términos de imagen y de notoriedad pública, de nada sirve asociarse a un evento de prestigio si nadie se fija en la empresa. Valdrá más que ésta se interese por respaldar

---

48. El patrocinio no puede utilizarse sólo, porque complementa las demás herramientas de comunicación clásicas (publicidad, relaciones públicas y comunicación interna). Hay que hacer resurgir una política de patrocinio. Con frecuencia se oye esta frase: *"Por cada euro que se invierte en patrocinio, se necesitan 3 para que se sepa"*. Cf. Tribou, G., *op. cit.*

un evento deportivo local, que vayan a cubrir todos los medios de comunicación regionales y que se beneficia de la proximidad. En cambio, es posible que una PYME invite a algunos de sus mejores clientes a una etapa del Tour de Francia.

El apadrinamiento puede estar directamente relacionado con el producto o no. En el primer caso, se habla de "patrocinio por la prueba"; el patrocinio valoriza la habilidad de la marca y la competitividad de los productos. Ése es el caso también de los "proveedores oficiales" de los grandes espectáculos: aseguradoras, banca, productos alimenticios, etc. "¡Come bien y ganarás!"

El primer ejemplo de apadrinamiento deportivo directo fue el soporte concedido por MICHELIN al corredor ciclista Terront en la edición de 1891 de "Paris-Brest-Paris". El único corredor equipado con neumáticos ganó esta carrera de mil kilómetros y contribuyó al lanzamiento de la marca MICHELIN y de su producto revolucionario.

Sin embargo, a veces, resulta más delicado poner de relieve el vínculo. Una acción original es sin lugar a dudas una apuesta segura, porque permite que la empresa se distinga de los demás anunciantes.

Por ejemplo, LA POSTE, en los Juegos Olímpicos de Albertville supo establecer la diferencia organizando el recorrido de la llama olímpica.

Y, como colofón, lo ideal en cuanto a impacto, es asociar el nombre de la empresa al del evento. El trofeo LANCÔME y la carrera transatlántica JACQUES VABRE son de todos conocidos y generan unos beneficios de notoriedad impresionantes.

Pertinencia de la inversión

Las empresas tienen un presupuesto anual para comunicación, otro presupuesto anual para eventos en el que incluyen un patrocinio deportivo, o un presupuesto extraordinario desbloqueado, para la ocasión.

Elección del deporte

La empresa elegirá una disciplina que "encaje" en su plan de imagen y también en

el plan financiero. Algunos deportes son atractivos y ofrecen precios asequibles, pero otros están invadidos de anunciantes y los precios se disparan.

FRANCE TELECOM se lanzó a la gimnasia a finales de los años ochenta, una época en la que este deporte no estaba en el candelero precisamente. Diez años después, los campeonatos conseguían una muy buena repercusión mediática y los campeonatos de Francia se desarrollaban en un abarrotado Palacio de deportes Paris-Bercy.

Tique de entrada

Cada espectáculo propone una amplia gama de productos que van desde la simple ubicación con la posibilidad de instalar un stand donde vender sus productos, a unos colaboradores de gran alcance, y eso permite la asociación total de la marca, el producto o la empresa con el evento.

Duración de la colaboración

La acción patrocinadora alcanza todo su interés a largo plazo y repitiendo las acciones que fija la asociación patrocinador-evento en la memoria del público objetivo.

En 2003, la BNP cumplió más de 30 años de asociación al torneo Roland-Garros. Además, los norteamericanos hablan del *"BNP French Open"*, dada la relación existente entre el nombre y el evento.

Explotación de un evento mediante acciones diversificadas

Para explotar bien un evento, las empresas recurren a veces a proveedores de servicios externos, tanto en lo estratégico como en lo técnico. Entonces, nos viene a la memoria la regla del 1+3 , es decir, un euro por el evento y 3 euros por la campaña de comunicación para valorizar a sus colaboradores. El patrocinio deportivo se inscribe en una estrategia de comunicación global pero, para obtener la máxima eficacia, debe apoyarse en otros métodos de comunicación y promoción:
- publicidad sobre el evento: presentación de la operación de apadrinamiento en la prensa;
- relaciones públicas: invitación a los proveedores, accionistas, periodistas y clientes importantes;
- alternancia con operaciones de promoción: el patrocinio deportivo es el respaldo del programa de promoción de ventas, basado en las técnicas clásicas: promoción, carteles publicitarios, exposición en comercios, juegos-concurso para el público en general, distribución de muestras promocionales con el emblema del evento, actuaciones, demostraciones en el punto de venta, firmas de autógrafos por deportistas, etc. También permite que la empresa presente y distribuya sus productos en el lugar del evento. Se habla de "colaborador oficial" (apoyo financiero) para los eventos importantes o de "proveedor oficial" (aportación de mercancías), y suele ocurrir que la relación es doble porque estas operaciones permiten promocionar el evento. La correlación entre el evento y la marca se establece mucho mejor cuando el consumidor ve en los productos la firma del evento. Por ejemplo, PEUGEOT comercializa su serie especial "Roland-Garros" todo el año;
- alternancia de las operaciones internas: concursos entre vendedores o colaboradores. Desde este punto de vista, la UAP, durante la carrera de Europa a vela, organizó un concurso interno para seleccionar a los 15 colaboradores que asisten allí mismo a una etapa de la carrera (Westphalen, M.H. 2002).

Evaluación

En el capítulo sobre el balance comercial, veremos este apartado (capítulo 4).

Cuadro 3.7
RESUMEN DE LAS CARACTERÍSTICAS DEL PATROCINIO Y LA COMUNICACIÓN DE EVENTOS

Ventajas	Inconvenientes
– Genera una rápida notoriedad, aumento por repercusión en la prensa	– Especulación, con efectos a veces negativos
	– efecto difícilmente evaluable
– Impacto de la imagen si se elige bien la operación	
	– A veces es la "marioneta del presidente[49]"
– Impacto interno	– Acciones demasiado puntuales, no lo bastante a largo plazo
– Ocasión de contactos personales con distribución y colaboradores diversos	

Fuente: Lendrevie, J., Brochard, B., *Le nouveau Publicitor*, Dalloz, Paris, 2001.

La oferta comercial

Productos

Primero hay que hacer una lista de todos los productos propuestos, ya que, además del producto global que representa al evento, existen un sinfín de subproductos.

- **Soportes de comunicación** puestos a disposición de los patrocinadores. Se trata de realizar un plan de medios con ayuda de folletos, pósters, artículos de prensa, sitio Internet, programas de televisión, (*cf.* el capítulo sobre la comunicación) dando forma al concepto original y teniendo en cuenta las exigencias del colaborador o colaboradores principales. Con tarifas escalonadas se proponen diferentes soportes, diferentes formas de espacios y diferentes ubicaciones: desde la presencia del logo en toda la campaña a un espacio en el programa del evento.

---

49. Se dice "marioneta del presidente" cuando la colaboración no se basa en criterios financieros objetivos sino que más bien parece que dependa del gusto o la pasión que muestra el dirigente principal. *"se patrocina el rugby o la vela porque nuestro director los adora"*. Hoy día, esta práctica está en clara regresión, ya que hay que aportar la prueba de la rentabilidad de la inversión.

Los espacios en el programa del evento permiten muchas veces que las empresas pequeñas y los comerciantes de la zona participen en el evento. Para muchos organizadores estos ingresos no son nada desdeñables.

El objetivo no solo es dar a conocer el evento a los participantes y los espectadores, sino también trabajar su notoriedad y la de los colaboradores implicados. La compra de un espacio publicitario bien diseñado le garantizará a la empresa un impacto comparable al de los objetivos preferentes y favorecerá la redacción de dichos soportes (Ferrand, J.B. 1995).

La televisión vende pantallas publicitarias (colaborador que se ve al principio, en las pausas publicitarias y al final de los programas) e incrustaciones durante las retransmisiones (tomas a cámara lenta, aparición del cronómetro o el reloj).

También existe la posibilidad de estar presentes en el evento y comunicar por medio de banderolas, pancartas, etc. en este caso también, cada soporte tiene una tarifa según su emplazamiento y su tamaño. Existen dos tipos importantes de pantallas:

– en la zona de TV, la duración de los plano de cámara determinará su precio. En su mayoría, son los titulares la federación o el club;

– in situ, estos soportes se dirigen exclusivamente a los espectadores.

Las pantallas de vídeo en el margen del campo son la última novedad y permiten poner movimiento y, en consecuencia, atraen la mirada de los espectadores y los telespectadores y, llegado el momento, pasan mensajes largos. Su coste es elevado, naturalmente, pero es que también aumenta el número de anunciantes.

Esquema 3.2
MODELO DE PLAN DE SOPORTES EN UNA PISTA DE BALONCESTO

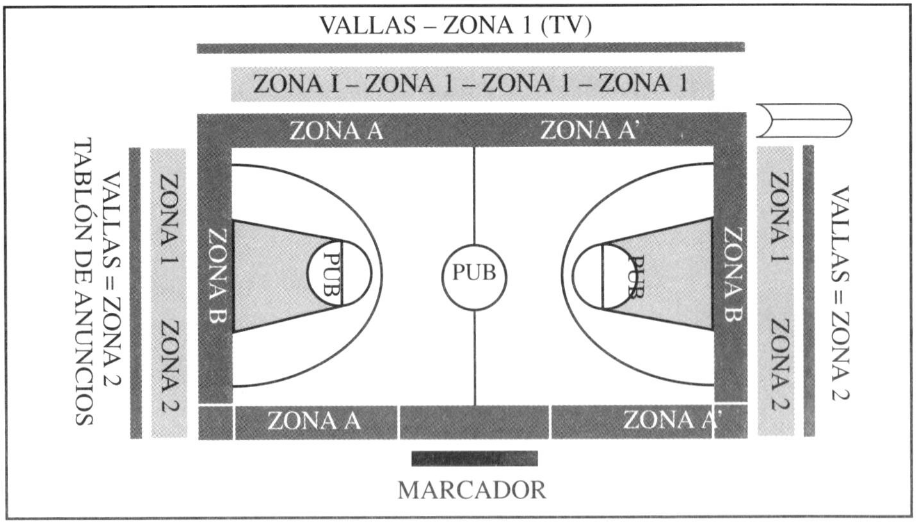

Debe prestarse especial atención a la estética del campo y a la relativa homogeneidad de los soportes de comunicación. Los "parches" que se ven normalmente dificultan la visibilidad. El tenis viene empleando desde hace muchos años una técnica que consiste en poner un fondo uniforme y un solo color para las inscripciones y los logos. El problema es que suelen topar con el rechazo de los anunciantes, que pagan precios elevados y desean mantener a toda costa sus colores y que se respete su tarjeta gráfica.

> *En cuanto a las pantallas electrónicas, sobre todo en la zona de TV, se aconseja a los anunciantes que elaboren maquetas donde figuren únicamente la marca y el producto. Cuanto más grande sea el logo mejor se verá. También deben evitar direcciones y datos interminables o la variedad de la actividad.*

Es interesante vender "operaciones especiales". Los anunciantes suelen mostrarse encantados de poder llevara acabo acciones que les permitan diferenciarse y comunicar de forma original. Por eso, hay que hacer gala de imaginación y estudiar con el colaborador lo que conviene más a sus objetivos. Los estadounidenses son muy buenos en este ámbito. Todo es posible; desde el lanzamiento de camisetas al balón dirigible, pasando por las *"cheer leaders"*, los juegos-concurso... Y todo eso genera ingresos.

– **Equipamiento de los deportistas**. En general, los derechos relativos al atuendo deportivo son propiedad de la federación, el club, el equipo o la empresa que los gestiona para ellos. El deportista puede firmar un contrato después con otro anunciante. Estos soportes son bien aceptados porque resultan eficaces.

– **Espacios comerciales o stands.** Los colaboradores pueden vender sus productos y hacer promociones. Buena parte de los ingresos durante el evento proceden de las cafeterías. Poco a poco, los organizadores delegan la gestión de la restauración a empresas especializadas mediante una comisión sobre el volumen de negocio.

– **Emplazamientos y espacios de relaciones públicas.** Los patrocinadores pueden intentar establecer una comunicación interna o hacer relaciones públicas, es decir, servirse del evento para entablar relaciones preferentes con todas aquellas personas que muestran interés a fin de transmitir una imagen positiva. Para eso, tendrán en cuenta las ubicaciones y los espacios VIP para directivos o para clientes importantes, quienes se beneficiarán entonces de numerosas ventajas tales como, localidades con asiento, bufés, veladas y, también, la posibilidad de ver a los campeones, el terreno, y los vestuarios. Precisamente los vestuarios de las selecciones de Francia y Brasil fueron el destino elegido del Estadio de Francia con motivo de la Copa del Mundo 1998.

Los espectadores privados cada vez solicitan más este tipo de privilegios. Van con amigos o con el niño para aprovechar plenamente el evento y quieren disfrutar del espectáculo en condiciones óptimas. Los organizadores comercializan lo que acostumbran a llamar "clubes" que democratizan los privilegios "VIP".

Creadas a veces por los organizadores, han aparecido recientemente agencias de viajes y de relaciones públicas temáticas sobre los eventos deportivos, que se encargan de todo: tique de entrada o localidad VIP, transporte, alojamiento y restauración. Por ejemplo, proponen fines de semana en Londres para asistir al encuentro Arsenal-Manchester, con visita al museo del club, al club de los seguidores, a la tienda de regalos, a las 500 millas de Indianápolis en Estados Unidos, etc.

Merchandising **y productos derivados:** camisetas, gorras, bufandas, etc. Ofrecen la gama del perfecto hincha y hacen posible que los espectadores se lleven un recuerdo.

Estos ingresos suelen ser muy importantes. Ahora, los grandes eventos, como Roland-Garros, The Race, o el Raid Gauloises crean verdaderas marcas.

- **Uso de las etiquetas.** Los organizadores venden derechos que autorizan al anunciante a usar la denominación, la etiqueta del evento: *"Colaborador oficial de..."*. El colaborador puede entonces crear y confeccionar (además de los soportes unidos al evento) su propia campaña de comunicación utilizando el evento como referencia. *"Proveedor oficial"* significa que suministra productos para la organización (COCA-COLA para la Copa del Mundo de fútbol, etc.). En fin, la etiqueta puede venderse para facilitar la comercialización de la promoción, naturalmente mediante comisión: *"Tienda oficial"*, *"Producto oficial"*...

Cuadro 3.8
OFERTA COMERCIAL DE UN EVENTO

Soportes de comunicación				Stands comerciales	Operaciones de relaciones públicas / VIP	Merchandising Productos derivados	Utilización de etiqueta oficial
Plan medios Presencia en soportes	Equipos de los deportistas	Presencia in situ					
		Zona TV	Zona espectadores				
Opúsculos, hojas	Atuendo: shorts, camisetas, gorras...	Zonas mixtas: espacio de calentamiento pasillo de llegada de los jugadores...	Banderolas	Espacio vacío	Espacio vacío	Camisetas	Colaborador oficial
Folletos	Material: esquís, raquetas...	Paneles Paneles Giratorios	Pancartas	Ubicación de stands: Recuerdos...	Espacio acondicionado sin servicio	Gorras	Proveedor oficial
Sitio Internet		Pinturas en el suelo	Banderines	Cafetería, restauración	Espacio con prestación completa: restauración, azafatas...	Camisetas	Tienda oficial
Artículos de prensa		Paneles luminosos	Distribución de objetos publicitarios, pegatinas...		Localidades VIP individuales para empresas o particulares	Bufandas...	Producto oficial

FUNCIONES PRINCIPALES NECESARIAS PARA EL DESARROLLO DE UN EVENTO DEPORTIVO

Cuadro 3.8 (continuación)
OFERTA COMERCIAL DE UN EVENTO

Campaña de pegado de carteles		Muretes	Anuncios sonoros		Invitaciones	
Spots radio		Pasarelas	Programa del evento		Ventajas: helicóptero, lanzaderas, reunión con los deportistas	
Programas de televisión: pantalla publicitaria, incrustaciones					Fin de semana VIP	

Cuadro 3.9
EL TITULAR DE LOS DERECHOS ORIGINALES SEGÚN LOS SOPORTES DE COMUNICACIÓN

Soportes de comunicación				Stands comerciales	Operaciones de relaciones públicas / VIP	*Merchandising* Productos derivados	Utilización de etiqueta oficial
Plan medios Presencia en soportes	Equipos de los deportistas	Presencia in situ					
		Zona TV	Zona espectadores				
Federación o promotor o medios	Federación o club	Federación club, y promotor	Promotor y federación	Promotor y federación	Promotor y federación	Promotor y federación	Federación o club

Estructuración de la oferta comercial

Es vital conocer las posibilidades exactas del servicio comercial y poder responder a las preguntas: ¿Qué productos son? ¿En qué estado se encuentran? ¿Cómo se venden? ¿Qué trabajos se realizan? ¿Qué nos aportan? ¿Nos pueden aportar más cosas?... Esto nos ayudará a tener una necesaria visión global y allanará el trabajo de prospección y de logística.

Dicha estructuración pasa principalmente por:
– **un estado de situación de las organizaciones comerciales** para conocer con exactitud las posibilidades. Se trata de inventariar y clasificar todos estos productos y determinar sus características, sus requisitos y los trabajos necesarios

para su realización (dimensiones, electricidad, tomas de agua, desagües, estado general, particularidades, etc.). Los gastos técnicos corren por cuenta del anunciante, por lo general;

- **la habilidad para ir reduciendo los gastos** correspondientes a cada producto. Es decir, recurrir a nociones de contabilidad analítica para fijar los gastos, punto por punto. Los costes de fábrica reales previstos se pueden contrastar con el precio de venta potencial para determinar los resultados, calcular el margen del modo más estricto y establecer los presupuestos. Así, este trabajo se lleva a cabo en estrecha colaboración con la logística. El coste de los gastos indirectos como, por ejemplo, la electricidad o el agua se decide con los responsables técnicos respectivos. Se calcula dividiendo una cantidad global en subpuntos, intentando aproximarse el máximo a la realidad. El objetivo siempre es gastar menos para ganar más;

- **la "racionalización de los precios".** Se establece el precio de venta de cada producto. Se trata de homogeneizar las tarifas comparándolas entre sí y aplicando el propio posicionamiento. Hay que observar qué lugar ocupan los productos equivalentes de la competencia, recuperar el informe comercial y no dudar en desplazarse. Las tarifas deben ser proporcionales a su valor en términos de publicidad, de ubicación y de tamaño. Seguidamente, se elaboran paquetes ventajosos para el anunciante, que combinen diferentes productos y propongan una operación completa con soporte de comunicación, presencia in situ, operación de relaciones públicas, etc. Con dichos paquetes se benefician de los mejores soportes quienes invierten en grandes cantidades.

   Así es, no deben venderse los productos por unidades sino que hay que facilitar que se beneficien los colaboradores oficiales, por ejemplo valorizándolos en grandes paquetes;

- **el cumplimiento de los contratos y las normas.** Cada tipo de producto o familia de productos tiene inscribirse en un marco legislativo y normativo. Así, pues, además de las facturas, es necesario proveerse de una serie de documentos: por ejemplo, son indispensables los convenios de disponibilidad de los palcos, los convenios para los proveedores concesionarios y las normas para las concesiones de emplazamiento. El servicio encargado de la normativa y la legislación es quien suele elaborar estos documentos.

Búsqueda de colaboradores

Para crecer, hay que ir donde está el cliente y no esperar a que él venga. La realización de un sistema de prospección se hace por etapas.

Elaboración de la carpeta comercial

Gracias a la estructuración de los diferentes productos y sus características (tarifas, prestaciones) se crea una base de trabajo. Seguidamente, se confecciona la carpeta comercial. Para ello, se decide el aumento del valor del producto y el espacio: visibilidad, proximidad, accesibilidad, etc. Lo más importante es elaborar documentos comerciales y una argumentación de venta pertinente que puedan interesar a colaboradores potenciales. La carpeta incluirá la imagen y una presentación completa del evento con toda la información necesaria: horarios, lugar, actividades... y por supuesto los contactos comerciales. La carpeta da respuesta a siete preguntas: ¿quién? ¿por qué? ¿qué? ¿dónde? ¿cuándo? ¿cuánto? y abarca todos los productos. Cada soporte tiene una tarifa y el colaborador puede elegir a su gusto, según sus objetivos. Se pueden elaborar fichas detalladas, que ofrecen información exacta de un producto concreto.

Estos documentos tienen que llevar el sello, ser claros y explícitos para que "impacten" en el lector. Se presentan con fotos y deben ser innovadores y tener personalidad. Los realizarán profesionales del grafismo y la paginación, y estarán en sintonía con la estrategia de marketing, la identidad gráfica, el público y la ideología de la práctica: la carpeta del evento de patinaje urbano no tiene el mismo tenor que la carpeta de un campeonato de petanca. Cada vez más, aparecen presentaciones informáticas simultáneas del evento y de productos a través de videos, cedés, o documentos del tipo PowerPoint.

> *Con una simple cámara fotográfica digital y un buen software de autoedición, las técnicas digitales permiten incrustar pantallas y logos del anunciante en el contexto, durante la competición por ejemplo. El colaborador tiene una imagen real de lo que puede comprar y eso puede ser un factor desencadenante para él o para sus superiores.*

Estudio de casos 3.13
***Carpeta comercial que se envía a los patrocinadores potenciales del TUIJO*[50]**

Determinación de los objetivos

La prospección comienza generalmente por la búsqueda de socios colaboradores de los medios de comunicación, lo que aumenta el valor de la oferta propuesta a los demás anunciantes (*Cf.* Capítulo comunicación). El fichero de clientes constituye la base misma del marketing directo, la piedra angular de una campaña de prospección productiva. Sin embargo, un fichero solo tiene valor por la calidad de direcciones que contiene, por eso es obligatorio ir actualizándolo constantemente. Para elaborarlo hay varios métodos:

- los conocimientos de la empresa;
- el apadrinamiento: se pide a los clientes de la empresa que comuniquen los datos de sus colegas, socios, etc.
- la compilación de anuarios;
- el minitel (videotexto);
- las páginas amarillas;
- la observación: no es necesario buscar muy lejos, es mejor fijarse por ejemplo en los patrocinadores presentes en el lugar, en los participantes, e ir a eventos de la competencia...
- la compra: en las cámaras de comercio, en las empresas especializadas...

---

50. Carpeta en el anexo al final de esta obra.

– el alquiler de ficheros en corredores de listas de marketing ("list-brokers").

Los estudios de mercado y el análisis del público facilitan la búsqueda de concordancias en lo referente al objetivo o a la estrategia entre el evento y los patrocinadores potenciales.

Recuadro 3.7
ESTRATEGIAS DE PROSPECCIÓN DE COLABORADORES

En la determinación de los objetivos se anotarán dos estrategias:
- el modelo cuantitativo: el riesgo de que no haya respuesta es bastante alto;
- el modelo cualitativo: su objetivo es la venta puerta a puerta de forma muy específica, y delimitar su búsqueda.

El último modelo obedece a cuatro lógicas complementarias:
- la lógica de coherencia conceptual: se trata de poner en contacto a los colaboradores, el público y el ámbito de acción directamente implicados. Es la lógica predominante, la que todos los organizadores de actos ponen en práctica;
- la lógica de red: obliga a seleccionar con anterioridad a algunos colaboradores vinculados por convenios a públicos específicos;
- la lógica de compatibilidad: invita a poner la atención en los competidores o en los diferentes antagonismos que pueden existir entre empresas;
- la lógica relacional: es a todas luces la más empleada; confía más en los conocimientos que en los proyectos.

Fuente: Gresser, B., Bessy, O., "Le management d'un événement sportif", in *Le management du sport* (Lacroix, G., y Waser, A.M., Éditions d'Organisation, Paris, 1999. p. 30).

Cuadro 3.10
MODELO DE FICHERO

Cliente potencial	Nombre del responsable	Cargo	Teléfono	Fax	Fecha y hora de llamada	Fecha y hora de la cita	Observaciones

Venta puerta a puerta

Empieza por los antiguos clientes y todos los contactos comerciales ya establecidos. Lógicamente, no hay ningún problema para conseguir una cita. Estos empiezan a producirse con la prospección de nuevos clientes. Según los medios puestos en marcha y los objetivos que se desean alcanzar, hay varias técnicas posibles, pero las que se emplean más son el mailing y las llamadas telefónicas.

El mailing. El elemento imprescindible de un mailing es la carta. Su objetivo es convencer al lector para que reaccione al mensaje que contiene y, luego, que escriba, telefonee y proponga una cita. Permite entablar el diálogo y su presentación será lo más personal posible. Se redacta con un título inicial y párrafos breves; tiene que implicar al máximo al posible cliente y enumerarle las ventajas del producto y el evento. Posee fuerza promocional y emocional. La inclusión de un cupón respuesta prefranqueado facilita la respuesta.

> *Se aconseja utilizar los mailing por Internet, empezando por recuperar las direcciones electrónicas de los clientes potenciales. En la estrategia de venta puerta a puerta lo más rápido, económico y relativamente eficaz es el envío masivo.*

Las llamadas telefónicas. Se aconseja preparar y redactar una guía de conversación. Efectivamente, el teléfono es una herramienta rápida pero brusca, pues todo se decide en cuestión de segundos. También es recomendable administrar muy bien las llamadas y prestar atención al lenguaje (evitar la jerga técnica y el lenguaje familiar...) y a la voz (articulación, respiración...). Lo más delicado es pasar la barrera de la secretaria; el filtrado para acceder a los responsables suele ser muy violento. Lo único que hay que vender es una cita, ser breve, presentarse con calma, prepararse para replicar a las objeciones y pronunciar frases que enganchen.

Negociación y venta

Si todo ha dado el resultado previsto, gracias al mailing y al teléfono habremos conseguido la cita con el cliente potencial. Argumentar es exponer las ventajas que presenta el evento en relación con las motivaciones expresadas por el patrocinador.

Dicho de otro modo, la argumentación debe responder a la imagen que nuestro interlocutor se hace de la utilización del evento deportivo, y no a nuestra interpretación personal. Para eso, buscaremos correspondencias de valores entre la prueba y la estrategia de la empresa y aquello que busca el cliente potencial en comunicación interna o externa. Todas las ventajas que se le enumeren irán seguidas de pruebas que las ratifiquen y cada argumento tendrá una introducción, un desarrollo y una conclusión. Para terminar, no exageraremos, haremos una presentación que utilice muchas imágenes y daremos prioridad a la calidad y no a la cantidad de argumentos. Para ser un buen vendedor, es indispensable tener experiencia, don de gentes y saber escuchar. Es importante tener confianza en sí mismo, ser sosegado, amable, tener una buena presencia, usar un vocabulario positivo y dar muestras de empatía. También resultan vitales los conocimientos técnicos, geográficos, de funcionamiento, sobre el evento y algunas nociones interculturales, especialmente en la negociación de contratos con los colaboradores extranjeros. Para los contratos muy voluminosos, la dirección se encarga por lo general de buscar los clientes.

> *Comparta su pasión por el deporte.*
> *La comunicación sobre eventos es una comunicación emocional, es importante hacer que la experimenten nuestros clientes potenciales.*

Si todo ha ido bien, las etapas siguientes son: la firma de un buen encargo con pago a cuenta, generalmente el 30%, previo al envío de la factura en firme.

Estudio de casos 3.14
El grupo J.-C. Darmon y el fútbol: la negociación comercial como principal ventaja competitiva

A finales del año 2001, el grupo Jean-Claude Darmon se fusiona con UFA Sports y Sport + (filial de Canal +). El grupo constituido, que se denomina SPORTFIVE, representa un volumen de negocios de 800 millones de euros (4 veces más que el grupo JCD), gestiona los intereses de más de 300 clubes de fútbol y da trabajo a 300 empleados. El objetivo está bien definido: se trata de internacionalizarse y de crecer, para poder mantener la comparación con los líderes del mercado que son IMG, Havas Advertising Sports y Octagon.

Jean-Claude Darmon, pionero en el ámbito del marketing deportivo desde los años setenta, inventó una profesión que él había desarrollado gracias a un formidable talento comercial. *"El poder de Jean-Claude Darmon radica en vender hasta lo que no existe, como los derechos UMTS[51]"*. Toda la técnica de JCD se basa en la negociación, las relaciones y la capacidad de persuasión.

¿Cómo se consigue una venta puerta a puerta eficaz[52]?

"Para mí, la venta puerta a puerta eficaz se resume en cinco etapas relativamente estandarizadas:

1) La delimitación del mercado

Se trata de delimitar el sector de actividad al que hay que dirigirse y también la empresa. Seguidamente viene la elección del interlocutor al que hay que llegar. Yo nunca hago mailing, las empresas están saturadas de documentación de todo tipo y está abocado al fracaso. Cuando la empresa es muy importante, hay que intentar entrar en contacto con el director de marketing o de comunicación; y al contrario, cuando se trata de una organización más pequeña, por ejemplo una PYME, habrá que procurar dirigirse de entrada al director o directora general o, incluso al Presidente, que serán quienes tomen las decisiones en realidad.

2) El teléfono

Aquí, hay un factor de suerte muy importante. En efecto, habrá que franquear una barrera enorme de secretarias que se encargan de filtrar las llamadas. Muchas veces, desean encaminarme hacia el director de comunicación. Por tanto, es de suma importancia darles confianza, "ganárselas", porque serán las aliadas que nos llevarán hasta su jefe. El patrocinio en el fútbol necesita una visión transversal de la organización (recursos humanos, finanzas, marketing, etc.) y por eso hay que pasar por el director o directora general o por el Presidente. Si la secretaria pone muchos obstáculos, se intentará buscarle la vuelta llamando a primera hora de la mañana o a última de la tarde, a fin de aumentar nuestras posibilidades de dar con el director.

---

51. Fuente: Conversaciones con Frédéric Thiriez, Presidente de la Liga de Fútbol Profesional, 26-09-2002. La tecnología UMTS permite ver las imágenes por teléfono móvil.

52. Queremos a agradecer de todo corazón a David Taïeb, diplomado del DESS de "Management du sport" de Estrasburgo y comercial del grupo Jean-Claude Darmon (Sportfive, hoy) de 1999 a 2003, que nos haya desvelado sus "secretos" sobre la venta comercial.

En resumen, "hacerme amigo de la secretaria" es mi mejor baza.

En muy raras ocasiones, cuando no consigo hablar por teléfono con la persona que toma las decisiones, le envío un correo electrónico breve y contundente; a veces, me responden, y eso da lugar a una conversación telefónica.

3) Cuando ya tengo a la persona que busco al teléfono

Dispongo de poco tiempo para convencerle; tengo que explicarle quién soy, la empresa a la que represento y por qué me dirijo a él, o ella. El fútbol nos suele hacer soñar, pero a algunas personas les aburre, y habrá que adoptar cierto tono de comunicación. La regla de oro es personalizar la llamada al máximo, conocer la problemática de la empresa, sus acciones de comunicación y tratar de hacerse indispensable en esta ocasión. La finalidad es conseguir una cita, pero eso sólo se producirá conociendo bien la imagen y la situación de la empresa en ese momento. Hay que procurar contestar de modo convincente a las objeciones (por regla general, si nos lanzan más de tres, tenemos pocas posibilidades), y en tales circunstancias, decir que es mejor concertar una cita. Hay que saber crear una necesidad en el interlocutor y no asustarle con presupuestos faraónicos: pueden hacerse paneles y preparar relaciones públicas por menos de 80.000 euros, y ofrecer la camiseta de un club pequeño por 600.000 euros por temporada en L1. Naturalmente, la camiseta del PSG "vale" 5 millones de euros, y la del Lyón, 6 millones, pero hay otras formas de comunicar: el fútbol no es inalcanzable, sobre todo, teniendo en cuenta su exposición mediática. De todos modos, no se habla mucho de precios, tanto si es interesante para él como si no.

4) La cita

Ésta puede que llegue una semana, tres semanas, o seis semanas después, aunque la finalidad es acortar al máximo la espera. Lo ideal sería "quedar con él (o ella) en París" si se trata de un director o directora de provincias. En total, dispongo de una hora como media. Si la llamada ha sido muy detallada antes, se entra directamente en el meollo de la cuestión. En el caso contrario, se hablará de fútbol, o del tiempo para que el cliente se sienta cómodo. Asimismo, habrá que ir adaptando constantemente la propuesta durante la conversación: se puede sugerir un club, un paquete para la copa de Francia, etc. Si lo que el cliente busca es comunicación local, la copa de Francia encaja bien, pero si lo que pretende es hacer relaciones públicas durante todo el año, la camiseta de un club en el campeonato será ideal.

En ese caso, hay dos opciones:
1. Puede que el director o directora haga una descripción de su empresa, su plan de comunicación y explique por qué le interesamos. Y aquí, hay que insistir siguiendo el hilo de sus argumentos;
2. Puede que no hable mucho, y haya que sonsacarle, hacer que se sienta cómodo, darle un poco de jabón y apresurarse en cuanto "suelte" alguna información relacionada con nuestro asunto, a saber "venderle fútbol".

Hay que retrasar la oferta al máximo hasta que se sienta cómodo, argumentar sabiendo sus metas, sus medios, su estrategia y su posicionamiento. También se le propondrán alternativas y se le demostrará que el fútbol es la herramienta que necesita, pero que es muy adaptable.

No olvidemos que son muchos nuestros competidores en este terreno: la televisión, las emisoras de radio, las vallas publicitarias, los demás deportes, las federaciones, etc.

Así que, para el final de la conversación hay una alternativa:

O nos dice: "espero su propuesta, ya pensaré mi respuesta" y, así, daremos por concluida la cita;

O bien volvemos a concertar una cita, ya con día y hora (eso es lo ideal). A partir de ahí, tenemos una semana para hacerle llegar nuestra propuesta en firme, con simulaciones de pantallas y de camisetas con la imagen de su empresa.

Lo normal es llegar a una tercera cita, pero a veces puede dejarse en dos.

5) La firma

Si la persona se decide una vez cumplidos los trámites mencionados arriba, recibiremos un fax o una carta que diga "acepto su propuesta por tanto... para tanto años...". En ese momento es cuando le enviaremos un contrato que nos será devuelto firmado por su departamento jurídico y/o financiero. Tras esto, soltaremos un suspiro de alivio".

Estudio de casos 3.15
BOSCH y el automovilismo (agencia Koroibos)[53]

Koroibos es una agencia de consultoría en marketing deportivo, creada el año 2000 por cuatro socios que tenían la misma formación (ESC, Escuela Superior de Comercio de Lyón) y procedían de importantes empresas internacionales (DANONE, OPEL, RENAULT, SNCF).

Esta agencia se especializó en una temática de comunicación, el deporte.

Está formada por dos departamentos:

– KOROIBOS Marketing: "poner la temática deportiva al servicio de las marcas y del negocio de las empresas" (Consultoría, marketing y relaciones públicas).
– KOROIBOS Motivación: "poner la temática deportiva al servicio de la motivación de los hombres de empresa" (Intervención de personalidades deportivas en convenciones de empresa, programas de formación).

OBJETIVOS DE BOSCH

ROBERT BOSCH France, con el deseo de celebrar los 100 años de la bujía de encendido BOSCH, se había fijado dos ambiciosos objetivos para 2002:

– volver a situar a la bujía de encendido y su nueva gama *Super +* como producto estratégico en la oferta BOSCH;
– movilizar a toda la empresa en torno a la bujía de encendido (*"share of mind"*= *conciencia de marca*);
– motivar a escala nacional a su red de distribución: red primaria (mayoristas) y secundaria (talleres).

Además, la marca tenía la voluntad de reconquistar un ámbito de comunicación que había abandonado hacía mucho tiempo: el de las prestaciones y la competitividad.

---

53. Koroibos, 4, rue Nungesser et Coli, 75016 Paris.

Por ese motivo, quería asociarse a un dispositivo que girase en torno al universo deportivo.

Así que, ROBERT BOSCH consultó a KOROIBOS para que le recomendara los colaboradores más adecuados en el automovilismo de acuerdo con sus objetivos.

METODOLOGÍA KOROIBOS
- marca Audit: análisis de la marca, de sus principales componentes y sus objetivos de marketing;
- enfoque competitivo: estudio documental de las operaciones de las marcas de la competencia en los deportes de automovilismo;
- recomendar la disciplina de automovilismo más conveniente para animar y suscitar el interés de los clientes en las competiciones nacionales de circuito, con la ventaja de que el circuito propone una unidad de lugar y de tiempo en comparación con el rally;
- recomendar a los 3 colaboradores potenciales y elaborar la oferta de colaboración para cada uno de ellos:
    • Federación Francesa de Automovilismo,
    • RENAULT Sport,
    • Escudería Sportsmanship.
- elección del colaborador con BOSCH;
- finalización de la oferta de colaboración por cuenta de BOSCH.

RECOMENDACIÓN
Bosch, colaborador oficial de la Super Serie FFA

DISPOSITIVO OPERATIVO
- organización de la velada de lanzamiento en el Automóvil Club de Francia: 100 clientes invitados;
- presencia de la marca BOSCH con motivo de las carreras de cada fin de semana (paneles electrónicos, podio...) permitiendo así llegar a la audiencia directa (es-

Evento prototipo de la Federación Francesa de Automovilismo	
7 fines de semana de carreras entre abril y octubre en toda Francia	Todas las disciplinas reinas del automovilismo en "circuito" representadas
• Nogaro • Ledenon • Pau • Dijo • Albi • Le Mans • Magny-Cours 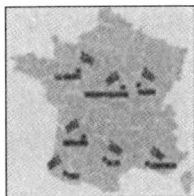	• Superturismo • Fórmula 3 • Fórmula GT • Fórmula RENAULT • Copa PORSCHE • Copa 206 cc 

pectadores) e indirecta (telespectadores de las retransmisiones en FRANCE TÉLÉVISIONS y PATHÉ SPORT);
– diseño de los soportes de comunicación de la marca en torno al tema del automovilismo: pósters, PLV (publicidad en el punto de venta), argumentarios, etc.
– invitación a más de 500 clientes durante toda la temporada, con servicios VIP organizadas expresamente: restauración, cóctel, atracciones (sorteos para ganar el bautismo de pista, intervención de personalidades, visitas a las pistas...)

REPERCUSIONES

Hay que analizar varios factores para evaluar las repercusiones de la inversión de BOSCH:

Audiencia directa de la Super Serie FFSA: cerca de 350.000 personas, o sea 50.000/prueba.

Volumetría de Medios de la Super Serie FFSA

Recuperación del logo BOSCH como colaborador oficial en:
– 25.000 soportes de carteles (16.000 de ellos, de 40 x 60 y 1.000, de 400 x300...)
– 300.000 soportes variados (entradas, folletos, programas, pases...)
– 40 anuncios en prensa escrita (*"Auto Hebdo", "Figaro", "L'Équipe"*)

Visibilidad del logo BOSCH en las retransmisiones de TV:
– directo (duración de cada directo):
  • 30 min. en FRANCE 2 (sábados mañana),
  • 2 horas en PATHÉ SPORT (domingos mañana).
– reportajes y retransmisiones en diferido (duración acumulada):
  • 6 min. en TF1,
  • 2 horas 30 en FRANCE 2,
  • 45 min. en FRANCE 3,
  • 50 horas en PATHÉ SPORT,
  • 35 horas en AB MOTEURS,
  • 1 hora 10 en TMC,
  • 30 min. en L'Équipe TV,
  • 40 min. en INFOSPORT.

Porcentaje de participación de los clientes de BOSCH invitados > 90% (= número de clientes presentados / número de clientes invitados).

Índice de satisfacción de los clientes de BOSCH invitados: nota media de satisfacción de 8/10 y *feedback* muy positivo de los clientes en esta iniciativa de BOSCH y de la imagen que tienen de la empresa (elementos recopilados en una encuesta cualitativa de satisfacción realizada por teléfono después de cada carrera, con 5 directores de ventas que figuraban entre los clientes presentes).

Aumento de la cuota de mercado de BOSCH en el mercado de la bujía de encendido: no se ha facilitado.

Número de cuentas de clientes abiertas: no se ha facilitado.

5. LOGÍSTICA

La comisión logística es vital para el buen desarrollo de la actividad. Dicha comisión se define como el conjunto de métodos y medios relacionados con la organización de un servicio, una operación, o un proceso. Lleva a cabo la coordinación y gestión de los recursos humanos y materiales; por tanto, garantiza la preparación y la organización del emplazamiento y de la prueba; se encarga del montaje, el mantenimiento y el desmontaje de las infraestructuras y los diferentes productos del evento. Se trata de encontrar proveedores especializados y competentes que organicen a la perfección el día D. La logística posee una función "anticipatoria" en la medida en que debe minimizar la incertidumbre inherente al desarrollo; durante el acto no deben surgir problemas técnicos. Requiere un conocimiento en detalle del evento en su totalidad.

Su tarea es poner en ejecución las operaciones técnicas con la ayuda de sus propios medios, los diferentes servicios de la organización o los proveedores externos tras haberse asegurado del buen funcionamiento de las instalaciones.

La logística ofrece respuestas técnicas y funcionales a las demás comisiones con las que está en permanente relación. En cuanto a la parte comercial, se ocupa de que fabriquen vallas publicitarias y de instalarlas. Aquí, destaca la importancia del emplazamiento de las pantallas de TV que conviene colocar con el realizador de imágenes. Se encarga de realizar las recepciones para las relaciones públicas e instala los stands comerciales. En cuanto a la comunicación, prepara la sala de prensa y especialmente se encarga de las necesidades de telecomunicación. En cuanto a lo deportivo, lleva a cabo todos los trabajos necesarios para que el espacio de práctica cumpla los reglamentos y ofrece condicio-

Recuadro 3.8
LOGÍSTICA EN EL ESTADIO DE FRANCIA

La logística es esencial

Hay que elaborar planes para las estructuras, el escenario... Hay que tener nociones de presupuesto con un presupuesto de salida mejorable, o que se puede reducir. Hay que hacer cuadros, con los gastos punto por punto, los planning, el personal, las necesidades de material, la circulación, la electricidad, la seguridad, el servicio médico, los pedidos, etc.

También hay que pensar en los seguros, cerrar tratos con los proveedores después de haber realizado las licitaciones sin perder nunca de vista la economía. Y después, ya se organiza todo. Por ejemplo, para la final del Trofeo Andros, se coordina el trazado de la pista, las acreditaciones metálicas, una protección eficaz, la entrada a la pista, los muros de hormigón... y además hay que poner la instalación del teléfono, el fax, acondicionar los despachos, la señalética, la vigilancia, etc.

También está la gestión del espectáculo, que es diferente. En general, el deportista "elabora" la velada evitando los tiempos muertos. Nuestra función es aplicarla con la preocupación constante de un vínculo logístico entre la iluminación, el sonido, el vídeo, la televisión y la comunicación. Después viene el desmontaje según el esquema detallado con anterioridad. Hay mucho trabajo que hacer.

Recuadro 3.8 (Continuación)
LOGÍSTICA EN EL ESTADIO DE FRANCIA

Por eso no hay que dudar en delegar y coordinar: por ejemplo desmontar la pista al mismo tiempo que el pádoc, tener en cuenta las dificultades climáticas. En este ámbito, todo se aprende trabajando; la experiencia es insustituible.

Cifras en torno a la logística

- un tiempo mínimo para pasar de la configuración del terreno de fútbol a la pista de atletismo y muchas personas movilizadas: hacen falta 4 x 12 horas para echar hacia atrás las gradas y convertir el terreno en pista de atletismo. Este trabajo lo efectúan unas quince personas. Además, se necesitan 2 días para la limpieza y la reparación de la pista, que se puede hacer al mismo tiempo que la preparación del cronometraje. Se necesita un total de 15 personas para estas 2 tareas.
- tiempo de montaje de la plaza para un gran concierto (con escenario al norte) y muchas personas empleadas: para un concierto tipo Rolling Stones, se necesitan 3 días de montaje, 1 día de show y 1 de desmontaje.

D – 3: montaje del escenario

D – 2: montaje del escenario

D – 1: montaje de la producción (sonido, iluminación, vídeo, decorado)

D show

H + 4: fin del desmontaje de la producción

H + 12: fin del desmontaje del escenario

Personal necesario: 150 personas

- tiempo de montaje de la Ópera Celeste y muchas personas empleadas. Montaje en 6 días, acabado y repetición 2 días, show y desmontaje 2 días. 60 personas empleadas;
- tiempo de montaje de Aida y muchas personas empleadas. Montaje y desmontaje ídem Ópera Celeste: 120 personas empleadas;
- tiempo de montaje de la Playa en el campo y muchas personas empleadas. Montaje 6 días. 15 personas empleadas. A título informativo, la Playa es un evento totalmente sin ánimo de lucro. Se trata de un evento "de carácter social" cuya finalidad es abrir el Estadio a las personas que no suelen asistir a los grandes eventos (aspecto presente en el contrato de concesión aprobado por el Estado). El equilibrio financiero de esta operación es difícil de conseguir;
- tiempo de montaje del Motorshow y muchas personas empleadas. Montaje 6 días, show y desmontaje 3 días. 30 personas empleadas.

Fuente: Conversaciones con Olivier Matabon, administrador general del Estadio de Francia, y Fabián Marsaud, dirección de marketing y patrocinio, consorcio del Estadio de Francia.

nes óptimas para la consecución de marcas así como el acondicionamiento necesario para la recepción de los competidores. En cuanto a la parte administrativa, da respuesta a las necesidades de las oficinas. En el apartado legislativo y seguridad, monta los puestos de socorro y el puesto de mando central de seguridad. Por último, gestiona toda la parte técnica necesaria para la recepción del público y los organizadores.

Dentro de la comisión mismo necesita de personas competentes en ámbitos diversos, polivalentes, "desenvueltas", "personas que hagan de todo" "todo terrenos". La elección correcta de los proveedores de servicios es también un factor de éxito: sus experiencias, sus referencias, su conocimiento del mercado, los efectivos y materiales que ponen a nuestro servicio. Muchas veces, los organizadores reciben la ayuda de la administración local que proporciona, personal, vallas, etc.

Organización del espacio

La logística prepara todo el equipamiento en el sitio. Se trata, pues, de realizar planes de trabajo informatizados, si es posible. Después se instalan las vallas, bajas o altas, para controlar la afluencia y delimitar les diferentes zonas reservadas a los competidores, los VIP y el público. La separación de os grupos es obligatoria. Les deportistas necesitan zonas cerradas, tranquilas, para calentarse y concentrarse. Los palcos o los servicios VIP pueden ser considerados por el público general como una afrenta o una provocación.

La señalética y los indicadores de flechas están por todo el recinto: es importante indicar las zonas VIP, las zonas prohibidas al público, las salidas, los aparcamientos, los aseos y el acceso a las gradas. Evitar alquilar parkings con suelo que no sea duro e indicar claramente todos los obstáculos, pues de lo contrario pueden pedir responsabilidades.

El espacio se organiza teniendo en cuenta varios puntos, sobre todo en lo referente a los stands comerciales:

– revalorización de las estructuras;
– satisfacción del cliente;
– disposición coherente de cada uno de los stands;
– análisis de la circulación de vehículos y de personas en el sitio, puntos de congregación.

Se velará porque cada stand ocupe estrictamente el emplazamiento que le corresponda dentro de la instalación. Los emplazamientos se trazarán con pintura para asegurarse de que los montadores de estructuras respetan las dimensiones y no invaden el sitio de otros stands. Porque algunos emplazamientos están más buscadas que otros y es difícil desmontar toda una estructura sólo para ponerla unos metros más allá.

Negociación de los contratos con los proveedores

En este aspecto se busca el mejor presupuesto, la mejor relación calidad-precio: "jugar" con la competencia, mostrar seguridad y presentar argumentaciones oportunas. El objetivo es gastar menos para ganar más, manteniendo la calidad de los servicios. A veces, proveedores de servicios que conozcan bien su trabajo y hagan lo que se les pide en el plazo convenido son una especie rara.

Montaje de las infraestructuras

El material y las instalaciones logísticas se diversifican y varían de un evento a otro. Antes del montaje, hay que hacer una lista de las necesidades:
- acometidas eléctricas;
- tomas de agua y desagües;
- contenedores y eliminación de basuras;
- mesas, sillas y otros materiales de oficina;
- espacios verdes;
- megafonía e iluminación;
- medios de telecomunicación (teléfonos, faxes, Internet...) y sus derivados, así como la gestión de *walkie-talkies* y las baterías (atención a la hora de coordinar las frecuencias y los canales por grupo de palabra asignándoles un número);
- ubicación de bungalows, de tiendas para los proveedores (servicio de restauración...);
- ubicación de pabellones VIP, tiendas, carpas...
- ubicación de cafeterías. Por regla general, para las comidas sin salir del recinto, un servicio de restauración se ocupa de los organizadores y los VIP. Las cafeterías y los restaurantes rápidos están pensados para los espectadores.
- ubicación de las gradas y los podios (hay que procurar que el basamento sea visible e inaccesible para el público);
- instalación de aseos, si el lugar no dispone ya de ellos;
- vallas altas y bajas, considerar su montaje;
- decoración;
- realización e instalación de soportes publicitarios;
- señalética;
- medios de transporte (el *quad* por ejemplo resulta un vehículo eficaz para transportar el material y desplazarse por un espacio amplio);
- instalaciones necesarias para las diferentes actuaciones (conciertos, etc.);
- herramientas necesarias para el montaje y el mantenimiento.

Los servicios logísticos comprueban el buen estado y el funcionamiento de todas las instalaciones, asegurando el mantenimiento durante la prueba y respondiendo a todas las exigencias técnicas. Las demás comisiones, así como los clientes, deben hacer los pedidos por escrito: notas de servicio, faxes, o correos. Para que las instalaciones se entiendan al máximo, se pondrá a disposición de todas las personas que tengan un stand un croquis de instalación. Normalmente dichas personas siempre tienen las mismas necesidades técnicas, pero se trata de dar también respuestas a peticiones variadas: hacer un puente, tapar un charco de agua, encontrar una herramienta...

Las fechas y los emplazamientos para todas estas instalaciones se deciden con antelación; y lo mismo se hace con el desmontaje. Es obligatoria la coordinación técnica para que las tareas puedan seguir un orden cronológico y evitar, así, los problemas de acumulación de trabajo de los últimos momentos, consiguiendo un ahorro de tiempo. De ahí viene la necesidad de fijar un planning de instalación.

Estudio de casos 3.16
La logística de las 24 horas de Le Mans[54]

Carrera mítica donde las haya, Le Mans es junto con Indianápolis uno de los dos templos de las carreras automovilísticas del mundo. Después de casi 70 años, el mito perdura y cada vez, la leyenda se escribe con "su cortejo de proezas, de marcas, de zumbidos con fondo de kermesse nocturna, de ojillos cansados que por la mañana se abren como platos y se quedan maravillados antes esos bólidos que combaten hasta el final por la victoria, o sencillamente por el honor de llegar al final" ("Le Nouvel Ouest, n.º 57, junio de 2000). Más que una simple competición, lo que celebra cada año toda una ciudad, o toda una región, junto a muchos extranjeros es el pistoletazo de salida de un fin de semana de competición y de fiesta. El organizador de la prueba, el Automóvil Club del Oeste y, en particular, los servicios técnicos, consiguen lo imposible para preparar la mayor carrera del mundo.

Dichos servicios se ocupan durante todo el año del mantenimiento del sitio y de montar muchas otras pruebas en el circuito BUGATTI. Cuando llegan las 24 Horas, la cantidad de trabajo que hay que realizar es impresionante: fontanería, suministro de agua potable, electricidad, iluminación, espacios verdes, limpieza, pintura, provisión de material diverso, vallas, montaje de las gradas, de los puestos de comisarios... El servicio técnico también comprueba la conformidad de las instalaciones y supervisan el paso de los organismos de control y de la comisión de seguridad. Además, el circuito se monta junto a carreteras provinciales por lo cual existe la necesidad de una buena coordinación entre comisión deportiva y técnica y de una cantidad de trámites burocráticos para obtener las autorizaciones y las homologaciones.

Cifras clave:

En las instalaciones de las 24 horas de Le Mans, trabajan 217 personas durante 10 semanas para acoger a los cerca de 220.000 espectadores, 2.500 periodistas de todo el mundo y 48 coches en un circuito de 13.650 kilómetros.

(fuente: carpeta de prensa, 2000).

El lugar:

– 150 hectáreas;

– 90 hectáreas de parques para pabellones de recepción y para acampada.

Aspecto comercial:

– espacios de recepción: 70 espacios de recepción en 25.000 m^2 permitieron a los 90 colaboradores de las 24 horas acoger a sus 15.000 invitados: 63 palcos que pueden juntarse, 20 espacios sin utilizar, 10 clubes;

---

54. Cuestionarios dados a Claude Thibaud, responsable de los servicios técnicos del "Automobile Club de l'Ouest", y a Thierry Moreau, octubre de 2002.

- stands comerciales: 8 tiendas, 20 stands comerciales. 70 stands de feria, 30 stands de restauración;
- pósters: 3 pasarelas, 1.500 metros de muretes junto a la pista, 10 vallas para anuncios de 4 m x 3 m, 5 gradas con la pared de atrás pintada.

Aspecto deportivo:
- 48 coches
- un circuito de 13.650 km;
- 44 puestos de comisarios;
- sistema de vídeovigilancia del circuito ultra sofisticado, con 25 cámaras;
- 36 farolas de alumbrado para la pista;
- 5 hectáreas para recibir a los participantes;
- un pádoc de 9.100 m^2;
- 50 stands.

Instalaciones provisionales para las 24 horas de Le Mans:
- 8 graderías provisionales con capacidad para 7.101 plazas sentadas más;
- 52 aseos químicos;
- 216 aseos;
- 23 grupos electrógenos;
- 54 duchas;
- 85 bungalows;
- 20 caravanas de obra;
- 2.500 vallas;
- 850 rejillas de obra

Las instalaciones son gigantescas:

Esquema 3.3
**MODELO DE PLANO GENERAL DE LAS INSTALACIONES VIP
Y LOS STANDS COMERCIALES DE LAS 24 HORAS DE LE MANS**

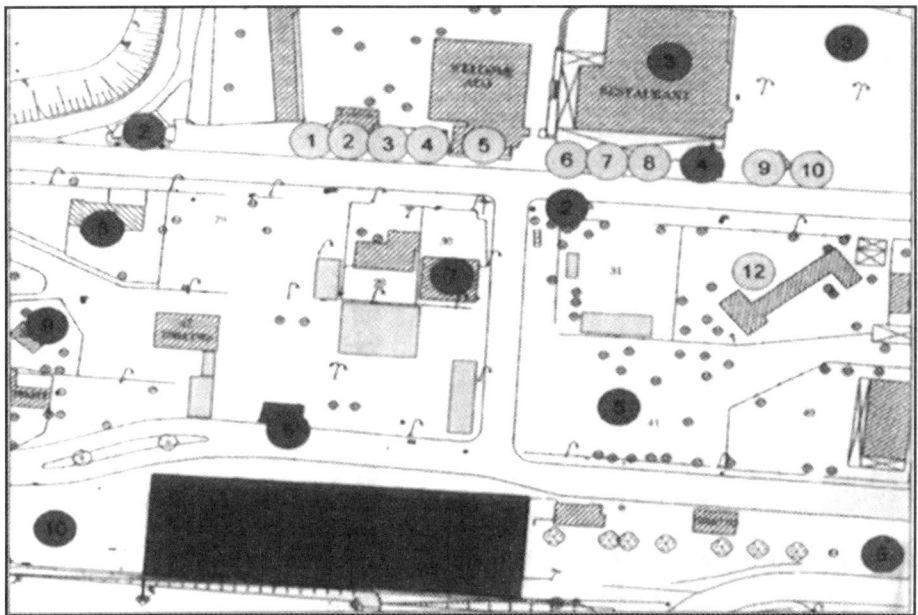

Fuente: ACO: Servicios técnicos

Esquema 3.4
**MODELO DE PLANO DETALLADO DE LA INSTALACIÓN
DE BUNGALOWS EN LAS 24 HORAS DE LE MANS**

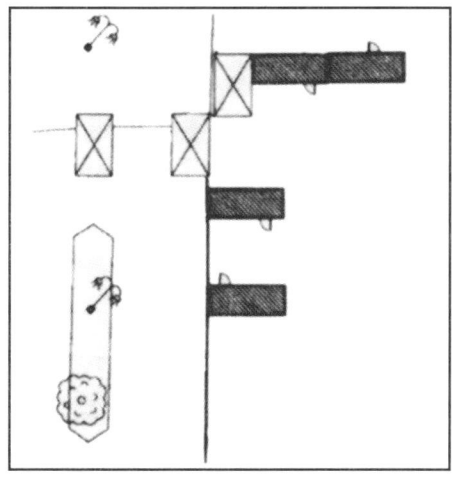

Fuente: ACO. Servicios técnicos

Cuadro 3.11
PERSONAL LOGÍSTICO DE LAS 24 HORAS DE LE MANS
(VARIABLE SEGÚN LOS AÑOS)

Ámbito de intervención	Número de personas
Extintores circuito	8
Aseos químicos autónomos y para discapacitados	2
Segado de la hierba	6
Desmontaje y montaje señalización vertical	5
Desmontaje y montaje islote de dirección Mulsanne	6
Pinturas líneas blancas paso BUGATTI / 24 horas	2
Balizas en la rotonda de Mulsanne (separadores de vías)	3
Desmontaje y montaje valla metálica maniobra	4
Desmontaje y montaje de vallas puestas antes de la carrera	6
Transporte, montaje y desmontaje vallas antes de la carrera	5
Apertura y cierre de aparcamientos, camping y cubas de grava	3
Desmontaje y montaje de enrejados, vallas, ruedas, cierres y servicio de guardia	6
Grupos electrógenos	2
Grupos electrógenos / caravanas / WC químicos *Jaccobins* / barquilla	2
Preparación y servicio de mantenimiento eléctrico de guardia	10
Limpieza de los locales, aseos, gradas, bungalows, etc.	12
Limpieza exterior antes, durante y después y colectas	20
Personal interino para limpieza	40
Corte y arreglo de los setos de la villa y los clubes	2
Servicio de guardia carpinteros metálicos	2
Giratorios y raíles	10
Segado de la hierba	4
Limpieza pista y servicio de guardia	3
Cámaras móviles	6
Instalación bungalows y aseos	4
Raíles (grupo 1)	12
Raíles (grupo 2)	10
Montaje de los bafles del camping	2
Colocación tienda Puesto médico de emergencia y bomberos	4
Distribución de combustible	4
Sistema de conducción eléctrica de los stands	2
Servicio técnico	10
TOTAL	**217**

FUNCIONES PRINCIPALES NECESARIAS PARA EL DESARROLLO DE UN EVENTO DEPORTIVO 135

Cuadro 3.12
MODELO DE PLANNING LOGÍSTICO

Instalación de una ciudad VIP en las 24 horas de Le Mans

	viernes 8	9 y 10	lunes 11	martes 12	Miércoles 13	jueves 14	viernes 15	Sábado 16	Domingo 17	lunes 18	martes 19
8H							Limpieza		Limpieza clientes		
9H	Llegada de los bungalows		Colocación de la grúa y montaje bungalows	Acabados de los bungalows	Instalación teles plantas			Clientes		Desmontaje Tiendas	Desmontaje bungalow
10H	Algeco			Montaje tiendas restauración	cuadros fotos	Limpieza				Restauración Devolución plantas	
11H	almacenaje en el empalme										
12H				Llegada resp. ciudad	Limpieza						
13H											
14H			Llegada grupo electrógeno	Electricidad	Llegada azafatas					Devolución teles, cuadros	Devolución grupo electrógeno
15H				Moqueta							
16H				Fontanería Instalación restauración	Clientes	Clientes					
17H			Instalación aseos								
18H				Montaje tienda de entrada					Desmontaje restauración	Desmontaje tienda entrada	
19H				Toldo tienda de entrada							
20H											
21H											
22H											
23H											

6. EL ASPECTO DEPORTIVO

La prueba deportiva es la base en sí del evento, el núcleo duro del espectáculo. Espectadores, medios de comunicación y colaboradores van a asistir a una competición. Ella es la razón de ser de la comunicación, el principal argumento de venta y hay que prestarle todas las atenciones: técnicas, legislativas y de seguridad.

La comisión deportiva se ocupa de diseñar la prueba, gestionar la competición y a los participantes. Está formada por miembros de la federación correspondiente (las oficiales) y por especialistas de la disciplina o de los espacios de práctica con los que organiza asambleas generales. Su papel y sus métodos varían mucho de un evento a otro, de un deporte a otro y de una modalidad a otra. La federación entrega un pliego de condiciones que hay que observar estrictamente. La prueba debe disputarse con todas las reglas estipuladas y debe respetarse la ética de la práctica. En general, está compuesta por dos informes explicativos del desarrollo, uno para los participantes y otro para los organizadores.

Gestión de la prueba

Tiene que ver con la evaluación de las necesidades de personal (comisarios de carrera, árbitros, jurados) y materiales (cronómetros, ordenadores, fotocopiadoras, copas y trofeos), pero también con:

- los reglamentos y su aplicación. La comisión deportiva debe responder a todas las características de la prueba: nivel de la misma, duración, desarrollo... y también a las formas de clasificación y de resultados;
- la creación y la instalación del espacio de práctica;
- la gestión de los problemas legislativos y de seguridad que tengan relación con la competición y el espacio de práctica: seguro de la prueba, aplicación de las normas de las instalaciones...;
- el cálculo y la presentación de los resultados para repartir a los participantes y a los periodistas.

Gestión de los participantes

El sector deportivo garantiza también las inscripciones y los seguros, la comprobación técnica de los equipos, las reparaciones, la asistencia médica, los primeros auxilios y las emergencias de los participantes, el material para los competidores (dorsales, libros de itinerarios), la disponibilidad de salas, de terrenos de calentamiento, la gestión de los albergues, de las comidas y del transporte para los deportistas y su equipo técnico. Las personas dedicadas en exclusiva a estas tareas elaborarán y harán el seguimiento de la lista de habitaciones, el servicio de restauración y el transporte. Para el correcto funcionamiento de dichas tareas se necesita una persona que supervise constantemente todo junto con los proveedores. En los grandes eventos internacionales, se montará una logística gigantesca para que todas las delegaciones[55] estén donde les corresponde a su debido tiempo y lugar.

En las competiciones de muy alto nivel, los deportistas pueden disponer de un director que se ocupa de todo por ellos.

Hay que conocer las relaciones no oficiales que pueden darse dentro de una práctica, Por ejemplo, en un evento de patinaje urbano, hay que saber que quienes hacen monopatín y patinaje sobre ruedas nunca patinan juntos, pues existe entre ellos unas relaciones algo conflictivas. En algunas disciplinas y, especialmente en F1, los deportistas se agrupan en sindicatos para hacerse oír mejor ante las instancias dirigentes.

Estudio de casos 3.17
La organización y sus contratiempos vista por un participante de la Copa del Mundo de Esquí y del París-Dakar (entrevista a Luc Alphand)

Luc Alphand ha ganado tres veces la Copa del Mundo de descenso y una vez la Copa del Mundo general. En total, 12 victorias en Copa del Mundo y 9 títulos de Campeón de Francia de esquí. Ha participado 5 veces en el París-Dakar y ha ganado dos la Copa del Mundo de los Rallys Raid en categoría T1.

¿Qué factores influyen en los organizadores a la hora de decidir aplazar una prueba?

Esquí

Siempre son las condiciones de espesor de la nieve y los factores climatológicos, aunque no siempre van unidos. Puede suceder que el tiempo no permita salir pero que haya un espesor de nieve perfecto. Las competiciones mundiales empiezan en diciembre y acaban a mediados de marzo y, por desgracia, es muy frecuente que no haya el suficiente espesor de nieve. Las competiciones duran 4 meses y estos están muy cargados, sobre todo cuando se suman a la Copa del Mundo los campeonatos del Mundo, los JJ.OO., etc. Por eso, una prueba puede aplazarse un día o dos, pero no más. A veces, si la misma no se ha celebrado, se traslada a otra prueba de la Copa del Mundo y entonces los participantes hacen dos descensos. También hay que tener en cuenta el tipo de prueba; un eslalon es más fácil de organizar que un descenso o un súper G de varios kilómetros. Los organizadores se aseguran para este tipo de contratiempos. Hace poco que se ha instaurado una nueva norma: la obligación para los organizadores de disponer de medios de fabricación de nieve artificial.

Dakar

Es muy raro que se aplace una prueba. Que yo sepa, eso sólo ocurre por motivos de seguridad, como un helicóptero que no puede despegar, o si sobreviene una tormenta de arena. En este caso, también es el factor climatológico el principal causante del aplazamiento. En el Dakar, las relaciones con la población autóctona pueden llegar a ser muy delicadas, incluso peligrosas. Los conflictos políticos, las guerrillas civiles, etc. son frecuentes en África. Recuerdo que en 1998, la etapa "Taoudenni-Gao" fue suspendida por culpa de un ataque con Kalachnikov.

---

55. Véase en el capítulo 3, en Función administrativa y financiera / secretaría los varios ejemplos de planning de transporte y alojamiento.

¿Quién decide?

Esquí

La FSI (Federación Internacional de Esquí) ha creado una comisión que decide diez días ante de la fecha de la prueba si la mantiene o la anula. Trabajan dos personas a tiempo completo para determinar si el espesor de la nieve es suficiente y, en su conjunto, para homologar la pista conforme a las normas de seguridad: desprendimientos, estado de las redes, montículos allanados... En cada carrera, esta comisión incluye tres componentes que representan a un equipo cada uno y forman el jurado. Se llega a una negociación con los países más importantes. Dicha comisión visita la pista una hora antes de la salida, da la autorización de salida y las órdenes en la carrera. Por ejemplo, decide cuándo hay que parar, para volver a colocar una red y coordina toda la competición.

Dakar

En esta carrera, es el organizador quien decide los recorridos. Hubert Auriol y Patrick Zaniroli son los coordinadores importantes, sobre todo ahora que el París-Dakar no figura en la Copa del Mundo de los Rally-Rayd desde hace unos años. La FFSA y la FFM, por su parte, estudian los aspectos deportivos tales como la autorización de los coches, de los sistemas GPS, etc. Pero ¡atención! la prueba es muy profesional y el reglamento estricto.

¿Qué consecuencia tienen estos aplazamientos en la preparación y el rendimiento?

Esquí

Los esquiadores están acostumbrados a los aplazamientos: gozan de buen tiempo en los entrenamientos y de unas condiciones desastrosas en la carrera. De acuerdo que es un caso de mentalización personal, pero al mismo tiempo es lógico, es la vida de los esquiadores que conocen el clima en la alta montaña. Sin embargo, es cierto que psicológicamente, esto puede resultar muy duro si los aplazamientos son reiterados. En 1993, durante los campeonatos del Mundo de Morioka en Japón, que duraron dos semanas, el súper G del primer martes se aplazó cada día hasta que finalmente fue anulado el último domingo. Nunca llegó a celebrarse. Cada día, crees que ése va a ser el tuyo, te levantas y te dices *"hoy es el Campeonato del Mundo"*. Cuesta mucho asimilar eso, sobre todo porque hay otras carreras. Hay que llegar a reducir el nivel de estrés y remontar al día siguiente. Al mismo tiempo, tampoco hay que caer en lo contrario pues la costumbre, si se adueña, puede hacerte perder de vista los objetivos. Además, como yo decía hace un momento, la temporada de esquí es muy corta y con los viajes, los entrenamientos y la asunción de riesgos, pierdes "embate". El cansancio y el estrés son nefastos para el crono. Y, desde luego, lo que es también difícil de asumir es cuando el tiempo está inseguro y se aguanta por los pelos; es esa situación en la que la prueba se va retrasando constantemente; igualmente, es descorazonador cuando, por ejemplo, cada media hora te encuentras en la salida, vas y vienes tomando impulso, intentas concentrarte y mantener los músculos calientes.

Dakar

En cuanto a las marcas, yo diría que en el Dakar depende de los casos. La anulación de una carrera especial rápida en la que habías puesto todas tus esperanzas puede influir en la clasificación final. Y al contrario, a veces ocurre que algunos no terminan las etapas. Este año, Johnny ha fallado una etapa. En Mauritania, 41 coches quedaron bloqueados, perdidos en la noche. En la oscuridad sobre todo, es muy difícil sortear "cordilleras" de dunas. Pero en casos así, se producen reclamaciones; dos personas se ocupan de las relaciones con los competidores en el "Colegio". Se hace la denuncia y se envía a la dirección deportiva que aplicará o no el reglamento. Sin embargo, estas decisiones no influyen en el recorrido.

¿Qué métodos utiliza para mantener la concentración?

Esquí

En patinaje artístico pueden presentarse dos casos:
- si la prueba se anula, hay que relajarse de inmediato. Lo bueno del esquí es su parte lúdica, puedes hacer una carrera con nieve polvo para descansar;
- en cambio, si la prueba se retrasa un poco, no hay que llegar a dispersarse pero tampoco a permanecer en alerta. El principal método de concentración es la visualización. Cuando esquías, no piensas en la parte técnica, ni en las líneas, ni en las trayectorias, porque las tienes memorizadas. Lo que tienes que percibir es tu potencial, la fuerza que tienes en las piernas y adaptarte en función de ella. Cuanto mejor te sientes, mejor atacas. Para mantener la concentración, también son importantes la experiencia y la edad que cuentan mucho. Uno no sistematiza las cosas del mismo modo cuando tiene en su haber cientos de carreras de alto nivel y ha sufrido seis o siete intervenciones quirúrgicas.

Dakar

El Dakar dura dos semanas, pero un descenso dura unos minutos. ¡No es lo mismo! La concentración se refuerza en los caminos, en las pistas, en los obstáculos y vas adaptando tu velocidad en función de todos esos parámetros. El aplazamiento no tiene mayor importancia, la concentración se hace al volante. La preparación es menos intensa, la visualización imposible, pero se requiere una gran concentración al mando.

¿Qué elementos, mal gestionados por los organizadores, pueden causar trastornos en el rendimiento y en los deportistas?

Y ¿qué otros elementos hacen que un evento esté bien organizado para el competidor que eres?

Esquí

La relación con los medios y con el público puede a veces perjudicarnos. En ese caso, tienes la posibilidad de aislarte de todo, como en F1. Te pones las orejeras, y ya ni ves ni oyes a nadie y, por tanto, no hay excusas para no conseguir una marca. Pero yo creo que entonces el espectáculo queda totalmente deslavazado para los espectadores presenciales y, como consecuencia, el ambiente se resiente. Aun así, es la solución que al parecer adoptan cada vez más deportes. Al contrario, si los medios de comunicación y el público no están organizados también pueden perjudicarnos en la consecución de marcas. Es obligatorio estar "tranquilo" durante las fases de reconocimiento y de concentración. En general, no hay problemas durante la Copa del Mundo de Esquí, todo está bien organizado por Mac Cormack. Los momentos dedicados a la prensa y el público son normalmente: la conferencia de prensa y después de la carrera (donde a veces tienes que comprometerte enormemente, cuando el crono no es bueno) y, luego ya, cuando tienes un momento.

Así, pues, hay que respetar la tranquilidad de los competidores, pero también hay que tener en cuenta y responder a las expectativas de los medios y del público; el público lo necesita. Estar cerca de los espectadores y de los incondicionales es muy importante, y todo eso lo tienes que ir combinando para los organizadores, pues son diferentes flujos de circulación y diferentes zonas privatizadas, o no, con controles de acceso.

Destaquemos que hay que ser estrictos con los pasillos de entrenamiento, porque son muy peligrosos. El público tiene terminantemente prohibido el paso y es primordial una buena coordinación de las personas en la pista. Sabemos que ha habido muchas víctimas por culpa de personas o artilugios que se encontraban justo detrás de un cordaje. Un médico austriaco murió al chocar contra una máquina pisanieves. También se dan otros factores que los organizadores deben tener en consideración; por ejemplo, los participantes deben tener prioridad en todos los remontes mecánicos.

Por último, las condiciones de las pistas son vitales para el desarrollo de una buena carrera. No basta con tener nieve, además una pista debe estar preparada con técnicas especiales. Se han anulado carreras por este motivo. También destacaré el papel primordial de la federación. La delegación gestiona las relaciones entre los esquiadores y los organizadores: transporte, alojamiento, etc., es vital comer y dormir bien.

Dakar

En el Dakar, hay que llevar agua y administrarla para que no falte, y llegar el primero para darse una ducha. Además, el libro de itinerarios debe estar bien elaborado y ser riguroso. Otro cosa importante es que cada participante sepa lo que tiene que hacer, como en el esquí. Pienso en las inscripciones y en las comprobaciones técnicas, donde es necesario un control metódico. Es exasperante no saber a donde hay que ir ni encontrar a nadie que te pueda informar bien.

Conclusión: ¿Qué piensas de la profesión de organizador de eventos? ¿Cómo lo ves tú?

Cuando una prueba se aplaza mucho o se desarrolla mal, los factores no dependen normalmente de los organizadores, salvo excepciones. Casi siempre es culpa de las condiciones climáticas. Después, vienen problemas menores que hay que gestionar, que son de la vida cotidiana, de flujo de circulación, de transporte... pero que representan en realidad una logística enorme, compleja y difícil de organizar.

Luego, y pienso en las bases, es muy fácil no hacer nada y encima criticar. ¡Hay tanta gente que no para de quejarse, pero que permanece completamente pasiva! Así que, tengo mucho respeto por los organizadores y soy muy indulgente con ellos. Siempre procuro entender lo que pasa y buscar con ellos soluciones cuando se presentan los problemas. Yo mismo tuve la oportunidad de ser organizador en Luc Alphand Aventures. Una de nuestras tareas era, por ejemplo, instalar pabellones de recepción para nuestros equipos y nuestros colaboradores en las 24 horas de Le Mans. Y solamente llevar a cabo eso, satisfacer a todo el mundo y que cuadrara el presupuesto, hizo que me diera cuenta de la complejidad del asunto. Pero esto es como el deporte, hay que perfeccionarse e intentar hacerlo cada vez mejor...

Resumen del capítulo 3

Sin duda, la mayor parte del trabajo de los organizadores se centra en la fase preparatoria y en los cometidos que realizan las funciones principales. Dichos cometidos determinarán el éxito del evento en todos los aspectos.

La función administrativa y financiera gestiona la secretaría, la venta de entradas y la contabilidad. Ésta se ocupa de las facturas, los cobros, y los reglamentos y vela porque se respeten los límites presupuestarios. La función legislativa y de seguridad vela porque se cumplan las normas en vigor, establece los contactos con los servicios del Estado, las solicitudes de autorización y se encarga de la seguridad del público asistente. La función de comunicación gestiona la prensa y los diferentes medios; establece un plan de comunicación eficaz y dirigido a un segmento de público con herramientas variadas y adaptadas. La función comercial se ocupa de financiar el evento y su misión es encontrar patrocinadores que apliquen técnicas de venta y de venta puerta a puerta. Vende soportes y servicios variados pero estructurados. Dicha función es una actividad de asesoramiento estratégico para los anunciantes que debe responder a sus objetivos. La logística ejecuta en el plano técnico todas las operaciones diseñadas por las diferentes comisiones. Se encarga del montaje y el mantenimiento en buen estado de las instalaciones necesarias para poder albergar a todos. También negocia los contratos con los proveedores de servicios. Finalmente, está la función deportiva que gestiona la prueba, hace cumplir el reglamento y supervisa las relaciones con los competidores. Todos estos cometidos pueden variar de un evento a otro, están todas relacionadas y tienen como objetivo el éxito de la fase operativa.

Capítulo 4
Fase operativa de un evento deportivo

1. EL DESARROLLO DE LA PRUEBA

Preparativos

La preparación y el montaje se siguen con la máxima atención. La logística técnica está a pie de obra. Cada elemento debe estar en su sitio y se impone el rigor. Se destina personal para que reciba a los diferentes proveedores, para que supervise la dirección y el avance de las operaciones. Lo que se ha decidido con los colaboradores debe regir toda la comunicación *in situ*. La instalación de las banderolas, las pancartas, o los pósters se hará según las directrices comerciales estrictamente, so pena de no satisfacer a los patrocinadores[56].

El director general organiza una última reunión para "dar instrucciones antes de pasar a la acción" a los responsables y dejar resueltos los problemas de última hora.

Cada uno debe conocer perfectamente su posición, su función, las tareas que incumben a su empresa y la distribución del tiempo. Los directores de los diferentes puestos claves (en general los responsables de las diferentes comisiones de la fase de preparación) se sitúan en los lugares estratégicos. Tienen que conocer a la perfección el sitio, el funcionamiento y el desarrollo de la actividad. Ellos tienen poder de decisión y conviene dejarlo claro para evitar cualquier confusión. De igual modo, puede resultar útil el redefinir las tareas y responsabilidades de cada uno.

Todos los responsables de emergencias, seguridad y organización se reúnen en un único puesto de mando común obteniendo, así, una gran capacidad de reacción. La aprobación para el acto lo da la comisión de seguridad que pasa unas horas antes del

---

56. Hay que prestar atención a las susceptibilidades que pueden existir entre personas del mismo medio que se conocen. Algunos patrocinadores del Tour de Francia se ven en la maratón de París o en la Copa del Mundo de Natación. En especial, hay que procurar respetar una jerarquía: el patrocinador titular tiene que verse más sin ambigüedades (es el que paga más y sin él no tendría lugar el evento -: GAZ DE FRANCE en el encuentro de atletismo del Estadio de Francia por ejemplo).

lanzamiento publicitario de la misma y comprueba la idoneidad de las instalaciones. Se prevé personal de reserva en caso de abandono. Se triplican los efectivos al menos en época de eventos. Los organizadores trabajan con personas conocidas y con personal discontinuo del espectáculo. Cuando se esperan extranjeros para el evento, se contratan intérpretes para los diferentes puntos de recepción: medios de comunicación, público, colaboradores y participantes.

Antes del comienzo se aseguran de que cada uno está en su puesto y de que no hay ningún problema. La presión va aumentando de manera progresiva hasta ese momento. El nivel de estrés llega a su límite[57]. Finalmente, la dirección deportiva o el juez árbitro da el pistoletazo de salida.

Gracias a los *"walkie-talkies"* los responsables están en comunicación con el director general y los otros puestos esenciales. Para la resolución de problemas en tiempo real es vital la disponibilidad permanente de todos.

Estos cargos varían de un evento a otro pero siempre está:

Seguridad y controles

En todo el recinto, personas "estrictas" filtran las entradas y los espacios (acceso público, participantes, periodistas...), y es obligatorio hacer un informe final. Los supervisores poseen localidades, acreditaciones e invitaciones marcadas de muestra que sirven como referencia. Lo ideal es hacer anuncios donde figuren todas las clases de localidades. En cada control, se interceptan las que no son válidas. Generalmente, se pone una marca en la entrada de quienes desean salir para volver a entrar.

Pero hay mucho fraude y esto representa una verdadera pérdida para el organizador. Basta con que alguien salga con la entrada de un amigo y deje entrar a otro. Para estos casos existe la alternativa de poner un brazalete a todos los espectadores a su llegada. Estos brazaletes sólo se quitan rompiéndolos. También están los controles por tarjeta magnética pero son muy caros; sólo se utilizan en operaciones especiales tipo VIP.

El servicio de seguridad privado del organizador, los policías y los gendarmes están preparados para intervenir en caso de desórdenes o de peleas. Las fuerzas del orden instalan un puesto fijo para presentar denuncias de todo tipo, y tienen una doble función tranquilizadora y preventiva.

Los socorristas y los médicos están presentes por si hubiera accidentes físicos. En los grandes eventos se instala un PMA (puesto médico avanzado).

El comentarista emite los mensajes de alerta y las consignas de evacuación en caso de problemas graves, intentando mantener la calma.

---

57. "La organización de la Maratón de París tiene experiencia pero necesita más de un año para cada prueba: una vez decidida la fecha, el marketing inicia su acción el 18º día del mes, el 2º día del mes la logística se acelera y los 10 días últimos son 'críticos', por regla general, en cuanto a estrés." Fuente: Entrevista a Jean-François Richard, director de marketing de ASO y a Joël Lainé, director de Athlétisme Organisation, ASO (octubre de 2002).

Recepción al público y entradas

La recepción se compone de personas que provienen de la comisión administrativa. Tiene un papel preponderante para el buen desarrollo del evento. Su primera función es informar, es el vínculo indispensable para todas las personas que no pertenecen a la organización (participantes, espectadores, proveedores, periodistas, VIP,

colaboradores...). De su calidad y su capacidad para responder a los problemas y asuntos depende en parte la imagen del evento y de su organización. La recepción se encarga de entregar las acreditaciones y las invitaciones y realiza las formalidades administrativas de última hora. De las inscripciones rezagadas se puede hacer cargo un responsable de la comisión deportiva, y de las acreditaciones e invitaciones de los colaboradores[58] se encargará un responsable comercial.

En las taquillas, las localidades numeradas permiten comprobar el número de entradas e ingresos. Esto requiere una gestión escrupulosa. Las matrices se guardan porque Hacienda puede reclamarlas. La gestión y el transporte de los fondos pueden asegurarse con una empresa especializada. La afluencia de personas se gestiona mediante vallas de seguridad y controladores. En este punto, resulta indispensable muchas veces recurrir a los poderes públicos sin los cuales ciertos eventos no existirían (Maratón de París, Tour de Francia).

Recepción a los organizadores

La disponibilidad de un espacio con asientos, una máquina de café y ceniceros donde poder relajarse es de agradecer. Los participantes en la organización necesitan información a su llegada, por lo que se les reparte un informe explicativo con los horarios, números de teléfono útiles y planos, así como tiques para las comidas y un atuendo en consonancia. Efectivamente, los organizadores, los participantes y la seguridad suelen llevar ropa distinta para que el público los pueda reconocer. En general llevan una camiseta que se les da como recuerdo después del evento, pero a veces los atuendos deberían estar más elaborados.[59]

Recepción a los medios de comunicación

Los periodistas transcriben la imagen del evento al gran público y a cuantos no han podido estar presentes pero siguen el evento a través de los medios. Su papel es esen-

---

58. En eventos de dimensiones extraordinarias (Juegos Olímpicos, Copa del Mundo de Fútbol) la gestión de las acreditaciones puede llegar a ser un auténtico rompecabezas: en efecto, más de 20.000 personas pueden alojarse en la villa olímpica (atletas, entrenadores, personal médico, psicólogos, preparadores físicos y periodistas). Las delegaciones tienen que proporcionar una lista de las personas a las que desean acreditar con varios meses de antelación. Se trata de un cometido especialmente delicado para el organizador, pues todo ello puede ser un peligro en términos de seguridad (terrorismo).

59. Para algunos eventos en que los agentes deben llevar uniforme, se recomienda buscar un patrocinador para no "ahogar" las cuentas del evento. Pueden ser árbitros de judo, jueces de línea en tenis (por ejemplo, Hugo Boss proporciona uniformes a cambio de hacerse bien visible en el torneo).

cial. Tienen que supervisar los comunicados y las carpetas de prensa de los participantes, de los equipos y de la federación así como los resultados que les proporciona la dirección deportiva. Hay que poner a su disposición todos los medios de telecomunicación necesarios: fax, teléfonos, y conexiones a Internet con línea analógica y digital. Las azafatas de prensa les ofrecen refrescos, les informan y prestan algunos servicios como fotocopias, correo, servicios administrativos, etc.). Hay que tratar con esmero al periodista, pues el modo en que dé cuenta del evento dependerá de lo cómodo que se sienta y de las condiciones de trabajo en las que se mueva. Si no dispone de una conexión informática, eso derivará en un aumento de trabajo que tal vez le obligará a quedarse despierto hasta pasadas las dos de la madrugada para terminar su artículo. Este recuerdo dejará huella en él y el siguiente año marcará con una cruz este evento. El periodista es un "líder de opinión", un prescriptor al que no hay que defraudar.

Recepción a los colaboradores y las personalidades

Los elegidos, personalidades locales o famosas, gozan de condiciones de recepción especiales, igual que los colaboradores importantes, y se les reserva una zona "presidencial" u "oficial". El acceso al recinto es distinto y hay que identificarse.

El seguimiento de los clientes y su satisfacción es el objetivo número uno de la función comercial. Por eso, hay que trabajar con auténticos profesionales. Como mínimo hay que contar con un jefe de salón y una azafata por cada 100 personas, varias entradas y un gran vestuario que permita organizar convenientemente las llegadas. Un marco agradable y una decoración original contribuyen a la plena satisfacción del momento. Es obligatorio un sentido afinado de los contactos y satisfacer todas las demandas. Los invitados reclaman un interés manifiesto, les encanta que los mimen. El broche de oro de un buen espectáculo y la victoria de su equipo harán que la prestación sea perfecta.

Sin embargo, la "dichosa incertidumbre del deporte" es una constante: como no se puede prever el resultado ni la calidad del espectáculo deportivo, tampoco se puede

eliminar la incertidumbre de la prestación que se le va a ofrecer. Así es, seis meses después, la persona invitada se acordará del ágape que se le ofreció pero no del partido.

Mantenimiento técnico

Al objeto de solucionar cualquier incidente técnico posible, ha de estar preparado un responsable logístico que coordine el trabajo de electricistas, fontaneros, manipuladores, conductores de vehículos, etc.

Dirección del espectáculo

El regidor coordina el espectáculo. Su único objetivo es satisfacer a los espectadores y su trabajo consiste en fomentar las sensaciones que experimenta el público. Su función es "dirigir" y preparar la gestión, es decir coordinar a todos los animadores (comentarista, dirección deportiva, DJ, actuaciones...) y los técnicos (iluminador, equipo de sonido y decorador) para evitar tiempos muertos el día D y crear un ambiente, una estética y una coordinación musical, en resumen, un "show". Para eso, aplicará minuciosamente el hilo conductor y propondrá nuevas actuaciones. A los espectáculos deportivos se unen también espectáculos con láser o pirotecnia, según los últimos adelantos tecnológicos.

El comentarista alterna información sobre el acto, sobre la prueba, sobre los participantes con los anuncios sonoros para los colaboradores. Él conoce perfectamente el deporte y los competidores, pero también el estado de ánimo de los seguidores incondicionales. Por eso se encarga de dinamizar el público y hacer que reaccione. Debe implicar a los espectadores acentuando la emoción que produce la incertidumbre del resultado, y las proezas y hazañas de los participantes. Daniel Mangeas, comentarista "histórico" del Tour de Francia, es un maestro en la materia. Después de treinta años, su conocimiento del mundo del ciclismo y de los colaboradores hacen de él "la voz del Tour"; el simple hecho de oírle hace que millones de espectadores visualicen la prueba. Sabe mantener el ambiente, el suspense y la intención del público aunque no ocurra nada, y eso es lo esencial de una etapa en llano. Es un auténtico *"crac"* para la empresa del Tour de Francia.

Dirección deportiva

Es responsable de la prueba, del espacio de práctica y de los competidores. Mantiene una estrecha relación con el coordinador general. Decide la anulación de la prueba si surgen contratiempos meteorológicos, o de seguridad con relación al árbitro. Casi siempre es un alto ejecutivo de la federación en cuestión[60]. Los directivos de la federación velan porque se apliquen las leyes del juego. Gozan de una recepción preferente y de todo el material necesario.

> *1. Durante la prueba, hay que llevar consigo un teléfono móvil, un dictáfono, un "walkie-talkie", una agenda de teléfonos del personal de confianza, el plano del sitio, los horarios de las competiciones, la lista de tareas, una cámara fotográfica y una navaja multiusos.*
>
> *2. Es importante tomar fotos de las instalaciones y de "todo". Serán de gran ayuda si el evento se vuelve a celebrar y constituirá una primera base documental.*

Si el evento dura varios días, el informe final con los responsables de los personas de confianza permitirá hacer el balance de la jornada con miras a perfeccionar el funcionamiento y resolver los principales problemas del día siguiente.

El final del acto viene marcado por un protocolo que hay que respetar. Incluye los podios, la entrega de las recompensas por los colaboradores o las personalidades locales, los discursos de agradecimiento a todos los participantes (colaboradores, organizadores, participantes, medios y personalidades). Tradicionalmente, el final del evento es

---

60. Existen puentes entre el organizador y la federación afectada por la prueba. Daniel Baal, sucesor designado de Jean-Marie Leblanc en la dirección deportiva del Tour de Francia, es el ex presidente de la FFC (Federación francesa de ciclismo).

festivo a pesar del cansancio acumulado. La necesidad de relajación se deja sentir[61]. Por eso, es bien recibida una copa para dar las gracias a todos los organizadores. Pero, ¡cuidado!, para los miembros de la organización el trabajo aún no ha terminado.

En resumen, se requiere rigor, adaptabilidad y capacidad para relacionarse. Toda esta fase no es sino la concreción de la fase preliminar. Si todo está bien encajado, requiere vigilancia y solo habrá que preocuparse de los imprevistos reales. Por tanto, las principales competencias que se requieren en la organización son facilidad de adaptación, capacidad y rapidez de reacción. La incertidumbre cero no existe, y para minimizar esto puede contemplarse una simulación específica con todos los organizadores para pulir la preparación, afrontar aquellos cambios que pueden producirse durante la actividad y comprobar la capacidad de adaptación de todos.

A pesar de la acumulación de cansancio y tensión, deben evitarse los cambios bruscos de humor y los nervios, perjudiciales para el correcto desarrollo. Se cuidará el compañerismo, el buen humor y la cooperación. Y dado que cada uno tiene una función y tareas especificas en la organización global, la gestión presentada sólo puede ser participativa y los principios básicos que deben respetadarse[62] son la cohesión, el rigor y la confianza. Todos tienen un objetivo común: el éxito del evento, es decir la satisfacción de los competidores, los espectadores, los telespectadores y los colaboradores.

Estudio de casos 4.1
Gestión de riesgos y adaptabilidad: el Trofeo Andros

Los eventos al aire libre *"outdoor"*, presentan siempre un riesgo importante: la climatología. A pesar de los seguros, casi siempre onerosos, la anulación o el aplazamiento son eventualidades en las que los organizadores no quieren pensar. En primer lugar, es caro, y, además, puede frenar a los colaboradores y los espectadores para las ediciones siguientes.

El Trofeo Andros, una carrera de automovilismo y motociclismo sobre hielo, se celebra desde hace diez años en las estaciones de deportes de invierno y conoce bien los riesgos meteorológicos. Los organizadores se han encontrado con situaciones que van desde la tormenta de nieve y fríos polares a un sol radiante y temperatura primaverales. ¡Así es el clima en la montaña! Por tanto, mantener una carrera en una pista de hielo exige una buena dosis de ingenio y un temperamento duro. A estos organizadores se les llama "temerarios".

En la edición de 2002 de la final del Trofeo Andros de Super-Besse, en Puy de Dôme, esta pequeña estación de Auvernia soportó récords de calor, con temperaturas de 18º C y un sol resplandeciente. ¡Suponía un peligro para la pista de hielo!

Los organizadores se reúnen en una lluvia de ideas en la que se consideran todas las situaciones para evitar lo inevitable como, por ejemplo, el nitrógeno líquido. Éste es un método que permite expedir un gas a -180º C , pero su coste es redhibitorio y es im-

---

61. El programa de eventos deportivos, si es atractivo y emocionante, es muy exigente: los eventos tienen lugar normalmente en fin de semana y el auge de la actividad en los últimos días obliga a los empleados a trabajar a veces más de quince horas seguidas sin descanso.

62. Hay que cuidar bien en especial las relaciones con los voluntarios. Estos regalan su tiempo, muchas veces los fines de semana y las tardes. Siempre hay que motivarles aunque les falte profesionalidad.

posible que un semirremolque pase por el hielo derretido. ¿Habrá que abastecerse en las montañas de alrededor? Lo que ocurre es que no siempre hay hielo a mano y, en todo caso, el trayecto para ir a buscarlo sería demasiado largo. Trasladar la carrera a la pista de patinaje de la ciudad podría ser una solución, pero ¿y los 20.000 espectadores? En fin, que surgen un montón de dudas. Al final, los responsables deciden partir el hielo del lago y poner los bloques en la pista.

Son mil toneladas de hielo para partir, para extraer y disponerlo en una pista de 6.000 m^2 cuyo trazado ha sido revisado por entero. Las placas se hacen a trozos, se unen y se llevan hasta la orilla con una lancha motora. Una excavadora rompe esas placas en varios bloques de 20 a 30 centímetros de espesor y las carga en un camión que las lleva y las esparce sobre el asfalto del circuito. Allí, hay personal que se encarga de volver a partir a mano los bloques de varios quilos, intentando tapar los agujeros. Luego, una oruga, que normalmente sirve para apisonar las pistas de esquí alpino, aplasta e iguala la superficie. El trabajo queda terminado cuando la fresadora alisa el manto de hielo. Con un poco de suerte, temperaturas nocturnas bajo cero y un poco de riego, los bloques se sueldan entre sí. Para finalizar, se preparan dos recorridos diferentes y se espacian los horarios de carreras para preservar el hielo al máximo...

En menos de un día, hay que buscar y poner a trabajar toda una serie de medios humanos y materiales imprevistos.

Cuadro 4.1
PLANNING DE EJECUCIÓN

Tarea	Medios humanos	Medios materiales	Día y hora de inicio de tarea	Día y hora de inicio de tarea
Partir el hielo	2 peones	2 sierras tronzadoras	Miércoles 8 h.	Jueves 12 h.
Transporte hasta la orilla	1 bombero	1 barca	miércoles 8 h.	jueves 12 h.
Carga	1 conductor ciudad de Besse	1 excavadora	miércoles 8 h.	jueves 14 h.
Transporte hasta el circuito	2 conductores empresa BTP	2 camiones con volquete	miércoles 8 h.	jueves 14 h.
Colocación de los bloques	3 agentes del servicio técnico	picos y palas	miércoles 14 h.	jueves 18 h.
Apisonado	1 conductor estación de Super-Besse	1 oruga	jueves 16 h.	jueves 22 h
Fresado	1 conductor estación de Super-Besse	1 fresadora	jueves 22 h.	viernes 2 h.
Riego	2 bomberos	2 mangas de incendio y 1 camión con cuba	viernes 1 h.	viernes 3 h.

PLANNING DE LAS CARRERAS DEL FIN DE SEMANA:

Viernes 1 de febrero de 2002

18:00 H – 19:15 H	Trofeo Andros: ensayos cronometrados 1 y 2
19:15 H – 19:30 H	PILOT BIKE
19:30 H – 19:55 H	PILOT BIKE
20:00 H – 20:05 H	SPRINT CAR: ensayos cronometrados 1 A
20:10 H – 21:20 H	Trofeo Andros: 1ª manga clasificatoria
21:25 H – 21:30 H	SPRINT CAR: ensayos cronometrados 1 B
21:35 H – 22:45 H	Trofeo Andros: 2ª manga clasificatoria 1
22:50 H – 22:55 H	SPRINT CAR: ensayos cronometrados 2 A
23:00 H – 23:10 H	Trofeo Andros: 1ª final Promoción 1
23:15 H – 23:25 H	Trofeo Andros: 1ª final Elite 1
23:30 H – 23:35 H	SPRINT CAR: ensayos cronometrados 2 B
23:40 H – 23:50 H	Trofeo Andros: 2ª final Promoción 1
23:55 H – 00:10 H	Trofeo Andros: 2ª final Elite 1

Sábado 2 de febrero de 2002

17:00 H – 18:00 H	Trofeo Andros: 1ª manga clasificatoria 2
18:05 H – 18:20 H	ICE GIRLS: Carrera 1
18:20 H – 19:00 H	Trofeo Andros: 2ª manga clasificatoria 2
19:05H – 20:05 H	Trofeo Andros: 2ª manga clasificatoria 2
20:10 H – 20:25 H	SPRINT CAR: Carrera 1
20:30 H – 21:00 H	PILOT BIKE
21:05 H – 21:20 H	ICE GIRLS: Carrera 2
21:25 H – 21:40 H	Trofeo Andros: 1ª final Promoción 2
21:45 H – 22:00 H	Trofeo Andros: 1ª final Elite
22:05 H – 22:20 H	SPRINT CAR: Carrera 2
22:25 H – 22:40 H	Trofeo Andros: 1ª final Promoción 2
22:45 H – 23:00 H	Trofeo Andros: 2ª final Elite

Al final, el hielo no se habrá mantenido mucho, dado que el tiempo no quiso ponerse de su parte. Pero estas operaciones habrán contribuido a que no se anulara la novena edición del Trofeo Andros de Super-Besse. Todos los medios de comunicación regionales reanudaron los trabajos, se llevó a cabo una intensa campaña de promoción que obtuvo un gran éxito y los organizadores recibieron felicitaciones por su esfuerzo y su valor. El espectáculo todavía estaba presente este año y los seguidores pudieron ver los bólidos deslizándose en persecución y tomando las curvas en un ambiente más que excitado.

Ante una situación de emergencia, la tenacidad, el optimismo y las ganas de superar el reto para satisfacer al público son los únicos remedios. Hay que resistir al pánico, transformarse en un "Mac Giver·, mantener la moral y... cruzar los dedos.

2. FASE POST EVENTO O DEL INFORME FINAL: LA LÓGICA DE LA CONTINUACIÓN DEL EVENTO

En cuanto termina el evento, ya empiezan las operaciones de desmontaje y limpieza. Éstas pueden durar varios días y velará por su buena marcha un directivo de la organización. Además, el cansancio y la tendencia a la desmotivación tienden a favorecer los incidentes. Esta fase final, que se descuida con demasiada frecuencia pero que es indispensable, es la del balance, en la que se enumeran los puntos positivos que hay que mantener y los que hay que mejorar o eliminar. Más que cerrar el evento, lo que hace es establecer las perspectivas de futuro y contribuye a perfeccionar el mismo. Una vez hecho el balance de cada función, se pasará a considerar la posible evolución de ciertas componentes del evento, o del concepto. Esta fase es esencial dentro de la lógica de innovación y continuación, pues permite mejorar el producto y adecuarlo a la evolución de las expectativas de los diferentes agentes. En ese momento, comienza ya el diseño de la edición siguiente.

Se empieza por enviar cartas de agradecimiento y felicitaciones a todos los miembros de la organización, a los participantes, a los patrocinadores, a las diversas instituciones y a la prensa.

Recuadro 4.1
MODELO DE CARTA DE AGRADECIMIENTO

DESS Gestión Internacional del Deporte
UFR Ciencias y Técnicas de las Actividades Físicas y Deportivas
Edif. 335
Universidad Orsay – París Sur XI
91405 ORSAY cedex

Orsay, 21 de marzo de 2002
A la atención del señor GUELLE
Establecimientos X
10, rue des Gravanches
91000 ORSAY

Estimado colaborador:

El pasado sábado, 18 de marzo, más de 3.000 espectadores se congregaron en el 2º Torneo Universitario Internacional de Judo de Orsay, que dio la victoria a los estudiantes ingleses de ... y constituyó un éxito notable para la comunidad universitaria de París XI.

Dicho fin de semana de festejos y competiciones no hubiera podido celebrarse sin el apoyo decisivo de tantos colaboradores técnicos y financieros, que comparten con nosotros el amor por el deporte y sus valores.

Todo el equipo del DESS Gestión Internacional del Deporte quiere agradecer a los establecimientos X el haberse asociado a este maravilloso espectáculo y espera renovar su colaboración.

Adjunto le envío cuatro ejemplares del programa oficial en el que figura su página de publicidad, así como el informe de repercusión en la prensa.

En la confianza de que esta colaboración le haya reportado toda la satisfacción que esperaba, le saluda muy atentamente,

Julien Falgoux

El balance de un evento se descompone en subbalances, en los cuales cada tema se considera vital si lo que se desea es reconducir la actividad.

Balance de la organización

A fin de realizar el balance y examinar las observaciones acerca del funcionamiento, se convoca una reunión con todos los organizadores. Cada comisión presentará su informe final en el que subrayará las cuestiones que le parezcan destacables. Es interesante analizar la situación de los elementos menos explícitos como, por ejemplo, la sonrisa de bienvenida, el dinamismo de los organizadores y el ritmo de la actividad. Dejando aparte los inevitables problemas técnicos que hay que prever, estas últimas impresiones serán las que quedarán en la memoria de los participantes una vez terminada la fiesta. El organizador se encarga de ofrecer un almuerzo o "una copa de amistad" pasado un tiempo del evento para intercambiar recuerdos en un ambiente distendido y amistoso, analizar las perspectivas futuras de los organizadores y terminar estableciendo relaciones de calidad. Es necesario archivar y crear informes con todas las autorizaciones, las facturas, los contratos, los correos y los datos perfectamente clasificados. Serán muy valiosos si el evento se renueva.

Balance financiero

Es el objetivo número uno de toda empresa mercantil. Es el momento de pasar cuentas y ver si los cálculos efectuados en el presupuesto preventivo son realistas y consistentes. El departamentos de contabilidad liquida las facturas comprobando los presupuestos con las comisiones implicadas y gestiona los impagados. Con algunos clientes, en ocasiones, hay que insistir varias veces.

Balance de público

Primero, se trata de evaluar cuantitativamente el éxito del evento por el número de espectadores. Luego, es necesario tener en cuenta el aspecto inmaterial: sus sentimientos hacia aquello que se le ha ofrecido, su participación en algunos actos, si se han divertido, se han enardecido o emocionado; en resumen, qué ambiente han vivido. El estudio de satisfacción se puede efectuar durante el acto, tomando como referencia el funcionamiento de todos los puntos, o haciendo suyas sencillamente las observaciones de los espectadores.

Balance deportivo

Igual que se hace con el público, puede entregarse un cuestionario de evaluación a los participantes. Los organizadores y los miembros de la comisión deportiva tienen que plantearse varias preguntas:
– ¿Ha sido el evento un éxito en cuanto al número de competidores? ¿Cómo han vivido el evento los participantes? ¿Qué ambiente había?

- ¿Han sido satisfactorios la calidad y el nivel del espectáculo?
- ¿Había bastantes comisarios o jueces?
- ¿Ha sido coherente el modo de clasificación? ¿Se considera que el arbitraje ha sido justo?

Balance comercial y continuidad de los contratos

Es preciso hacer un seguimiento de los clientes durante el evento, estar presente y responder a sus necesidades para alcanzar el grado de satisfacción máxima. Cuando el evento finaliza, ya es tiempo de pensar en la edición siguiente. Los responsables comerciales intentan evaluar la satisfacción de los colaboradores, llamándoles por teléfono o, invitándoles a una copa (hemos sido testigos). De ese modo, se puede hablar sobre sus sentimientos acerca de la prestación y de las mejoras que se pueden incorporar a la calidad de los servicios, sobre todo si se renueva su compromiso. Llegados a este punto, se pasa a la fase de negociación y venta. Además, se envían cartas de agradecimiento a los patrocinadores; pero también es posible hacer una cinta de vídeo del evento y un álbum de fotos que darán una idea del ambiente, de la clientela y facilitará que se establezcan colaboraciones para la edición siguiente.

El mercado del patrocinio tiende a profesionalizarse y los instrumentos de medición, también. Muchos efectúan estimaciones equiparándolos con spots publicitarios. No obstante, hay que estar seguro de haber llegado a las metas. Otros se conforman con la carpeta de prensa que detalla todas las repercusiones en la prensa. Sin embargo, los instrumentos de medición del patrocinio son cada vez más numerosos y eficaces.

Estos representan una verdadera ayuda a la hora de decidir y renegociar los contratos. Todo el mundo sabe que el colaborador cuyo nombre está relacionado con el evento goza de resultados mucho mejores que los que se consiguen con el "copatrocinio". Del mismo modo, el patrocinador que aparezca en fotos se memoriza mejor que si sólo lo mencionan.

Últimamente, hemos visto la aparición de herramientas especializadas como Carat Foot (Carat) o Sports Metrix (Havas Advertising). Pues sí, las empresas quieren saber si su estrategia funciona. La visibilidad y el impacto son las dos claves de la evaluación del patrocinio para aumentar la notoriedad que, esperamos se traduzca en un aumento de las ventas. Destacaremos que volver a la inversión resulta muchas veces barato para los patrocinadores que, además de la imagen, pueden beneficiarse de una visibilidad real.

Cuadro 4.2
HERRAMIENTAS DE MEDICIÓN DEL PATROCINIO DEPORTIVO

Encuestas de marketing en deporte: mide la repercusión en TV (cronometra la visibilidad de los patrocinadores en un evento y calcula su equivalente publicitario), también mide el impacto (preguntas a dos muestras de individuos, expuestos o no al evento, determinación de la notoriedad, espontánea y asistida y, en algunos casos, mide las intenciones de compra que de ello se derivan).

Cuadro 4.2 (continuación)
HERRAMIENTAS DE MEDICIÓN DEL PATROCINIO DEPORTIVO

API: primer barómetro del fútbol (1995), que analiza las repercusiones que tienen en los medios (prensa y TV) los patrocinadores y mide su notoriedad espontánea (Ej.: CEGETEL).
Acces Foot France: evalúa la mediatización de los equipos de fútbol y hace un sondeo de su imagen (agradable, técnica, con futuro).
Secodip Sponsoring: analiza y mide la visibilidad de los deportes, los atletas, los eventos y los patrocinadores que les son asociados.
Ej.: en tenis, Ericsson consiguió la visibilidad de la marca más eficaz en el ángulo de la cámara, en el momento de servirse los jugadores. Para BNP-PARISBAS (10 millones de euros de presupuesto/año en Roland-Garros), el porcentaje de reconocimiento del nuevo logo se midió en un 95% tras el torneo 2000. Dicho logo se colocó en el toldo del fondo de la pista, un soporte que garantiza el 52% de la visibilidad de los colaboradores. A PERRIER, la evaluación le permite orientar su estrategia de patrocinio. Dicha firma está dentro de las dos primeras marcas citadas alternando con BNP-PARISBAS, lo que justifica la continuidad de su compromiso en el tenis. Por el contrario, en el voley playa, PERRIER-VITTEL ha abandonado el patrocinio, que tenía un impacto demasiado bajo fuera de las zonas de clientela de los eventos y, por lo tanto, un gasto fuera del sitio del evento demasiado elevado.
Instituto Francés de Demoscopia: estudia la calidad y mide la notoriedad de los patrocinadores basada en muestras representativas de población. Objetivo = "rastrear" ("seguir la pista" o "pescar" a un patrocinador en cualquier parte del mundo).
SportLab: Fue el primer audímetro automático (audimat) del patrocinio deportivo en 1999 (Sportimat). Mediante varias mediciones típicas (seguimiento, atribución, cobertura del objetivo, etc.). se puede determinar el "capital de empatía" de una marca. De ello se deriva un capital deporte calculado a partir del interés que muestra el público expuesto respecto del que no lo está. El capital deporte, mezclado con la notoriedad asistida y espontánea, hace que la eficacia del patrocinio brille de manera espectacular.
CaratSport: Carat fútbol utiliza y combina varios índices. La medida cuantitativa de la visibilidad de los patrocinadores del fútbol más los conocimientos de los medios del público expuesto a la disciplina más un sondeo detallado para entender los rendimientos de las marcas asociadas más la evaluación de la imagen de los clubes.
Ej.: para ERICSSON (patrocinador de la camiseta de la OM) que invirtió 2,3 millones de euros por temporada, el equivalente publicitario de las repercusiones fue el triple de esa cantidad.
Havas Advertising Sports: Sports Metrix es un instrumento que utiliza la información electrónica, o 10.000 periódicos.
"*Le Monitoring*" es una revista de prensa electrónica que permite seleccionar los artículos de referencia, detectar tendencias o dar la alerta en caso de cambio en el entorno del deporte.
El análisis ofrece después una medición de la imagen del patrocinador y de sus acciones.

Fuente: PRETTI, R.: "Patrocinio: los instrumentos de medición se profesionalizan y se multiplican" "L'Évé-nementiel", octubre de 2000, n.º 92, pág. 47-50.

Balance de la comunicación y de la explotación del evento

Se elaborará una revista de prensa que recoja todos los artículos referentes a la actividad. Las organizaciones profesionales están abonadas a sociedades que efectúan la vigilancia de los diferentes soportes, lo que les permite confeccionar fácilmente la "carpeta de prensa". Lo mismo hacen con las emisiones de radio y televisión con el fin de evaluar toda la repercusión mediática del evento. El impacto se mide con la ayuda de los indicadores siguientes: tiempo, calidad de la presencia y audiencia. La carpeta de promoción abarca todos los soportes que pone la organización y se trata de valorar los cambios en el comportamiento de los objetivos que se ha marcado la comunicación. Es una prueba de éxito del evento. La evaluación del impacto sobre el público resalta el aspecto fundamental del evento, a saber su carácter social. Estos estudios se basan en encuestas que pretenden restituir el recuerdo del evento e incluyen dos aspectos: la notoriedad y la memorización.

Balance político

Por naturaleza, el evento va unido a un lugar. En la actualidad es raro que un evento se celebra sin la implicación de una asociación. Se hace un balance completo de todos los puntos anteriores y se cotejan los objetivos y envites iniciales con los seleccionados, que son objetivos de imagen, notoriedad, sociales... y, en segundo término, electorales.

Cuadro 4.3
EJEMPLO DE BALANCE

Balance	Origen del problema	Comisión afectada	Ejemplo de informe final	
			Problema	Solución para la próxima edición
Organizativo	"Walkie-talkies"	Logística	Demasiada gente en la frecuencia de organización	Preparar un canal para conductores de lanzadera
	"Walkie-talkies"	Logística	Muy mala audición	Poner cascos
	Sistema vallas	Logística	Retraso colocación de vallas	Procurar instalarlas el miércoles
	Paso	Administrativa	Faltaban pasos organización	Poner al menos 200
	Oficinas	Logística y comercial	Oficinas comerciales demasiado lejos de las otras	Poner la oficina comercial junto a la del crono
	Transporte	Administrativa	3 personas bloqueadas en la estación	Tener una lanzadera permanente con conductor para los organizadores
Financiero	Ingresos entradas	Administrativa	Desconocimiento de las ventas anticipadas	Hacer un seguimiento de ventas al día el 30º día
	Ingresos comerciales	Comercial	Pocas ventas a los comités de empresa	Preparar los VIP para comités de empresa
	Gastos logística	Logística	Demasiado material comprado a última hora	Confeccionar una lista completa del material necesario y programarlo en el presupuesto
De espectadores	Entradas	Administrativa y logística	Larga cola el sábado a 1ª hora de la tarde	Preparar 2 taquillas más el sábado a 1ª hora de la tarde
	Megafonía	Logística	Tribuna Este inaudible	4 pantallas más en la tribuna Este
	Circulación	Logística	Túnel sur peligroso para los peatones	Paso para el público por encima / señalética
	Restauración	Logística y comercial	Paso de cafetería zona Norte	Vender un espacio más detrás de la tribuna Norte

FASE OPERATIVA DE UN EVENTO DEPORTIVO 157

**Cuadro 4.3 (continuación)
EJEMPLO DE BALANCE**

			Ejemplo de informe final	
Deportivo	Clasificaciones	Deportiva	Clasificaciones demasiado largas	Reducir el n.º de competidores
	Informe final competidores	Deportiva y logística	Demasiado ruido sala	Poner megafonía y micro para el resumen final
	Informe de prensa	Deportiv	Problemas de localización	Añadir plano detallado del sitio en la carpeta del participante
Comercial	Ubicaciones	Comercial	Stand empresa S3 demasiado lejos de la villa	Poner la empresa S3 en la plaza central
	Limpieza	Logística	Salón VIP muy sucio el sábado por la tarde	Limpiar el sábado a las14h.
	Palco	Comercial	Palco 3 demasiado pequeño para Twelve	Firma Twelve en palco 12
	Azafata	Comercial	Mala acogida de ciertos invitados	No volver a contratar azafatas de Azafatas Plus
	Soportes	Comercial	Falta panel a la derecha de la tribuna Este	Poner el panel sobre el panel de madera a la derecha de la tribuna
De comunicación	Espectadores	Comunicación	Muy pocos extranjeros	Fomentar comunicación y relaciones públicas con los países limítrofes
	Colocación de pósters	Comunicación	Comunicación regional no lo bastante eficaz	Hacer campaña de carteles en las ciudades vecinas
	Conferencia de prensa	Comunicación y deportiva	Faltaba una animación durante la conferencia	Hacer una demostración con un participante para la conferencia
Político	Entrega de recompensa	Administrativa y deportiva	No se entregó dio compensación al ayuntamiento	Entrega de la Copa del vencedor por el alcalde

Estudio de casos 4.2
Comunicación post evento de la Federación Francesa de Judo (Juegos Olímpicos de Sydney)

La comunicación post evento es fundamental. En efecto, no basta con que una actividad tenga éxito, se trata de capitalizar este éxito enseguida; aunque es más fácil criticar la comunicación que llevarla a buen puerto. Así es, las federaciones están condicionadas por su entorno y el presupuesto para comunicación a veces es insuficiente para desmarcarse. Además, ciertos éxitos de los equipos de la selección de Francia son totalmente imprevisibles y la improvisación no es de recibo. Por eso, ¿cómo van a poder admitir a más afiliados si los clubes no pueden hacer frente a esa demanda imprevista, o ¿cómo van a seleccionar educadores competentes en pocas semanas? Muchas veces, la oferta no es demasiado abundante, así que es preferible no suscitar demasiada demanda para no tener que defraudarla. Otras, vemos federaciones hundidas ante un éxito y el sentimiento general es que "la federación no ha hecho nada, como de costumbre". Existen numerosos ejemplos en estos últimos años que ilustran este punto de vista, lo que demuestra lo brillantes que han sido los deportistas franceses, sobre todo en los deportes colectivos.

1) En 1995, Francia gana los campeonatos del mundo de balonmano. Es una victoria histórica, ya que es la primera vez que una selección nacional obtiene un título mundial en deportes colectivos. En 2001, repite en Bercy tras una competición disputada en Francia; esta victoria pone de relieve una competición muy controvertida porque los encuentros en un principio emitidos por cable, se programan *in extremis* en France Télévisions. ¿Quién es el responsable? ¿Las cadenas que no creyeron en el evento? ¿Los organizadores, bajo los auspicios de la FFB, que no supieron comercializarlo? ¿El servicio público que no cumplió con su deber? o ¿TF1 y M6 que no consideraron el evento lo bastante atractivo comercialmente hablando? Siempre, ha quedado un sabor amargo de esta victoria para todos aquellos que creyeron en el auge del balonmano. No se efectuó comunicación alguna acerca de este triunfo, no hubo carteles publicitarios, no hubo actos, ni intermediarios con la prensa. Los amantes de este deporte están resentidos con razón, porque ¿quién conoce hoy a los jugadores del equipo, a parte de Jackson Richardson, la única estrella francesa en este deporte? Si bien creemos que la culpa es de la oferta, tampoco hay que olvidar el papel que tiene la demanda.

Al contrario que en los países escandinavos, España y Alemania, donde los jugadores de balonmano son estrellas, en Francia este deporte se concibe sobre todo como una actividad educativa y escolar. La demanda de "espectáculo del balonmano" sencillamente no existe.

2) En 2000, Francia llega a la final de los Juegos Olímpicos de baloncesto. Durante las dos terceras partes del encuentro, la selección abanderada por Laurent Sciarra resiste frente a los jugadores estadounidenses de la NBA. Vencidos al final, esta derrota coloca a Francia en el segundo puesto mundial después de los intocables Estados Unidos[63], en cuanto a baloncesto. También en este caso, el evento tuvo poca mediatización

---

63. Más tarde, los norteamericanos cayeron de su pedestal. En 2002, fueron derrotados por Yugoslavia y Argentina en los campeonatos del mundo. Fue una eliminación sin honores. Diez años antes, la fama del "Dream Team" capitaneada por Michael Jordan y Magic Johnson dejaba pasmado al mundo entero al llevar a cabo un juego espectacular y tremendamente eficaz. Este equipo quedará para la leyenda.

y fue relegado a un segundo plano por la federación. Si bien cabe plantearse algunas preguntas sobre la organización del marketing y la comunicación de la FF de Baloncesto, no se puede ocultar la responsabilidad de la falta de demanda. El fenómeno "Dream Team" de 1992 había despertado el interés por el baloncesto entre los jóvenes, sin embargo, han sido los patios de los colegios, donde se expresa el baloncesto de calle, quienes han sacado partido de éste. La federación no ha podido captar a estos deportistas callejeros que prefieren jugar sin los límites que impone un centro organizado. Tal vez la FF de Baloncesto ha querido evitar un segundo revés reproduciendo los modelos de la gestión con el éxito de los JJ.OO: ¿es que no existe más demanda en el baloncesto institucional, o bien los clubes han llegado a su máximo?

3) Los ejemplos se multiplican en este sentido. Es difícil saber qué ha obtenido el rugby del título de subcampeón del mundo de 1999. Asimismo, la Federación Francesa de Fútbol tampoco ha experimentado un aumento significativo de los deportistas con licencia tras el título de campeón del mundo de la selección azul en 1998. En ambos casos, la mediatización excesiva de dichos deportes (sobre todo del fútbol) sesga un poco los resultados. La comunicación que se realiza en torno a estos deportes no la dirige ni mucho menos en exclusiva la federación, ya que los periodistas se encargan de asumir buena parte de ella (involuntariamente).

En 2000, el judo francés vivió uno de sus más brillantes triunfos en los Juegos Olímpicos de Sidney. Ansiosa por explotar esta victoria y consciente de la dificultad que entraña organizar una comunicación eficaz y coherente la FFJDA (Federación Francesa de Judo, Ju-jitsu y Disciplinas Afines) confió un estudio al DESS "Gestión internacional del deporte" de la Universidad París Sur-XI[64]. Dicho estudio iba dirigido a los presidentes de los clubes de judo: se envió un cuestionario a 60 presidentes, de los que 24 respondieron, es decir un índice de reacción muy satisfactorio del 40 por ciento.

1) En primer lugar, se comprobó su asiduidad con relación a la competición. No hubo sorpresas, destacamos que realmente fueron muy asiduos y para el 82,6 por ciento de ellos, la victoria de David Douillet fue el gran momento de aquellos Juegos.

2) Segundo, los presidentes consideran la política de la federación desde su experiencia en el club. El 71 por ciento ha dirigido una operación de comunicación para destacar los resultados del equipo de la selección francesa. Las acciones más masivas fueron la redacción de artículos de prensa (el 50%), debates (el 27%) y fotos (el 11%). El 46 por ciento de los presidentes preguntados constataron el aumento de inscripciones en su club durante los JJ.OO (del 15 al 30 de septiembre de 2000). Tras los Juegos (período del 1 al 15 de octubre), esta cifra pasó al 50 por ciento. En opinión de los presidentes, las imágenes que transmitían los campeones de judo eran por este orden, el ejemplo, la simpatía, el heroísmo y la accesibilidad. A los presidentes les gustaría utilizar los instrumentos de comunicación siguientes: conocer a un campeón, ver una competición interna-

---

64. Fuente: (¿De qué modo pueden los clubes explotar los éxitos de los judokas franceses en los Juegos Olímpicos de Sydney? Estudio realizado en el marco del DESS "Gestión internacional del deporte", dirigido por Michel Desbordes (director del DESS) y Michel Huet (director de comunicación de la FFJDA), 2001.

cional, conseguir fotos dedicadas, que le regalen un vídeo y tener una copia de una medalla olímpica. Según los resultados, el 73 por ciento de las personas interrogadas contemplan acciones futuras con el gran público.

El análisis de los resultados demuestra que, en su conjunto, los clubes han llevado a cabo acciones tendentes a alcanzar los resultados de los judokas franceses después de Sydney. Esta política se ha hecho con el impulso de la federación, que intentó evaluarla para extraer de ella enseñanzas para el futuro. Esta lógica honra a una federación que, con una cobertura televisiva baja (7h 37 en 2001, según CSA), intenta satisfacer a sus licenciados (más de 500.000 en 2002, 3ª federación francesa): un ejemplo significativo es "el despertar al judo" que permite inscribir a niños desde los 4 años.

3. COORDINACIÓN: PALABRA CLAVE DEL EVENTO (GESTIÓN PARTICIPATIVA)

Desde el punto de vista "interno", el funcionamiento empresarial del evento depende de la gestión participativa y cooperativa de los recursos humanos. Cada uno se sentirá implicado y capacitado para que su acción participe del éxito del conjunto. Dicho de otro modo, la participación efectiva de todos debe ser real para que se sientan identificados con el proyecto, con el evento, y hacer así posible la realización personal. Esta condición es esencial, vale para todos los integrantes de la organización y permite que cada uno ofrezca lo mejor de sí mismo.

Coordinar es delegar en las personas adecuadas. El objetivo de la coordinación es ordenar los cometidos y las tareas de los diferentes organizadores entre sí, para obtener un todo coherente. En el balance, está presente en cada fase de la organización y de la creación del comité de dirección, pero requiere que las diferentes partes estén relacionadas; cada directivo deberá poder comunicarse con todos los miembros del comité de dirección. La comunicación sobre los eventos se representa mediante un sistema con muchas interrelaciones entre comisiones y dentro de cada comisión; la comunicación deber ser lo más directa posible. Dichas relaciones son de capital importancia pues favorecen en todos los miembros un estado de ánimo y una cultura que contribuye a una mayor cohesión del grupo.

El coordinador general, responsable de la actividad, posee una visión de conjunto de la avanzadilla del proyecto, por eso su papel es fundamental para señalar los problemas y anticipar con el grupo las soluciones, con el fin de evitar a toda costa trabajar con prisas. El coordinador garantiza la cohesión y debe estar informado de todas las operaciones. Hay que dirigirse a él cuando haya alguna duda; él sabrá encontrar las soluciones, responder a las preguntas y orientar a sus interlocutores hacia otros miembros de la organización más aptos. Ante tal cantidad de tareas, a veces es difícil delimitar la frontera entre los cometidos reales de cada comisión. Además de algunas competencias tales como una gran facilidad de adaptación y una gran capacidad de reacción, también le corresponden a él las decisiones. Deberá tener cierto carisma, dar muestras de disponibilidad para evitar "dudas" y permitir que el proceso decisorio sea rápido. Él es el alma de la actividad.

Recuadro 4.2
EL COORDINADOR DEL EVENTO

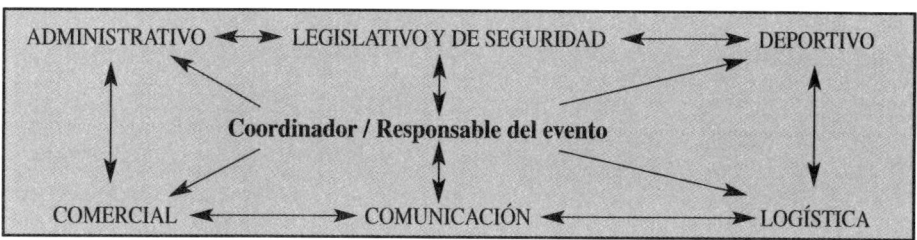

Cuadro 4.4
CUADRO GENERAL DE COORDINACIÓN ENTRE COMISIONES

(véase página doble siguiente)

Metodología

Una coordinación eficaz requiere:
- Un reparto de las tareas explícitas y una supervisión de cada responsable y del coordinador general. El reparto de las tareas y la supervisión del estado de las mismas se hace mediante fichas. La organización del evento se descompone en funciones principales, en subproyectos y, por último, en tareas que hay que realizar.

Cuadro 4.5
EJEMPLO DE FICHA DE COORDINACIÓN SEGÚN CLAUDE MICHY[65]

Por realizar	Reparto de las tareas							Observaciones
	Responsable administrativo	Responsable logístico	Responsable comercial	Responsable comunicación	Responsable deportivo	Secretaría	Dirección	
1 Factura empresa X por espacio ciudad	X		X					No corresponde al presupuesto
2 Organizar reunión deportivo					X	X		Llamar para fijar fecha
3 Buscar un iluminador		X						Llamar a Sra. X
4 ...								

---

65. Claude Michy es un especialista en la organización de eventos deportivos, especialmente en el ámbito de los deportes mecánicos. Es promotor del Grand Prix de Francia de Moto en Le Mans, coproductor del Motorshow y del Trofeo Andros en el Estadio de Francia, además últimamente se ocupa del marketing de las 24 horas de Le Mans de Automovilismo y Motociclismo...

Cuadro 4.4
CUADRO GENERAL DE COORDINACIÓN ENTRE COMISIONES

Comisiones "efectoras" / Comisiones "receptoras"	Administrativa y contable	Legislativa y de seguridad	De Comunicación	Comercial	Logística	Deportiva
Administrativa y contable		Supervisión legislativa de los contratos de trabajo, de las nóminas, etc. Pleitos con los empleados	Verificación de las facturas aprobadas con los proveedores de los medios para contabilidad	Verificación de las facturas por cobrar de los colaboradores	Mantenimiento técnico del material y el mobiliario de oficina: fotocopiadoras... Verificación de las facturas de los proveedores (aprobación de los presupuestos fijados)	Verifica facturas de los gastos relativos a la prueba y a los participantes
Legislativa y de seguridad	Secretaría: línea telefónica, correo... Contabilidad: ingresos y gastos Contabilidad analítica por cada partida		Comunicación sobre los dispositivos de seguridad montados para el correcto desarrollo del evento: bloqueo eje rojo, respetar horarios...	Ofrece contactos e información sobre los colaboradores que instalan estructuras que pueden ser controladas y aprobadas en comisión de seguridad	Montaje de infraestructuras reglamentarias y homologadas sobre el conjunto del sitio	Aporta los elementos para la aprobación del espacio de práctica y de seguridad de los participantes
De comunicación	Secretaría: línea telefónica, correo... Contabilidad: ingresos y gastos Contabilidad analítica por partida	Supervisión legislativa de los contratos de colaboración Pleitos con los medios		Entrega de los espacios publicitarios, logos...de los colaboradores para integrarlos en el plan de comunicación. Verificación de la aprobación de dichos espacios según el contrato de colaboración: dimensiones, carta gráfica...	Colocación de los paneles publicitarios del evento Instalación de la sala de prensa y de los medios de telecomunicación	Aporta elementos sobre la competición y los competidores: es el elemento central de la comunicación

Cuadro 4.4 (continuación)
CUADRO GENERAL DE COORDINACIÓN ENTRE COMISIONES

Comercial	Secretaría: línea telefónica, correo... Contabilidad: ingresos y gastos Contabilidad analítica por partida	Supervisión legislativa de los contratos de colaboración Supervisión legislativa de los contratos de disponibilidad de palcos Supervisión legislativa de los contratos de venta Pleitos con los colaboradores	Proporciona plan de comunicación del evento y determina con la comisión comercial qué espacios están destinados a los colaboradores en los diferentes soportes	Colocación de los paneles publicitarios vendidos a los colaboradores Instalación de los stands comerciales Instalación de las cafeterías Instalación de los pabellones de bienvenida VIP	Aporta elementos sobre la competición y los competidores para la argumentación en la negociación de colaboraciones Da su aprobación para la visita a los "campeones", a los pádoc... Ofrece ubicaciones posibles sobre el espacio de práctica o sobre los participantes para la venta de espacios publicitarios
Logística	Secretaría: central telefónica, correo... Contabilidad: ingresos y gastos Contabilidad analítica por partida	Supervisión legislativa de los contratos de prestación Supervisión legislativa de las compras Pleitos con los proveedores	Directrices para la colocación de paneles publicitarios Comunicación sobre las instalaciones realizadas para la recepción y la comodidad del publico: tribunas...	Determina con logística a los emplazamientos de las estructuras VIP, stands... Da las directrices para instalaciones conforme a las demandas de colaboradores y clientes.	Directrices relativas a la colocación del espacio de práctica, de los elementos de protección, de las delimitaciones al público... Proporciona soportes vendidos a los colaboradores para ser puestos en los participantes
Deportiva	Secretaría: línea telefónica, correo... Contabilidad: ingresos y gastos Contabilidad analítica por partida	Supervisión legislativa de las inscripciones Pleitos con los participantes	Comunicación sobre la prueba, los participantes, las apuestas...	Colocación del espacio de práctica	Montaje de las instalaciones destinadas a los participantes: vestuarios, duchas...

El reparto de las tareas es primordial. Hay que intentar ser equitativos para evitar que el proceso resulte pesado por culpa de una cantidad demasiado grande de tareas y, alcanzar la eficacia óptima en los cometidos del comité de dirección.

- Que cada comisión respete un registro de finalización de tareas estricto a medida que vayan avanzando las diligencias y los trabajos. Todas las operaciones estarán claramente definidas y planificadas en las especificaciones de requisitos y supervisadas en un cuadro de instrumentos . Este cuadro o informe incluye la finalización de las tareas, la carga de trabajo por comité o por participante, los gastos por partida presupuestaria y una evaluación de los riesgos en cada etapa y un estado del avance general del proyecto.
- La difusión a cada miembro del comité de dirección del organigrama total de la organización con los datos de las entidades y de los directores y subdirectores (números de teléfono, fax, direcciones y correos electrónicos).
- La confirmación de cada petición por correo o nota de servicio: las pruebas escritas son muestra de seriedad, favorecen la memorización, remarcan el descargo de las responsabilidades sobre el comprador y constituyen una prueba en caso de litigio o de incumplimiento de una tarea.
- La celebración de reuniones periódicas de información, de concertación, de regulación y de compañerismo. Las reuniones con los directivos, colectivas o individuales, permiten supervisar el avance de los trabajos y proceder a posibles regulaciones. Esta preocupación por el control permanente realizado que realiza el comité de dirección es indispensable para la buena marcha del proyecto. Hay que elegir un día y una hora que vayan bien a todos y se concierta la cita por teléfono. Estas modalidades pueden establecerse al final de cada reunión para ganar tiempo en la preparación de la siguiente. A esto le sigue un correo de confirmación en el que se detallan los objetivos de dicha reunión. Las reuniones responden a una doble exigencia técnica y de relaciones. En lo técnico, surgen los problemas y las dudas de cada uno y se trata de encontrar soluciones. Se desarrollará en el lugar del evento para poder dar respuestas directas. En cuanto a las relaciones, éstas permiten que los organizadores puedan conocer a las personalidades y, a los diferentes participantes, y que establezcan o confirmen relaciones antes de la fase de desarrollo. El organizador desempeñará el papel de moderador, todos se sentirán implicados y tendrán la posibilidad de expresarse. Es una "reunión-debate" en la que todos los participantes contribuyen a la tarea común: el éxito del evento. Es vital efectuar resúmenes parciales para ratificar los cometidos. Tras la reunión, da muy buenos resultados salir a tomar una copa para distender el ambiente, conocerse mejor, crear vínculos y mantener la conversación y la camaradería en el grupo. Finalmente, el organizador pasa a los participantes un acta de la reunión, con los trabajos que deben efectuarse y las tareas correspondientes del comité de dirección.

FASE OPERATIVA DE UN EVENTO DEPORTIVO 165

Esquema 4.1. Ejemplo de organigrama para ser publicado

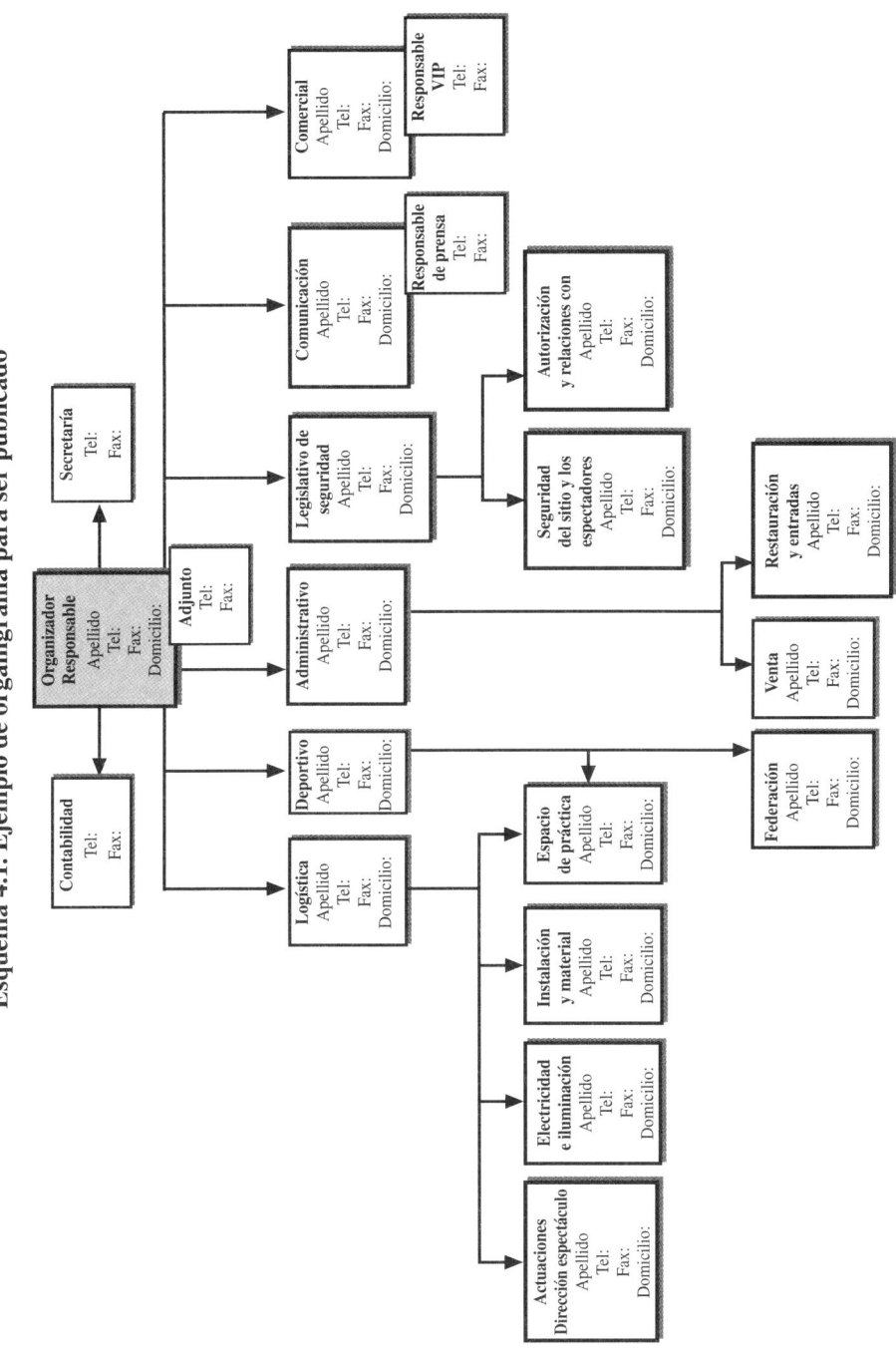

Resumen: Competencias del director de eventos deportivos

Será un especialista pluridisciplinar que debe:
- **poseer un espíritu deportista:** conoce las modalidades de práctica, el estado de ánimo, los competidores, y el marco técnico;
- **dominar la informática:** no tendrá secretos para él la realización de tablas, la autoedición, la fotografía digital, los software para arquitectos para hacer los planos, la búsqueda por Internet y el envío de correos electrónicos;
- **dominar varios idiomas** y nociones interculturales: las situaciones interculturales son constantes en un evento de alcance internacional, en las colaboraciones con proveedores extranjeros, las negociaciones de contratos, etc.;
- **dominar la contabilidad** y sobre todo la contabilidad analítica que permite determinar los costes y hacer presupuestos;
- **ser un jurista curtido** que conoce a la perfección las leyes y las obligaciones que competen al organizador;
- **saber leer y redactar un contrato,** un convenio y tener los conocimientos reglamentarios correspondientes;
- **ser experto en argumentación,** negociación y venta, para obtener los precios más bajos de los proveedores y vender todos los productos propuestos;
- **conocer y dominar las relaciones públicas,** el funcionamiento de un espacio VIP, o el protocolo;
- **tener conocimientos de "obra",** del terreno, de normas de seguridad, de electricidad, de obras públicas, etc.

Será también una persona con múltiples cualidades intelectuales y humanas.

Como por ejemplo:
- cierta **facilidad** para las relaciones humanas;
- una **organización** personal estricta. Tiene que pensar en todo, por orden de importancia;
- una gran **resistencia al estrés** y una tenacidad a prueba de todo;
- la **pasión** por el oficio;
- una enorme capacidad para **delegar** y para **coordinar** el trabajo; organizar plannings de acción y saberse rodear;
- el *feeling;*
- la **voluntad** de no contar las horas ni los fines de semana porque los actos deportivos no se limitan ni mucho menos a un horario de lunes a viernes de 9 a 18 horas.

La programación de eventos deportivos es un trabajo apasionante, dada la diversidad de las competencias que requiere, la multitud de experiencias y de encuentros que genera, el interés de los espectáculos organizados y el entusiasmo colectivo que producen. Los eventos deportivos están viviendo un éxito cada vez mayor. Esta noción se nos antoja muy de nuestros días, pero no lo es en absoluto. En todos los tiempos, los hombres han mostrado interés por reunirse para vivir momentos especiales y emociones intensas. Ya los romanos organizaban los juegos del circo para decenas de miles de personas. Reflejo del dinamismo de quienes toman parte en ellos, los eventos están hoy día "de moda". Sin embargo, su organización es especial y delicada.

La profesión de "organizador-gestor" de eventos deportivos exige, pues, todas las competencias del "perfecto gerente". Dichas competencias son muchas y todas parecen importantes en este ámbito en el que todo tiene que estar perfectamente coordinado para el buen desarrollo de la actividad. En resumen, las principales competencias son "delegar y coordinar". A partir de ese momento, el factor humano se hace esencial, tanto dentro como fuera, si se aspira al éxito del evento. Pero, ante la complejidad de la función y para ser verdaderamente competente, es indispensable la experiencia. Máxime cuando cada evento es único y genera una organización concreta.

Para concluir, la programación de eventos oculta una paradoja en su funcionamiento y para quienes participan en ellos. El éxito de un evento requiere una gran seriedad en la preparación y en la realización, pero la fiesta está dentro de un orden, que solo tiene sentido en la medida en que le permite llegar a su fin. Así es, la fiesta deportiva en tanto que congregación social debe ser planificada, calculada... El evento es una "actividad organizada por un grupo de individuos en honor de un grupo más importante". Pero ninguno de los dos tipos de personas disfrutará del evento de la misma manera, ni al mismo tiempo. Para un grupo, se tratará de dejarse llevar, de comunicarse y de divertirse con un espectáculo. El evento es un conjunto multifuncional y variado, compuesto por numerosas actuaciones que hacen que seamos a la vez actores y espectadores. Para el otro, se tratará de que todo salga lo mejor posible. Estos últimos verán aumentada su satisfacción una vez que el evento haya terminado.

La "cara interna" de un evento no tiene nada que ver con su apariencia. A los gritos de júbilo y a la camaradería, se opone el estrés que produce aparición de un problema y la necesidad personal y colectiva de triunfo. Pero, es un sentimiento único el organizar un momento de felicidad para los demás y presentir, en el momento en que tiene lugar, que nos dejará alegrías imborrables.

Conclusión

Al final de esta obra llegamos a una conclusión: el diseño, la organización y la gestión de un evento deportivo son elementos relativamente complejos. Es decir, estos cometidos requieren colaboración pero también yuxtaposición (una acción simultánea y otras "de choque", a veces) entre dos funciones vitales de la organización (marketing, recurso humanos, función jurídica y administrativa). Muchas veces, la mayoría de las tareas se realizan con urgencia, y la logística debe ofrecer la máxima adaptabilidad; en caso contrario, el éxito de la actividad queda gravemente amenazado.

Por tanto, la gestión de un evento deportivo es específica y merece una reflexión especial. Este libro pone de manifiesto fundamentalmente que la complejidad inherente a los eventos deportivos es universal: desde el torneo de judo estudiantil hasta los Juegos Olímpicos, pasando por el Campeonato de Francia de fútbol, todas las organizaciones de eventos tienen las mismas dificultades y los mismos requisitos, con riesgos financieros a diferentes escalas evidentemente. Pero el estrés del organizador, su alegría tras una competición triunfal, tanto en lo relativo a la organización como en lo deportivo, y su malestar cuando el mal tiempo estropea la fiesta, todos estos sentimientos son idénticos independientemente de la importancia que tenga el evento. Por eso el sector de la comunicación de eventos deportivos necesita de personas competentes, entusiastas, capaces de adaptarse rápidamente a todas las situaciones (sobre todo en situación de crisis) y que conozcan perfectamente el mundo deportivo y sus sutilezas.

Ése ha sido el objetivo de esta obra: ofrecer un marco de reflexión práctico y teórico que dé soluciones a los diseñadores de eventos, pero también a los responsables de las operaciones que se encargan de los asuntos cotidianos. Esperamos que haya respondido a los interrogantes del lector y contribuido a implantar la emulación profesional y académica en torno al ámbito de la organización de eventos deportivos, que es capaz de generar emociones de intensidad inigualable, en mayor medida que ninguna otra.

Anexos

ANEXO 1. OBLIGACIONES ADMINISTRATIVAS A CARGO DEL ORGANIZADOR DE COMPETICIONES O DE ACTIVIDADES DEPORTIVAS

FECHAS A RECORDAR	OBLIGACIONES
Durante el último trimestre anterior al año de celebración de la actividad	Es aconsejable enviar a la (s) asociación (es) implicada (s), la solicitud de subvención.
Entre temporadas	Inscripción de la actividad deportiva en el calendario de la federación (ver los reglamentos de la federación deportiva en cuestión).
Al menos ocho meses antes	Solicitud de homologación dirigida a la autoridad competente por el propietario del recinto destinado a albergar actividades deportivas abiertas al público *(L. n.º 84-610, 16 de julio de 1984 modif. Art. 42-1)*. El permiso de apertura al público no entra en vigor hasta la expiración del plazo de quince días posterior a la homologación por la autoridad competente.
Al menos cuatro meses antes	Solicitud de homologación, dirigida a la autoridad competente del departamento (concedida por éste o por el ministro del Interior), del circuito cerrado que deja total o parcialmente vías abiertas a la circulación pública, para una competición de velocidad de vehículos a motor *(Disp. 1 dic. 1959 mod. que aborda la reglamentación general de las pruebas y competiciones deportivas en la vía pública, art. 17 y sig.: Boletín Of., 8 dic.)*, Es aconsejable consultar: – los servicios competentes del Estado (gendarmería, policía, DDE, DDJS, DDAF, DIREN, protección civil, bomberos y socorro) – y las asociaciones locales implicadas con miras a la organización de una actividad deportiva en la vía pública.

FECHAS A RECORDAR	OBLIGACIONES
Al menos tres meses antes	Solicitud de autorización de la federación delegataria para organizar una actividad deportiva abierta a sus licenciados y que dé derecho a un descuento en los precios con un valor total superior a 1.529, 49 euros *(L. N.º 84-610, 16 de julio de 1984 mod.,art. 18 + Disp.15 de mayo de 1986: Boletín Of., 10 de junio).*
	Solicitud de derogación, dirigida al alcalde, para la prohibición de apertura de un despacho de bebidas en las instalaciones deportivas *(D. 2001-1070, 12 de nov. de 2001, art. 1, al. 2: Boletín Of., 17 nov.).*
	Solicitud de autorización, dirigida al ministro del Interior o a la autoridad competente del departamento, para organizar una prueba en la vía pública (o abierta a la circulación pública) o una actividad que conlleve la participación de vehículos a motor de primera categoría en un espacio cerrado a la circulación de público *(D. 55-1366, 18 de oct. de 1955, que aborda la reglamentación general de las pruebas y competiciones deportivas en la vía pública, Art. 1:Boletín Of., 19 de oct.).*
	Solicitud de homologación, dirigida a la autoridad competente, del terreno cerrado a la circulación del público que alberga una actividad que conlleva la participación de vehículos a motor de segunda categoría o una actividad
	De carácter permanente de tercera categoría *(Disp. 17 de feb. de 1961, que aborda la reglamentación de las pruebas y actividades organizadas en espacios cerrados a la circulación, art. 5 y 27. Boletín Of., 22 feb.).*
	Solicitud de autorización, dirigida a la autoridad del departamento para organizar un sorteo de objetos muebles *(L. 21 de mayo de 1836 mod. art. 5* D. 87-430, de 19 de junio de 1987.- Boletín Of., 21 de junio).*
	Establecer contacto con los servicios de socorro "institucionales" (bomberos, asociaciones de socorrismo o de protección civil) y las fuerzas de la policía o la gendarmería.
Al menos dos meses antes	Solicitud de autorización dirigida a la autoridad competente del departamento, para organizar una competición de velocidad de vehículos a motor en circuito cerrado *(Disp. 1 dic. 1959, que aborda la reglamentación general de las pruebas de competiciones deportivas en la vía pública, art. 28: Boletín Of., 8 dic.).* .../...
Al menos cuarenta y cinco días antes	Solicitud de autorización dirigida a la autoridad competente, para organizar una exhibición aérea. El plazo se reduce a treinta días, o a veinte, en algunas actividades *(Disp. 4 de abril de 1996, relativa a las exhibiciones aéreas, art. 12. Boletín Of., 28 de abril).*

FECHAS A RECORDAR	OBLIGACIONES
Al menos un mes antes	Declaración ante la autoridad administrativa de la actividad pública que no depende de una federación autorizada *(L. n.º 84-610, 16 de julio de 1984 mod. por la de 23 de marzo de 1999, art. 49-1-A).*
	Declaración a la autoridad competente del departamento de la actividad deportiva organizada en la vía pública, bien que implique una clasificación no establecida según la velocidad o el tiempo, bien que conlleve la concentración de más de veinte vehículos en la vía pública. *D. 55-1366, 18 oct. 1955, art. 8: Boletín Of., 19 oct.)*
	Declaración al alcalde (prefecto de policía de París) de la actividad con ánimo de lucro, cuyo número de participantes superará las 1.500 personas. La declaración se hace un año a lo sumo y, salvo urgencia justificada, un mes antes de la fecha de la actividad *(D. 97-646, 31 mayo 1997, art. 1, B. Of., 1 junio).*
	Solicitud de autorización dirigida a la autoridad competente, para organizar una actividad que implica la participación de vehículos a motor de segunda categoría en un espacio cerrado a la circulación pública *(Disp. 17 feb. 1961, que aborda la reglamentación de las pruebas y actividades organizadas en los espacios cerrados a la circulación, art. 15: Boletín Of., 22 feb.).*
	Solicitud de las diferentes autorizaciones municipales requeridas relativas a las condiciones de organización de la actividad (megafonía, pósters...).
Al menos veinte días antes	Solicitud de autorización a la autoridad del departamento, para organizar un espectáculo público de boxeo *(D. 62-1321, 7 nov. 1962, que regula la organización de actividades públicas de boxeo, art. 1 y 4: B. Of. 11 nov.).*
Al menos quince días antes	Declaración a la autoridad competente de la actividad de motoball que se celebra en un espacio cerrado a la circulación *(Disp. 17 feb. 1961 mod., que aborda la reglamentación de las pruebas y actividades organizadas en los espacios no abiertos a la circulación, art. 27 bis: Boletín Of., 22 feb.).*
	Declaración al departamento de asuntos marítimos de la actividad náutica en el mar. El plazo es de al menos dos meses antes si la actividad requiere una derogación de los reglamentos en vigor o medidas policiales especiales *(Disp. 3 mayo 1995, relativa a las actividades náuticas en el mar, art. 6. Boletín Of., 13 mayo).*
	Solicitud de derogación dirigida al alcalde, para una actividad extraordinaria, con prohibición de apertura de despacho de bebidas en las instalaciones deportivas *(D. 2001-1070, 12 nov. 2001, art. 1 al. 3, Boletín Of., 17 nov.).*
	Declaración a la SACEM (delegación regional) de la actividad en la que intervendrá la música.

FECHAS A RECORDAR	OBLIGACIONES
Al menos una semana antes	Presentación de un ejemplar firmado de la póliza de seguros al menos seis días cabales antes de la prueba *(Disp. 1 dic. 1959, art. 2: B.Of., 8 dic.)*, (a falta de su comunicación en la solicitud de autorización) a la autoridad que haya autorizado la actividad que se celebra en la vía pública. Declaración al ayuntamiento de la actividad que implica congregación de personas en la vía pública en el plazo de tres días mínimo y quince máximo antes del día de la actividad *(D.-L. 23 oct. 1935, art. 1 y 2: B. O., 24 oct.)*. Declaración de apertura del despacho de bebidas en la oficina de recaudación de aduanas y de los derechos indirectos así como pago del derecho de licencia y del impuesto especial *(CGI, art. 502)*. Declaración nominativa previa a la contratación de los empleados generalmente en URSSAF, a más tardar en los ocho días anteriores al contrato *(Legislación sobre el trabajo, art. L. 320 y R. 320 y sig.)*. Firma y envío del contrato general de representación entregado por la SACEM. *Ley de Propiedad Intelectual, art. L. 132-18)*. .../...
Al menos cuarenta y ocho horas antes	Envío a la administración de la copia de la póliza de seguros que incluye la cobertura de los riesgos inherentes a la ayuda prestada por las fuerzas de la policía *(Circ. 30 mayo 1997, anexo III, art. 6.- B.O. Int., n.º 97/2)*.
Al menos veinticuatro horas antes	Declaración previa de la reunión deportiva ante la oficina de recaudación local de aduanas y de los derechos indirectos *CGI, art. 1565)*.
En los diez días siguientes	Envío a la SACEM del estado de gastos e ingresos y del programa de las obras publicadas *(L. de Prop. Int., art. L. 132-21)*.
En los dos meses siguientes	Pago de las cotizaciones a la seguridad social, el día 15 o 25 de cada mes como máximo, del pago de las remuneraciones el 5 o el 15 del mes siguiente, según la fecha de pago de las mencionadas remuneraciones y el efectivo del organizador (de 10 a 49 empleados o más de 50 empleados). Es conveniente ponerse en contacto con la URSSAF para determinar las modalidades de cálculo del personal y fijar la fecha límite de reclamación. Declaración de los ingresos imponibles al impuesto de espectáculos y desembolso del mismo en el mes siguiente. Pago de los derechos de autor y similares a la SACEM en el plazo límite de un mes a contar desde la recepción de la factura. Declaración especial y desembolso de las retenciones en la fuente sobre la remuneración pagada a los deportistas no residentes, en la oficina de recaudación de impuestos, a más tardar el 15 del mes siguiente el pago de la remuneración *(CGI, art. 1671 A)*. Reembolso al Estado de los gastos originados por la participación de las fuerzas de policía en el servicio de orden en un plazo

ANEXOS 175

FECHAS A RECORDAR	OBLIGACIONES
	de treinta días a contar desde la recepción de la solicitud de pago (D. 97-199, 5 marzo 1997, art. 5: Boletín Of., 7 marzo).
	Declaración del IVA correspondiente a las asociaciones (instr. 16 oct. 1991.- BOI 3 E-5-91):
	– sobre el volumen de neg. 3 mensual (o trimestral) como máximo el 24 del mes (o del trimestre) siguiente, para los organismos que efectúan operaciones imponibles de forma permanente y no gozan de franquicia ni de exoneración;
	– sobre el volumen de neg. 3 ocasional, en los treinta días siguientes a la realización de la operación, para los organismos que efectúan operaciones imponibles de forma ocasional y no gozan de franquicia ni de exoneración.
En el trimestre siguiente	Declaración especial y pago de las retenciones en la fuente sobre las remuneraciones pagadas a los deportistas residentes, en la oficina de recaudación general de París, como máximo el día 15 del trimestre civil posterior al del pago de las remuneraciones *(CGI, art. 1671 8)*.
	Pago de cotizaciones a la Seguridad social, como máximo el 15 del primer mes del trimestre civil posterior al del pago de los sueldos, para el empleador con nueve empleados como máximo *(CSS, art. R. 243-6 y sig.)*.
El año siguiente	Declaración del IVA (asociaciones): Volumen neg. 12 anual (referente a todas las operaciones realizadas) como máximo el 24 de enero del año siguiente para los organismos que realizan operaciones imponibles (de forma permanente o puntual) y gozan de franquicia en impuestos o en la base, o de exoneración.
	Depositar el informe financiero ante la autoridad administrativa que otorgara una subvención con un importe superior a 23.000 euros, para la actividad, en los seis meses posteriores al final del ejercicio.

ANEXO 2. ESTUDIO DE CASOS: LA CARPETA QUE SE ENVÍA A LOS PATROCINADORES POTENCIALES DEL TUIJO 2003

Potenciales del Tuijo 2003

TÍTULO DEL PROYECTO: ORGANIZACIÓN DE LA 4ª EDICIÓN DEL TORNEO UNIVERSITARIO INTERNACIONAL DE JUDO DE ORSAY
(TUIJO)

AUTORES DEL PROYECTO: Estudiantes del DESS

ESTUDIOS: DESS Gestión Internacional del Deporte, Eventos, y Actividades de Ocio y Deportivas de la Universidad París-Sur Orsay

TIPOS DE AYUDA SOLICITADA: Financiera y/o material

FECHA DE ENTREGA DE LA CARPETA:

ÍNDICE
Presentación 18
Histórico del evento "tuijo" 20
Quiénes somos 23
El judo y sus valores 24
La edición tuijo 2003 26
Balance financiero preventivo 28
Motivos para asociarse al tuijo 30
Nuestra oferta 31
Contactos 33

Presentación

Fecha:
Sábado, 8 de febrero y domingo 9 de febrero de 2003
Lugar:
    Complejo deportivo de la universidad París-Sur Orsay / edificio 225
Organizadores:
    DESS Gestión internacional del deporte, eventos y actividades de ocio deportivo: Universidad de Orsay

El diploma de estudios superiores especializados es una formación de tercer ciclo de tipo profesional y tiene como objetivo preparar a los alumnos para las tareas de organización del deporte internacional.

Este año, son 21 estudiantes los que se han sumado a vivir la 4ª edición del Torneo Universitario Internacional de Judo de Orsay (TUIJO). Los objetivos de este evento son integrar al máximo el tejido asociativo local y fomentar la internacionalización del torneo para enriquecer los intercambios entre naciones y así favorecer los estudios en el extranjero para quienes lo deseen.

La ASESCO, asociación deportiva de estudiantes de ciencias del campus de Orsay

Programa del torneo:
– Bienvenida a los equipos (viernes y sábado)
– Ceremonia de inauguración
– Competición
– Ceremonia protocolaria
– Noche de gala
– Marcha de los equipos (domingo)

Histórico del evento "tuijo"

Desde hace cuatro años, el **DESS "Gestión internacional del Deporte"**, de la Universidad París-Sur Orsay, ofrece una formación para la gestión de organizaciones de eventos deportivos de alcance internacional.

Un espectáculo a imagen de los mayores eventos del mundo para universitarios de 15 países

Para que este diploma satisfaga al máximo las exigencias profesionales, los estudiantes del DESS, en asociación con la ASESCO, decidieron aceptar el reto de instituir el primer **Torneo Universitario de Judo de Orsay**, el TUIJO, en octubre de 1999.

Evolución de los países participantes

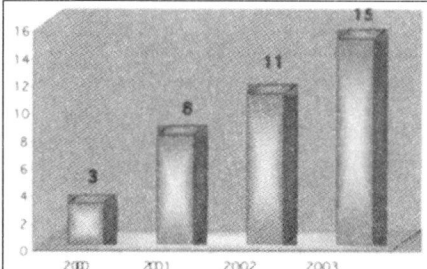

Esta iniciativa, **única en Europa** en esta disciplina deportiva, cuenta con más de **300 participantes** y se ha convertido ya en un evento deportivo universitario de referencia.

Asimismo, en su cuarta edición consecutiva, el énfasis se pone en el impacto internacional por la presencia cada vez más numerosa de equipos.

Pero, en un contexto internacional especialmente enrarecido, el TUIJO debe favorecer **el intercambio** entre **países** para compartir valores importantes como **la amistad**, **la equidad**, y **la ética deportiva** (juego limpio). Así, 2003 es un punto de encuentro y una ocasión para implicar y afianzar el tejido social local mediante tantos colaboradores.

DESS Gestión internacional del deporte, los eventos y las actividades de ocio deportivo	**Sectores representados**
Formación profesional que prepara para organizar: – deporte internacional (competiciones importantes, raids) – deporte en el extranjero (ministerios, comercialización de servicios deportivos...) – ocio deportivo en el extranjero (ciudades de vacaciones, viajes de aventuras...)	– Ministerio de Juventud y Deporte – Asociaciones territoriales – Federaciones deportivas nacionales e internacionales – Empresas de organización de eventos – Asesorías de marketing y comunicación – Organizaciones de ocio y viajes deportivos – Distribución deportiva – Medios (prensa, TV, revistas...)

QUIÉNES SOMOS

Nuestras actuaciones en 2002-2003	**Nuestros colaboradores**
– Organización de la 4ª edición del TUIJO, Torneo Universitario Internacional de Judo de Orsay – Estudios cuantitativos y cualitativos para varias agencias – Estudio de viabilidad para la UCPA – Observatorio de los valores del deporte con las agencias Hickory y Occurrence	– Roland-Garros – UCPA – Décathlon – Adidas – Amaury Sport Organisation – Raid Gauloises – Havas Advertising Sport

---

El judo y sus valores

Deporte olímpico por excelencia, el judo transmite valores fundamentales en los que se basa este torneo

La ética
Para un deporte limpio donde el autocontrol y el respeto por el otro son principios fundamentales

La amistad
Deseo de organizar este torneo en un ambiente amistoso y festivo para derribar muros entre ellos.

560.000 licenciados y 5.600 clubes

3ª federación deportiva en Francia por detrás del fútbol y el tenis.

Los jóvenes de 8 a 14 años son la fuerza de los licenciados con más de 280.000 judokas.

Los deportistas de judo son en un 23% mujeres y en un 77% hombres

El 85% de las familias francesas tiene un miembro que practica o ha practicado judo

Un deporte universal que se practica casi en 260 países

la 2ª disciplina más difundida en los Juegos Olímpicos de Sydney 2000.

El intercambio
Torneo con vocación internacional. La presencia de países extranjeros es primordial para favorecer los intercambios y abrirse a la interculturalidad.

La igualdad
Todos evolucionan en condiciones de igualdad (igualdad hombre / mujer, culturas...)

Edición Tuijo 2003

Objetivos:
En la cuarta edición del TUIJO, esperamos alcanzar algunos objetivos con ayuda de las medidas siguientes:

Organización de todo el torneo por los estudiantes
- Puesta en marcha de las diversas competencias de los 21 estudiantes de la promoción para que el torneo sea un éxito.

Animar el campus de Orsay
- Movilización de los socios de la ASESCO para ayudar en la logística.
- Movilización de los estudiantes presentes en el campus.
- Organización de una noche de gala a la que están invitados los estudiantes del campus.

Favorecer los intercambios culturales
- Entrenamiento internacional el domingo por la mañana abierto a todos los voluntarios.
- Creación de una Villa que presenta a cada uno de los países y las ciudades de acogida.

Acogida de un número importante de equipos franceses y extranjeros
- Cerca de 60 equipos, entre ellos 20 extranjeros, presentes en todas las actuaciones.
- Fin de semana gratuito para todas las delegaciones (sólo corre a su cargo el desplazamiento para llegar a Orsay-Bures).
- Visita turística a París el viernes por la tarde.

Integrar al tejido local en el evento (vecinos, artesanos-comerciantes, empresas y asociaciones)
- Entrenamiento el viernes por la noche con los clubes de judo locales.
- Iniciación al judo el sábado por la mañana.
- Invitación a los clubes, los escolares y los vecinos a la competición.
- Presentación de las colaboraciones con los agentes económicos locales.

Balance financiero preventivo

Gastos		Ingresos		
Logística: alojamiento, restauración, transporte, calefacción, material, seguridad...	12.240 €	**Colaboradores público**		
Actividad: visita a París, torneo de Bercy y otros (premios, DJ)	3.475 €	DESS gestión de Orsay		3.045 €
Comité deportivo: administración, autoridades (árbitros y comisarios), premios (medallas y copas)	1.230 €	CDSU, asociaciones locales, CSE		4.600 €
		Total colaboradores públicos		7.645 €
Relación con la prensa / público: material	500 €	**Colaboradores privados**		
Patrocinio: material.	500 €	Varios		10.700 €
Participantes: reproducción documentos	300 €	Total colaboradores privados		10.700 €
Comunicación: infografía, imprenta, reproducción, material.	500 €	Noche	Cafetería	400 €
	18.745 €	**TOTAL**		18.745 €

Este presupuesto toma como referencia a 50 equipos, o sea 300 participantes, con 40 equipos de fuera de la región parisina. Si el presupuesto fuera inferior estaríamos obligados a reducir el número de equipos que vienen del resto de Francia y del extranjero, lo cual coincide con los objetivos del evento.

Motivos para asociarse al Tuijo

- Si desea centrar su comunicación a través de un deporte que presenta valores importantes,
- Si desea revalorizar la imagen y el dinamismo de su municipio,
- Si se preocupa por el deporte y desea contribuir a su desarrollo,
- Si desea participar e implicarse en el tejido económico de su territorio,
- Si desea un medio de comunicación privilegiado para que los estudiantes franceses y los extranjeros descubran su región,

Si desea animarnos en nuestra labor ayudándonos en la realización de nuestro proyecto...

...No lo piense más, hágase colaborador del Torneo Universitario Internacional de Judo de Orsay

NUESTRA OFERTA

	Colaboradores IPPON	Colaboradores KOKA	Colaboradores YUKO
Tatami	Presencia en el tatami y anuncios sonoros del colaborador		
Sitio Internet	Inserción del logo con enlace interactivo a su sitio	Inserción del logo con enlace interactivo a su sitio	
Spots de difusión durante la noche	Spots de 10 segundos cada hora durante la noche Anuncios sonoros durante la competición y la ceremonia protocolaria	Spots de 10 segundos cada hora durante la noche Anuncios sonoros durante la competición y la ceremonia protocolaria	
Logo en el atuendo	Atuendos de los comisarios y los participantes	Atuendo de los comisarios	
Pósters 40 x 60	Inserción del logo	Inserción del logo	Inserción del logo
Banderolas	8	4	1
Programas	Inserción del logo en primera y última cubierta + una página de publ. en 2ª o 3ª página	Inserción del logo en 1ª y última cubierta + 1/2 página. de publ.	1/3 de página de publ.
Carpeta torneo	Inserción del logo en portada	Inserción del logo en portada	Inserción del logo en portada
Carpeta prensa	Inserción del logo en portada	Inserción del logo en portada	Inserción del logo en portada
Carpeta resultados	Inserción del logo en portada	Inserción del logo en portada	Inserción del logo en portada
Prospecto y folleto difusión local	Inserción del logo	Inserción del logo	Inserción del logo
Valor:	Ayuda material o financiera por valor de 1.500 Euros	Ayuda material o financiera por valor de 1.000 Euros	Ayuda material o financiera por valor de 750 Euros

CONTACTOS

Si desea mayor información, no dude en contactar en:

Internet: www.tuijo.fr.st

C. electrónico: tuijo@fr.st

- Directora colaboradores: KLEIN Séverine – 06 83 27 31 22 lili.klein@wanadoo.fr
- Director comunicación: DECKER Lionel – 06 63 19 39 63 – lio3000@aol.com
- Director finanzas: GRACIAS Laurent – '6 12 77 20 07 – laurentgracias@hotmail.com

TUIJO 2003 ASESCO
UNIVERSIDAD PARÍS SUR XI Orsay
Edificio 225
91405 ORSAY Cedex

ANEXO 3. ESTUDIO DE CASOS: PLAN DE COMUNICACIÓN DEL TUIJO

Inventario de los destinatarios

Comunicación interna

Se trata de comunicar en la universidad y, concretamente, a organismos como el CDSU (comité departamental de deportes universitarios), el CSE (comité deportivo estudiante), el departamento de relaciones internacionales y la división STAPS de Orsay.

Habrá que organizar una campaña de comunicación en el campus para proponer a los estudiantes de Orsay que participen en ese espectáculo.

Comunicación externa

Colaboradores públicos

Es preciso llamar a la puerta del sector público en primer lugar, pues los presupuestos se cierran antes de finales de octubre. También habrá que llamar a la puerta de la administración local, la departamental y la regional.

Por consiguiente, los trámites de prospección se iniciarán a partir de la semana 43 en:
– el municipio de Orsay;
– el municipio de Bures;
– el municipio de Gif;
– el municipio de Ulis;
– el consejo departamental o el consejo regional;
– el ministerio de Deportes.

El mensaje:

Para realizar la comunicación con estos colaboradores, habrá que elaborar una carpeta que presentará las diferentes ofertas posibles de colaboración, pero sin explicarlas en detalle, sino más bien insistiendo en los argumentos sobre los impactos siguientes que genera el TUIJO:

– **a nivel local:** refuerzo del tejido asociativo, educativo, económico (gracias a los colaboradores implicados) e impacto en términos de comunicación por la radio local y los demás medios. Además, se propondrá a los jóvenes alumnos que se inicien en lo que será el descubrimiento del judo;
– **a nivel nacional:** encuentro universitario y posibilidad de establecer contactos entre las universidades;
– **a nivel internacional:** encuentro ínter universitario y promoción de los municipios de Bures / Gif / Ulis / Orsay gracias a una presentación de estos últimos en la ciudad que se diseñará. Presentación de los colaboradores internacionales.

Colaboradores privados

Los trámites con los colaboradores privados también tienen algunas prioridades. En efecto, hay que encontrar en primer lugar colaboradores que puedan darnos su apoyo en la reprografía de documentos si no encontramos entre los estudiantes del DESS medios más económicos.

Luego, los trámites consistirán naturalmente en buscar colaboradores relacionados con el TUIJO para garantizar la instalación de la cafetería, el puesto de enfermería y el decorado (si es posible).

NB: en lo referente al decorado, P. Maupu posee ya algunos elementos.

Por último, habrá que encontrar colaboradores financieros que nos permitan organizar el TUIJO y cobrar todas las facturas.

⚠ *El listado de la comisión de colaboración estará la semana 44-45*

El mensaje:

El patrocinio ofrece la oportunidad de:
- hacer gala de espíritu cívico;
- mostrar que la empresa está en contacto directo y activo con la sociedad;
- que converjan todas las miradas en un producto o un comercio de manera permanente, con la consecuencia de un aumento de las ventas;
- suscitar el interés de los medios, con lo que se consigue una excelente publicidad;
- entrar en competencia con otras sociedades y empresas en un espacio diferente al del mercado habitual.

La carpeta de cooperación contendrá diferentes ofertas a las que las empresas se pueden adherir. No obstante, más allá del aspecto financiero, hay que insistir en la importancia de apadrinar una organización de esas características:

1) motivos sociológicos:
- el impacto social del TUIJO;
- el nivel de competición;
- la salud;
- la universalidad;
- la imagen que transmite el judo.

2) motivos económicos:
- el aumento de notoriedad;
- el aumento de las ventas;
- la inserción en el tejido local;
- asociarse al gran público y proponerse nuevos objetivos (desarrollar el argumento de la diversidad del público).

Prensa escrita

El objetivo es obtener un espacio en la prensa local:
- gaceta universitaria;
- diarios locales (Ulis, Gif, Bures, Orsay).

La carpeta de prensa se confeccionará, según los vencimientos propuestos por la comisión de relaciones públicas, durante la semana 45. Dicha carpeta permitirá que los diferentes medios contactados encuentren la suficiente información para garantizar la promoción del evento. También habrá que redactar artículos que se puedan incluir en los diferentes periódicos que nos van a recibir.

Más concretamente para la prensa escrita:
- preparar los artículos;

– elaborar una carpeta con palmarés;
– expectativas de repercusión local
– impacto internacional y universitario (número de países, años anteriores incluido 2003, objetivos de relaciones internacionales con intercambios culturales, etc.).

Radio local

Hay que poner el punto de mira en las franjas de audiencia de la radio local y, si es posible, en *Sport O'FM*.

Se trata de crear un listado de esas emisoras y establecer contacto con ellas para conseguir un espacio publicitario en franjas de audiencia relativamente bajas:
– 08:00 h
– 12:00 h
– 17:00 h
– 20:00 h

Televisión

Se intentará establecer contactos con *France 3 Région* para promover el evento. Así que, la carpeta de prensa tendrá que ser muy completa para hacer una buena promoción.

Internet

Sería interesante utilizar los contactos que nosotros tenemos con *Sport24.com*. El objetivos es conseguir un artículo con algunas fotos del TUIJO para ponerlo en Internet.

El mensaje para los medios

Presentación

El TUIJO nació con la intención de reunir a equipos universitarios de nivel internacional. El año pasado, se congregaron 11 países y el objetivo de este años es reunir a casi 15.

Así que, la parte internacional del evento es prioritaria porque se han fijado los siguientes objetivos:
– reunir tanto en lo deportivo como en lo cultural a estos países lanzando colaboraciones ínter universidades;
– realizar intercambios culturales en el marco de una comunicación basada en la creación de una villa deportiva que reúna información sobre los 15 países invitados.;

Además, también solicitaremos colaboradores de impacto internacional como DÉCATHLON y colaboradores extranjeros ya que los equipos que están invitados recibirán seguramente ayuda (viaje pagado) para estar en el TUIJO. Así, pues, es el momento de establecer nuevos contactos.

Pero, uno de los objetivos de este torneo, más allá de su vocación internacional, es reforzar el tejido asociativo y educativo local. Así que, insistiremos en el aspecto entre municipios, departamentos y regiones para que los colaboradores solicitados a esta escala se sientan integrados plenamente en los objetivos de comunicación.

Los mensajes que se desarrollarán sobre la base del nuevo logo se identificarán según los destinatarios:

- para el pedido de material: insistir en el impacto local del evento y de los colaboradores que pueden interesar a los proveedores;
- para la prensa escrita: insistir en el aspecto internacional y universitario. Hay que desarrollar en el argumentario el carácter cultural y deportivo del evento;
- para los medios (radio y TV): *ídem.*

Cómo comunicar

Utilizaremos diferentes soportes de comunicación
- cartel A3;
- desplegable A5;
- tarjeta de invitación;
- artículo en la prensa;
- franja de audiencia en la radio local
- sitio Internet
- ciudad;
- iniciación al judo;
- gala

Etapas del plan

Véase el resumen del planning y las tareas.

Presupuesto

Véase el presupuesto de la comisión de fiscalidad.

Listado

- participantes;
- colaboradores;
- prensa;
- asociaciones;
- autoridades locales.

Recursos

Hacer un inventario de los recursos de que dispone el equipo de organización del TUIJO. Marie-Liesse propone un listado y ofrece un contacto para aconsejarnos sobre la evolución de la imagen y el cartel.

Carole propone un creador infografista.

ANEXO 4. ESTUDIO DE CASOS GLOBALES: EL PUR MIX DE LA UCPA[66]

Preámbulo

La UCPA no tiene acceso a los espacios de los medios de comunicación de masas (televisión, carteles...) para hacer la promoción de sus productos y servicios, pero en cambio, tiene una gran necesidad de comunicar para incrementar su notoriedad, su imagen y su negocio.

En efecto, la organización se marca como principal mercado objetivo los jóvenes y por eso, necesita estar dando a conocer siempre la asociación UCPA a sus nuevos cursillistas (casi la mitad de los cursillistas del años lo son por primera vez). Por ese motivo, organizó un evento en el mes de abril de 2002, en el Palacio de Deportes de París-Bercy, en colaboración con NRJ y SPRITE.

Finalidad y revalorización del proyecto

Casi el 45 por ciento de los cursillistas de la UCPA proceden de la región de París. Por eso, el Pur Mix permitía maximizar el impacto de un evento en esa ciudad para consolidar la plaza parisina. Si el evento de París era un éxito, podría llevarse al resto del país con el mismo concepto.

Y si el éxito se constata, se intentará repetir el evento cada año para convertirlo en un evento de referencia de la juventud francesa.

Objetivos del proyecto

El evento se basa en el trío deporte, música y fiesta, para dar sentido al cometido de la Unión de centro al aire libre. ¿Por qué?, pues porque como la labor de la Unión es contribuir a crear lazos entre la juventud francesa, el evento parte lógicamente de tres de los principales vectores de socialización de los jóvenes: la práctica deportiva, la música y el juego. Por medio de estas tres experiencias, la UCPA contribuye así a formar una juventud más solidaria y abierta con los demás. Además, esta agrupación bajo el techo común de dichas experiencias permitía proponer un evento único nunca antes realizado, haciendo de él algo innovador y atractivo para los jóvenes. La organización de un evento como éste no solo permitía congregar a los jóvenes en torno a esos tres vectores tan atractivos, sino también aumentar la notoriedad y la imagen de la UCPA en Île-de-France.

Ejecución

Anteriormente, la dificultad de este evento dependía de la novedad de la mezcla de tres universos: el deporte, el juego y la música. Pues sí, era muy difícil, aparte de la co-

---

66. Fuente: Despres, Benoît, director de ingeniería deportiva y coordinador del proyecto Pur Mix en 2002 y 2003.

herencia del concepto y de su atractivo, evaluar los impactos logísticos sobre los problemas técnicos, materiales y humanos específicos de esos tres mundos.

Por ejemplo, ¿qué efectos podría tener el volumen de la megafonía en la calidad de la prestación de los dinamizadores deportivos? ¿cómo mantener las condiciones de una ambientación como la del club, asegurando una iluminación suficiente para la práctica de las actividades deportivas? ¿qué problemas ocasionaría en la afluencia de público esta mezcla?

Contenidos del evento:

DEPORTES	JUEGOS	MÚSICA/ANIMACIÓN
– recorridos aventura;	– videojuegos;	– pista de baile 1 DJ profesionales;
– tirolina;	– juegos virtuales;	– pista de baile 2 DJ amateurs;
– pared de escalada;	– estructuras;	– talleres de mix;
– pared de hielo	– atracciones hinchables	– artistas (malabaristas, payasos...);
– cuerda elástica ascendente;		– retransmisión vídeos.
– parque de patinaje;		
– trampolín de vuelo.		

EVENTO PUR MIX DE LA UCPA. FICHA DE SEGURIDAD

Introducción

La principal dificultad a la hora de montar el dispositivo de seguridad era la afluencia masiva de público originada por el principio mismo del concepto: el *mix* de música, deporte y juegos al mismo tiempo y en el mismo espacio, así como el papel activo del público. En efecto, la utilización de todos los espacio del Palacio de deportes de

París-Bercy y la participación del público en las diferentes actividades no permitían canalizar la circulación de éste ni reconocer con exactitud las zonas y los períodos de alto riesgo.

Así, pues, era necesario montar un dispositivo sencillo y reactivo, a partir del evento en sí, que contemplara diversos escenarios, y de una cartografía de las zonas "delicadas".

A. Diseño del dispositivo aplicado a este evento

1. Contexto externo

El análisis del contexto externo es la primera etapa en el cálculo de la envergadura del dispositivo de seguridad. La UCPA lo ha estudiado según dos parámetros: el lugar y su entorno.

El lugar elegido, el Palacio de deportes de París Bercy es una instalación perfectamente diseñada para celebrar eventos deportivos de muchas clases, lo que implica:

– el acondicionamiento de la zona específicamente adaptada para la circulación y la evacuación de las masas;

- un dispositivo de urgencias técnico y humano eficaz (formación del personal en la evacuación de masas y en la gestión de incidentes: fuego, heridos, daños ocasionados por el agua... y dispositivo de alarma centralizado);
- el acondicionamiento de la zona para favorecer la seguridad de las personas (disposición de las gradas, materiales empleados y sistema de apertura de puertas).

Al mismo tiempo, su capacidad para producir eventos deportivos, musicales y espectáculos hace de él una instalación muy modulable, y eso da lugar a muchos accesos y espacios que hay que controlar.

Ésta es una dificultad importante que habrá que tener en cuenta sin demora, porque incide sobremanera en el sistema de controles de acceso y las acreditaciones.

La percepción del entorno permitió a la UCPA descubrir las zonas "delicadas" fuera de la instalación, a saber:
- la fluidez del tráfico rodado (evacuación, asistencia, logística de material, urgencias...);
- las condiciones de accesibilidad del público a la instalación (salas de espera, ubicación de las taquillas para seleccionar las entradas e impacto por las condiciones de la colocación de vallas externas);
- el entorno inmediato (edificios de oficinas, alojamiento, comercios...). *Ejemplo: con relación a la seguridad, la presencia o ausencia de un bar en los alrededores era un criterio que había que solventar con gran rapidez porque está prohibida la venta de bebidas alcohólicas por la noche;*
- los riesgos de infracciones externas que dependen al mismo tiempo de la configuración de la instalación y de los espacios aledaños (luces, zonas expuestas y no expuestas...).

2. Contexto interno

Las características propias del evento: público y actividades, condicionan de igual modo el cálculo de las dimensiones y la especificidad del dispositivo de seguridad. Entre un público joven, participante de la velada y un público de más edad, espectador de la velada, la forma del dispositivo puede variar mucho. Asimismo, la posibilidad de realizar prácticas deportivas durante el evento "pur mix" influía enormemente en la gestión de la afluencia y las condiciones de apertura al público.

Objetivo del evento, como se trataba de congregar a un gran número de jóvenes entre 18 y 25 años, hubo que tener en cuenta las características de dicho público según:
- su comportamiento para reconocer las conductas de riesgo:
  • consumo de drogas y alcohol,
  • violencia,
  • robos.
- sus expectativas ante el deporte, la música y los juegos para prever las reacciones:
  • baile,
  • práctica de actividades,
  • expectativas ante las actividades.

El concepto propuesto en el transcurso de la noche iba a aportar muchas satisfacciones pero también algunos problemas que convenía identificar claramente:

- la participación del público en todas las actividades deportivas, musicales y lúdicas comporta la aplicación de un reglamento interno muy estricto para optimizar las condiciones de acceso a las actividades garantizando normas de seguridad perfectas;
- el entorno luminoso y sonoro del evento no facilita la detección de situaciones conflictivas ni la difusión de instrucciones, especialmente en el ámbito deportivo. La prohibición de vender alcohol, que es perfecta para el personal de seguridad y para el buen desarrollo de la práctica deportiva, puede generar también el descontento de una parte del público;
- la poca fluidez en las actividades deportivas que no deja entrar a todo el público en las condiciones óptimas: muchas filas esperando para participar en las actividades;
- la gran cantidad de voluntarios que intervienen el mismo día de la operación impide trabajar con antelación en los cometidos y funciones de todos, y eso genera conflictos: enfrentarse a situaciones delicadas, solucionar problemas y absentismo.

B. Puesta en marcha del dispositivo

El análisis del contexto externo e interno permite montar un dispositivo eficaz y adaptado a las características del evento:
- un sitio especial por sus dimensiones y su modularidad: el Palacio de deportes de París Bercy;
- un público joven;
- un público activo que no es espectador, con la posibilidad de practicar todas las actividades;
- un tráfico importante de público con flujos aleatorios;
- el carácter temporal de la velada;
- los aspectos técnicos de sonido e iluminación que el concepto genera.

En resumen, había un público joven, que era actor del evento, que pagaba un derecho de entrada y que se movía mucho por el estadio.

Por tanto se buscó:
- un dispositivo de funcionamiento sencillo;
- una seguridad "activa" discreta: el modelo de los agentes;
- un sistema de comunicación restringido y funcional.

1. Gestión de los flujos

El análisis de los flujos de público se hará teniendo en cuenta los factores de la llegada, el movimiento de dicho público en el interior, el acceso a las actividades, y la evacuación.

La llegada del público organizada en tres etapas:
- el espacio dedicado a la venta de entradas donde se compran las localidades y se espera que abran las puertas = **exterior**;
- los puntos de control, donde se comprueban las entradas y se hacen los registros = **exterior/interior;**
- los mostradores de información donde está la información "pasiva" (programas, plano de la sala e instrucciones) y la información "activa": azafatas que informan = **interior.**

Estas tres etapas desempeñan un papel de filtrado primordial que permite canalizar al máximo la afluencia de público.

La circulación interior se canaliza a través de tres sistemas:
- un dispositivo de acreditación que permite controlar a las personas que transitan por zonas prohibidas al público (véase el detalle del dispositivo más adelante).
- una gestión activa de todos los componentes del equipo organizador para recibir, informar y orientar al público;
- indicadores de dirección para orientar al público hacia las zonas de actividades y de servicios de información.

Acceso a las actividades con:
- un dispositivo sencillo, reactivo y silencioso = un sistema de vallas móvil que se calcula en función del público que espera en la cola;
- una animación permanente para ese público que espera, con instalación de dos pantallas gigantes, para el espectáculo que ofrece el público participante en las actividades, para el show DJ y el equipo profesional UCPA al aire libre;
- una atracción puntual de artistas (payasos, malabaristas, gigantes...) que intervienen en las zonas marcadas como "delicadas" durante toda la noche.

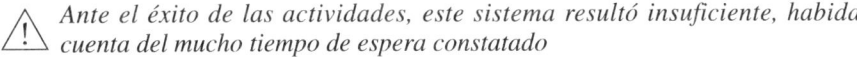 *Ante el éxito de las actividades, este sistema resultó insuficiente, habida cuenta del mucho tiempo de espera constatado*

Los puntos a mejorar son:
- una información permanente accesible al público en los tiempos de espera según el lugar que ocupan en la cola;
- un dispositivo informático (tipo Eurodisney) que permite retirar un tique para la actividad elegida y tiene una duración de una hora.

Evacuación del público organizada según:
- las instrucciones del Palacio de deportes de París-Bercy:
  - no habrá obstáculos entre el público y las salidas de emergencia;
  - no habrá obstáculos en los pasillos y las escaleras pare el público;
  - el director se responsabilizará automáticamente del Palacio en caso de evacuación;
  - libre circulación entre las diferentes estructuras (pared de escalada, tirolina, juegos...) y las salidas de emergencia.
- las actividades organizadas por un sistema de vallas móvil que dejará obligatoriamente un pasillo de evacuación proporcional a las dimensiones de las salidas de emergencia (*cf. plan de evacuación de la sala principal*). Las instalaciones específicas como, por ejemplo, el recorrido de aventura deben poseer su propio dispositivo de evacuación.
- las funciones que desempeñan los actores de la velada para definir la coordinación de la evacuación con:
  - un interlocutor único ante el organizador y el Palacio de deportes de París-Bercy;
  - puesta en marcha del plan de evacuación por el director del Palacio de deportes (sistema automático de apertura de salidas de emergencia) e inicio del plan de emergencia;
  - una acción de evacuación sobre el terreno por los controladores de acceso y el personal de UCPA.

⚠ *El tiempo de evacuación del Palacio de deportes de París-Bercy en la configuración del evento (10.000 personas máximo) se calcula en 15 minutos.*

Plan de evacuación de la sala principal

⚠ *La percepción de los problemas provocados por los flujos de público era muy difícil de delimitar, por lo que podía olvidarse con facilidad la necesidad de proteger las zonas de circulación y de evacuación libres para resolver un problema técnico o material: el ejemplo de un espacio deportivo que se quiere implantar, junto a una zona de tráfico importante, por razones de instalación, de cálculo de las dimensiones de la actividad o de facilidad de acceso al público.*

2. Protección de personas y bienes

La seguridad de personas y bienes está garantizada por un dispositivo doble de seguridad, exterior e interior, con medios logísticos y humanos.

Paralelamente a este doble dispositivo, el organizador debe responder a las exigencias con respecto a las normas, la reglamentación, las instrucciones, los procedimientos y los controles, que son obligaciones a partir de las cuales se definen las condiciones de apertura al público.

Dispositivo de seguridad exterior:

Este dispositivo está asegurado por la presencia
- de fuerzas del orden en un primer perímetro (los alrededores de Bercy);
- de perros adiestrados en un segundo perímetro (en las puertas exteriores del estadio cerradas pero registradas como puntos "delicados").

En la zona de entrada del público está asegurado por un sistema de vallas exterior instalado alrededor de un sistema de vallas con:
- un primer filtro constituido por accesos por donde puede pasar el público que lleva su entrada (que sirven también como puntos de venta);
- un segundo filtro en las puertas de entrada al estadio, donde se piden las entradas;
- y un tercer filtro con la presencia de agentes y azafatas que intervienen en las situaciones en las situaciones críticas.

192 GESTIÓN Y ORGANIZACIÓN DE UN EVENTO DEPORTIVO

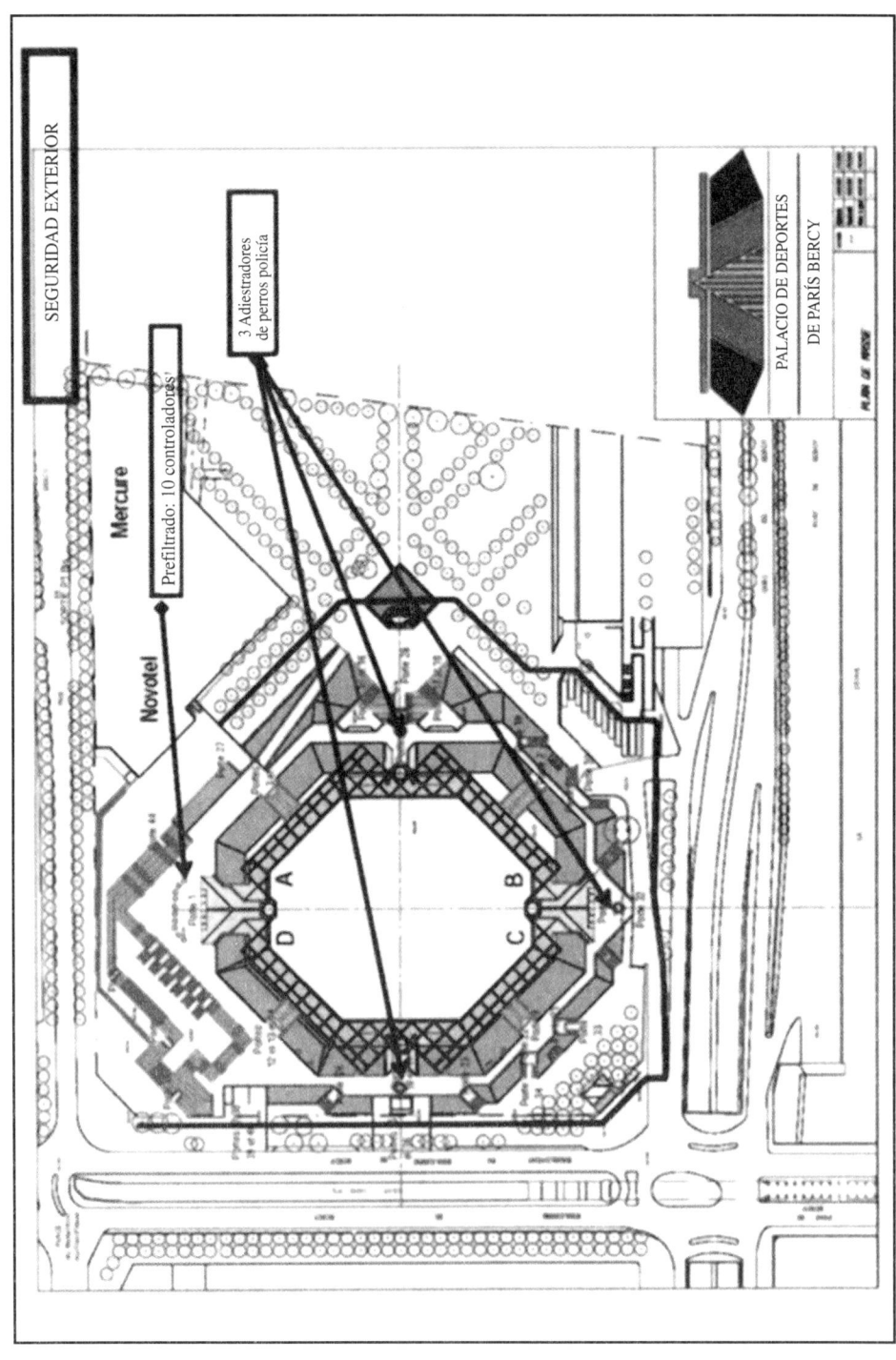

Dispositivo de seguridad interior:

Este dispositivo responde a una doble lógica: un sistema "Pasivo" para garantizar todas las funciones vitales del evento y un sistema "Activo" para que los voluntarios gestionen la garantía del buen desarrollo de la fiesta.

- El sistema "Pasivo" reunió a la vez:
  * los medios humanos mediante un dispositivo de emergencia (enfermeras, médicos, logística asociada) y un control de acceso, (32 controladores de acceso a las diferentes entradas interiores del estadio que tienen la función de filtro);
  * sobre el primer punto, debido al papel participativo del público en las actividades deportivas, tenía que haber una gran coordinación con el dispositivo de emergencia (presentación del evento al personal, elección de la ubicación para los primeros auxilios e integración en el sistema de transmisión),
  * sobre el segundo punto, el funcionamiento del sistema de control de accesos requiere la instalación de un dispositivo de acreditación. Dada la brevedad del evento y el poco tiempo disponible para formar a los voluntarios, la UCPA optó por un dispositivo sencillo con dos zonas de acreditación: All Access (Acceso libre) y Limit Zone (Zona límite):
  * y al mismo tiempo, los medios materiales con la delimitación de cada actividad y la organización de las colas de espera, mediante un sistema de vallas adaptado y móvil (se instalaron 250 m de vallas en el interior del Palacio de deportes).
- El sistema "Activo" cuyo objetivo era prevenir las situaciones conflictivas procedía:
  * de una previsión global además de la vigilancia de todo el personal que trabaja en la organización y que dispone de un procedimiento de emergencias;
  * de la contratación de agentes de seguridad (50 personas) que tienen la misión de vigilar las zonas de tensiones y las situaciones críticas para intervenir enseguida de modo preventivo. Organizados en equipos de 5 y 6 personas, circulaban por sectores o se apostaban en las zonas delicadas. Este dispositivo ligero y reactivo estaba encajaba muy bien en un evento que acoge a público joven en un espacio enorme, abierto a grandes flujos de público.

 *Los agentes no iban identificados (brazaletes, color especial...) como personal de seguridad sino como miembros integrantes del equipo organizador.*

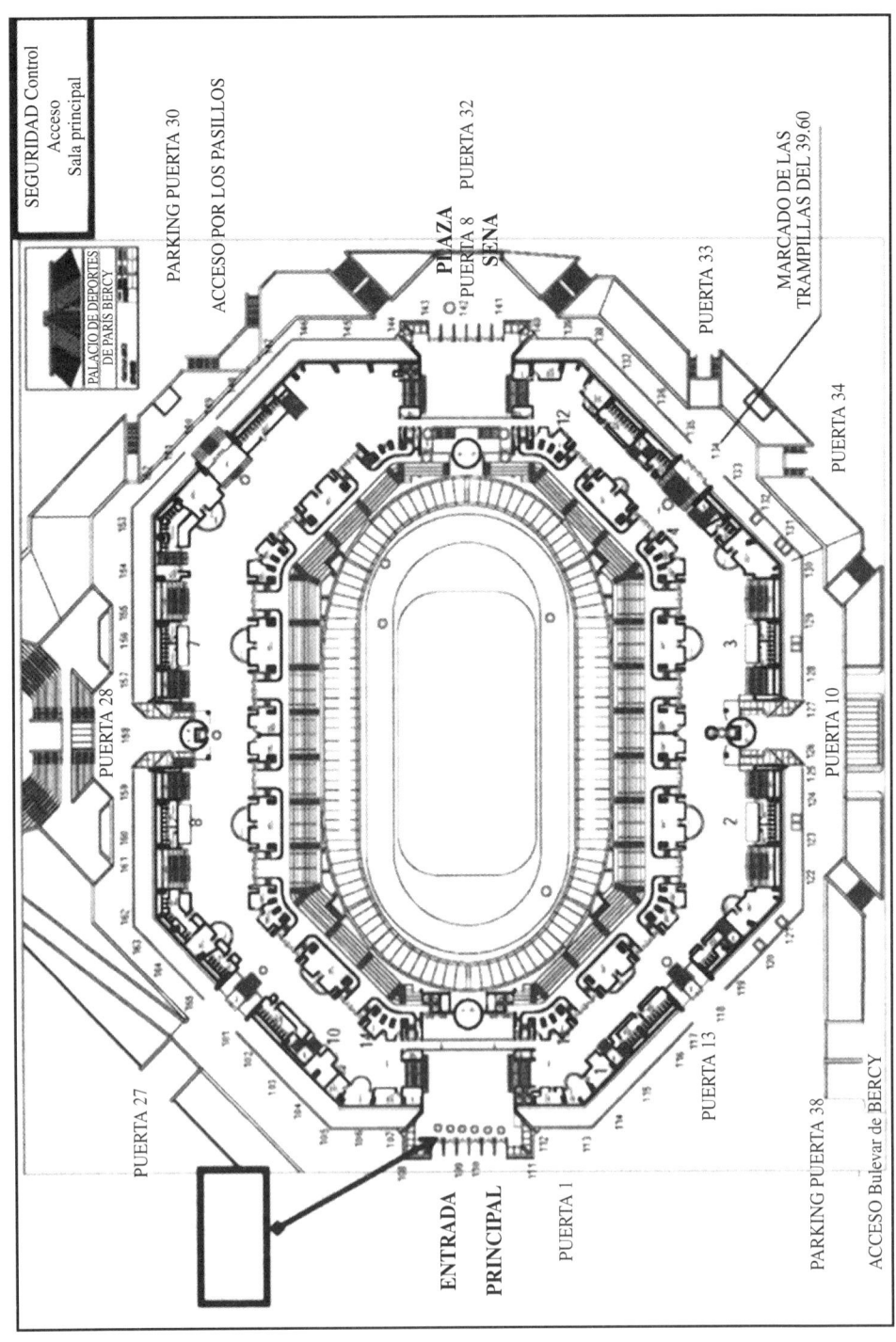

Condiciones de apertura al público:

Las condiciones de apertura al público se enumeraban según las normas siguientes:
– reglas existentes a través de las normas que hay que respetar en cuanto:
  • al montaje de material de instalaciones deportivas, de decoración, de animaciones y de escenificación (megafonía, iluminación y vídeo);
  • a la instalación eléctrica (indicar la potencia necesaria y su colocación);
  • al certificado de la oficina de control para todos los andamiajes y las piezas suspendidas.
– normas que hay que cumplir en lo relativo a las condiciones de acceso del público y al comportamiento que debe tener el personal de organización:
  • instrucciones a seguir en caso de incidentes;
  • condiciones de funcionamiento de las actividades;
  • procedimientos a seguir en caso de evacuación;
  • reglamento interno en cada actividad que requiera ciertas condiciones de acceso, sobre todo para los menores.

La instauración de un sistema de acreditación complejo (varias categorías de acreditación según los lugares y las personas: prensa, equipo de organización, proveedores, músicos...) implicaba crear un equipo dedicado al diseño y la realización, así como la necesidad de formar al equipo de organización y los controladores de accesos sobre el funcionamiento del dispositivo de acreditación.

3. La coordinación

En un dispositivo de seguridad es vital una coordinación eficaz si se quiere garantizar la conexión permanente entre los diferentes operadores y una reacción muy rápida en caso de problemas. En el marco del evento, la conexión queda asegurada por un sistema de transmisión con *"walkie-talkies"*. Una vez que este dispositivo garantizaba la coordinación del evento en su conjunto, se hacía obligatoria una organización mediante canales y niveles de acceso.

Condiciones de puesta en marcha:
– se decide la cantidad de frecuencias utilizadas. Para las necesidades del evento, siempre con la lógica de simplificar los procesos de organización, la UCPA decidió utilizar 4 frecuencias, dejando 3 libres de acceso y reservando 1 frecuencia bloqueada para el puesto de mando de la organización;
– adaptación del sistema a los problemas del espacio. Era preciso verificar si funcionaba otro sistema de transmisión paralelo al evento para evitar los conflictos de frecuencias y asegurarse del alcance suficiente de los aparatos (instalación de repetidores);
– formación: son muy útiles los períodos de formación para que los usuarios se familiaricen con el manejo de las frecuencias, con los procedimientos de envío recíproco y con las normas que hay que observar;
– gestión en el centro de actividad: hubo que preparar un espacio de distribución y de devolución de los aparatos, así como la suficiente cantidad de pilas de repuesto. El uso de orejeras resultó muy útil en los espacios ruidosos.

Sistema de comunicación

El dispositivo del evento se articulaba con 50 TW (teravatios) organizado en 4 canales:
- la frecuencia 1 se reserva al equipo de monitores que intervienen en el espacio Vertical (tirolina, recorrido aventura, pared de escalada);
- la frecuencia 2 se reserva al dispositivo agentes de seguridad;
- la frecuencia 3 se reserva a todos los coordinadores de las diferentes actividades (animación, juegos, artistas, vídeo, megafonía, iluminación, etc.);
- la frecuencia 4 se reserva al puesto de mando de la organización.

Las tres primeras frecuencia son técnicamente accesibles para todos los usuarios pero la cuarta, al estar bloqueada con 7 TW específicos, sólo pueden utilizarla los miembros del puesto de mando de la organización.

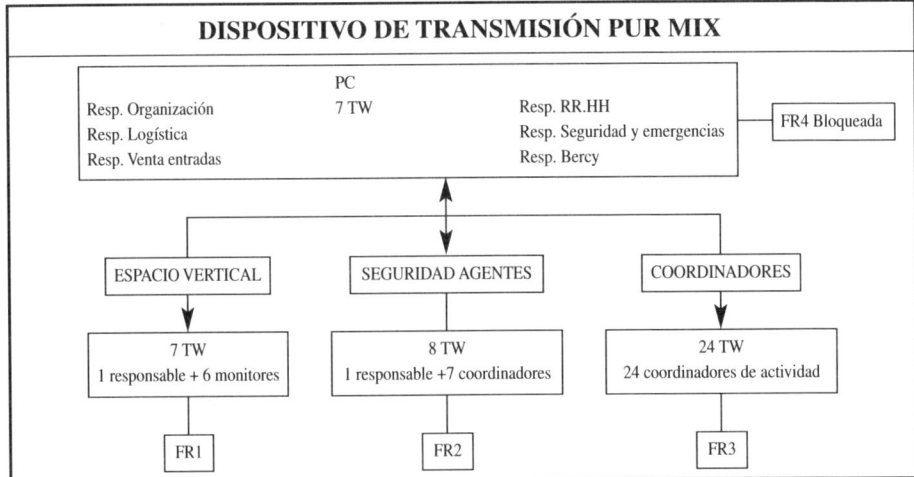

/!\ *Existe una tendencia muy habitual a asignar una cantidad demasiado grande de usuarios para facilitar la circulación de la información. Pero lo que puede pasar es justo lo contrario si entran en funcionamiento demasiados teravatios: saturación de la red, tratamiento excesivo de la información ascendente y aumento caótico de las instrucciones.*

TABLA DE ANÁLISIS DEL DISPOSITIVO DE SEGURIDAD

I. Análisis		
Contexto externo	**Denominaciones**	**Notas**
Sitio	Especificidades de la estructura	
	Dispositivo de emergencia existente	
	Acondicionamiento interior	
Entorno	Condiciones de circulación	
	Condiciones de accesibilidad del público	
	Servicios de proximidad	

Contexto interno	**Denominaciones**	**Notas**
Público	Control de acceso	
	Dispositivo de emergencia	
	Información	
Actividades	Tipología agentes de seguridad	
	Función del equipo de organización	
	Procedimiento de alarma	

II. Puesta en marcha					
Gestión de los flujos	**Denominaciones**	**RR.HH.**	**Material**	**Tiempo**	**Presupuesto**
Llegada del público	Venta de entradas				
	Control				
	Información				
Circulación interna	Acreditación				
	Señalética (indicadores de dirección)				
	Función del equipo de organización				
Acceso a las actividades	Sistema de vallas				
	Condiciones de acceso				
	Animación				
Evacuación	Instrucciones				
	Distribución				
	Dispositivo de alarma				

Seguridad interna	Denominaciones	RR.HH.	Material	Tiempo	Presupuesto
Sistema pasivo	Control de acceso				
	Dispositivo de emergencia				
	Información				
Sistema activo	Tipología agentes de seguridad				
	Función del equipo de organización				
	Procedimiento de alarma				

Seguridad interna	Denominaciones	RR.HH.	Material	Tiempo	Presupuesto
Perímetro externo	Fuerzas de la policía				
	Seguridad exterior				
Filtración	Puntos de entrada				
	Puntos de control				
	Recepción				

Reglamento	Denominaciones	RR.HH.	Material	Tiempo	Presupuesto
Normas	Instalación material				
	Certificación				
	Instalación eléctrica				
Reglamento	Instrucciones incidentes				
	Instrucciones evacuación				
	Reglamento interno actividades				

Sistema de transmisión	Denominaciones	RR.HH.	Material	Tiempo	Presupuesto
Medio	Nbr TW				
	Nbr Frecuencia				
	Tipo de material				
Organización	Formación				
	Definir niveles de acceso				
	Definir personas afectadas				

ANEXO 5. LISTA DE CONTROL DEL ORGANIZADOR DEL EVENTO DEPORTIVO

Fase 1. Diseño del evento deportivo

La idea directriz ....
....
....
  ¿Quién posee los derechos? ....

Análisis del espectador del evento

– Análisis cuantitativo del público
Edad media del público potencial: ....
que se compone de: hombres ❏   mujeres ❏   familias ❏
  solteros ❏   casados ❏
  estudiantes ❏   empleados ❏
  profesionales ❏   directivos ❏
  intermedios ❏

– Análisis cualitativo del público

Expectativas de los espectadores potenciales; clasifique las necesidades por orden de importancia: 1, 2, ...

Compañerismo ❏   Seguridad ❏   Implicación ❏
Unión ❏   Espiritualidad ❏   Espectáculo ❏
¿Cuál es la mentalidad que predomina?
Entusiastas ❏   Curiosos ❏   Aprovechados ❏
Otros ❏ ....

Análisis de la competencia

– ¿Qué tipo de oferta considera usted que es su competencia?
Eventos del mismo deporte ❏   Eventos deportivos ❏
Eventos culturales ❏   Ocio ❏
– Considera usted a la competencia desde el punto de vista:
Internacional ❏   Nacional ❏   Regional ❏   Local ❏
– ¿Con respecto a qué tipo de público considera usted a la competencia?
Espectadores ❏   Telespectadores ❏   Colaboradores ❏   Participantes ❏
– ¿Qué oferta presenta la competencia? ..../.............................../
....................../............................/............................/............................

Definición de la estrategia de marketing
- Fecha ....   – Lugar ....
- ¿Qué zona es la de su clientela? ....
- ¿Qué innovaciones aporta al evento? ....
  ....

  ¿Son importantes? ❏   no son importantes ❏
- Con respecto a la oferta de la competencia:
Ventajas: ..../...................../...................../...............
Inconvenientes: ..../...................../...................../...............
- ¿Cuál es su posición? ....
  ....
- Ejes emocionales de su estrategia de marketing:................................
  ....
  ....
- Ejes racionales de su estrategia de marketing: ....
  ....
  ....

Elaboración de su presupuesto preventivo

Gastos	Importe en € IVA no incluido	Ingresos		Importe en € IVA no incluido
Administrativos		Venta de entradas		
Personal		Inscripciones participantes		
Restauración		Soportes publicidad TV		
Alojamiento		Soportes publicidad espectadores		
Controles				
Guardas		Stands comerciales		
Técnicos		Cafeterías		
Alquiler de material		Operaciones VIP		
Alquiler de instalaciones deportivas				
Espacio de práctica				
Operación VIP				
Actuaciones				
Seguros				
Impuestos				
SACEM				
Varios				
TOTAL		TOTAL		

Organización de su comité de dirección

– Organigrama

Comisión	Responsable	Equipo
Administrativa	....	....
Legislativa y de seguridad	....	....
Comunicación	....	....
Logística	....	....
Deportiva	....	....

– Registro de las tareas

	Enero	Febrero	Marzo	Abril	Mayo	Junio	Julio	Agosto	Septiembre	Octubre	Noviembre	Diciembre
Administrativas												
Legislativas y de Seguridad												
Comunicación												
Comercial y Patrocinio												
Logística												
Deportivas												

– Registro de las reuniones de coordinación

Fecha	Hora	Lugar	Asunto
....	....	....	....
....	....	....	....
....	....	....	....

etc.

Fase 2. Funciones principales necesarias para el desarrollo del evento deportivo

Función administrativa

– Material necesario

Fotocopiadoras	❏	Ordenadores	❏
Centralita telefónica	❏	Impresoras	❏

Otros ....

– Comidas

Destinatarios	Número de comidas	Fecha	Tarde o noche
....	....	....	....
....	....	....	....
....	....	....	....

etc.

– Alojamiento

Destinatarios	N.º de pernoctaciones	Fecha
....	....	....
....	....	....
....	....	....

etc.

– Transporte

Destinatarios	N.º de personas	Fecha	Lugar de salida	Lugar de salida
....	....	....	....	....
....	....	....	....	....
....	....	....	....	....
....	....	....	....	....

etc.

– Acreditación/Invitaciones

Destinatarios	N.º de personas	Tipos de entrada
....	....	....
....	....	....
....	....	....
....	....	....

etc.

– Venta anticipada de entradas

Nombre	n.º de personas	N.º de entradas	Precio	Forma pago
....	....	....	....	....
....	....	....	....	....
....	....	....	....	....
....	....	....	....	....

etc.

– Contabilidad

Ingresos	Importe en € IVA no incluido	Gastos	Importe en € IVA no incluido
……………	…………………	……………	………………
……………	…………………	……………	………………
……………	…………………	……………	………………
……………	…………………	……………	………………

etc.

– Contabilidad analítica

Operación /departamento	Ingresos	Gastos	Viabilidad		
………………………………	…………	…………	Sí ❏	No ❏	
………………………………	…………	…………	Sí ❏	No ❏	
………………………………	…………	…………	Sí ❏	No ❏	

etc.

Función legislativa y de seguridad

– Declaración de la actividad

Fecha: …………………… Destinatario: (autoridad competente)……………

– Creación de un grupo de estudio por la autoridad competente

Servicio	Nombre	Función	Datos
Autoridad	………………	………………	………………
Policía	………………	………………	………………
Gendarmería	………………	………………	………………
Bomberos	………………	………………	………………
SAMU	………………	………………	………………
Otros	………………	………………	………………

– ¿Presentan los espectadores algún riesgo especial? ¿Cuál? ……………………
………………………………………………………………………………………

– ¿Hay que poner un servicio de orden privado? Sí ❏ No ❏

En caso afirmativo, cantidad: ……………

– Preparar y garantizar la comisión de seguridad

Número de servicios: …………………… Superficie: ……………………

Número de participantes: …………………

Pedir todos los documentos necesarios: extractos de registro de seguridad, certificado de montaje, atestados, certificado de aprobación, …

– Higiene

Número de aseos: ………… Número de puntos de agua potable: ……………

¿Ha pensado en el acondicionamiento de los alimentos? Sí ❏ No ❏

– Gestión de los accesos para peatones y vehículos
Número de puntos de control para los vehículos: ....
Número de puntos de control para los peatones: ....
¿Ha pensado en las salidas de emergencia?   Sí ❏   No ❏
¿Ha preparado un "eje rojo" (de seguridad) para los vehículos de emergencia?
                                                              Sí ❏   No ❏
– Seguros
Responsabilidad civil ❏   Protección de los bienes ❏   Anulación ❏
Otros ❏ ....
– ¿Tiene usted autorización de la federación?   Sí ❏   No ❏

Comunicación y medios de comunicación

– ¿Cuáles son sus objetivos?
Notoriedad de la actividad   ❏   Imagen de la actividad   ❏
Notoriedad de los colaboradores   ❏   Imagen de los colaboradores   ❏
– ¿Cuál es el centro de interés de su comunicación?
Marcas/ hazañas ❏   Espectáculo / sensaciones ❏   Identidad / compañerismo ❏
Otros ❏ ....
– ¿Cuál es su imagen?
Foto de un deportista, o de una personalidad   ❏
Foto de un gesto deportivo, o de una acción   ❏
Movimiento deportivo estilizado, diseño   ❏
Otros ❏ ....
– ¿Tiene eslogan?   Sí ❏   No ❏
– ¿Qué soportes se adaptan mejor a su mercado objetivo?
Pósters ❏   Folleto publicitario ❏   Publicista ❏   Radio ❏
Televisión ❏   Prensa escrita ❏
– Difusión

Soporte	Fecha de inicio de campaña	Fecha de final de campaña	Número de ejemplares	Lugar
....	....	....	....	....
....	....	....	....	....
....	....	....	....	....
....	....	....	....	....

– Diseño
¿Quién es su diseñador? ....
¿Cuál es su imprenta? ....

– ¿Qué métodos de relación con la prensa utiliza?
Nota de prensa ❑   Carpeta de prensa ❑   Conferencia de prensa ❑
Otros ❑ ....

Función comercial y patrocinio

– ¿Cuáles son sus productos?

Operaciones de relaciones públicas ❑	Instalación para RR.PP. ❑	Ubicación para RR.PP. ❑
Localidad VIP individual ❑	Invitación para el espectáculo ❑	Ventajas ❑
Stands comerciales ❑	Ubicación para los stands comerciales ❑	
Soportes TV ❑	Soportes espectadores ❑	
Artículos de prensa ❑	Pósters ❑	Spots radio ❑
Programas TV ❑	Folleto ❑	Sitio Internet ❑
Equipamiento de los participantes ❑		
Proveedor oficial ❑	Colaborador oficial ❑	Producto/marca oficial ❑

Operaciones especiales: ....

– ¿Ha organizado su oferta?

Producto	Coste	Precio	Margen	¿Se vende?	
....	....	....	....	Sí ❑	No ❑
....	....	....	....	Sí ❑	No ❑
....	....	....	....	Sí ❑	No ❑
....	....	....	....	Sí ❑	No ❑
....	....	....	....	Sí ❑	No ❑

– ¿Tiene preparados los convenios de colaboración?   Sí ❑   No ❑
– ¿Elabora usted la carpeta de prensa?
  En la empresa ❑   Mediante un profesional ❑
– Emplea usted la estrategia de la venta puerta a puerta?
  Cualitativa ❑   Cuantitativa ❑
– Fichero cliente

Empresa	Director	Teléfono	Día y hora de llamada	Día y hora de cita	Observaciones
....	....	....	....	....	....
....	....	....	....	....	....
....	....	....	....	....	....
....	....	....	....	....	....

– ¿Cómo prepara usted la cita concertada?
Por teléfono ❑   Por correo ❑   Por Internet ❑   Directamente sobre el terreno ❑
– ¿Ha elaborado un argumentario comercial?   Sí ❑   No ❑

Logística

- ¿Ha realizado usted un plan de implantación del sitio? Sí ❑ No ❑
- ¿Qué necesidades tiene de?

conexiones eléctricas ❑	acometida del agua	❑
contenedores y eliminación de basuras ❑	decoración	❑
mesas, sillas y otros materiales de oficina ❑	plantas	❑
medios de telecomunicación ❑	medios de locomoción	❑
alquiler de bungalows, tiendas, carpas ❑	herramientas	❑
alquiler de tribunas y de podios ❑		
vallas altas y bajas ❑	alquiler aseos	❑
megafonía ❑	iluminación	❑
realización e instalación de soportes publicitarios ❑	señalética	❑

- ¿Necesita obras especiales el espacio de práctica Sí ❑ No ❑

 ¿Cuáles? ....

- Fichero proveedores

Empresa	Director	Teléfono	Tipo de prestación	Detalle de prestación	Observaciones
....	....	....	....	....	....
....	....	....	....	....	....
....	....	....	....	....	....

- ¿Ha negociado usted los mejores precios con los proveedores Sí❑ No❑

¿Les ha propuesto un "intercambio comercial", o una colaboración? Sí❑ No❑

- Planning de instalaciones

Instalaciones / Obras	Proveedores	Día y hora de instalación	Día y hora de desmontaje
....	....	....	....
....	....	....	....
....	....	....	....
....	....	....	....

El aspecto deportivo

Se trata de:

una prueba de campeonato ❑   un torneo ❑   un concurso ❑
una exhibición ❑   Otros: ❑

- ¿En qué categoría?

 Departamental ❑ Regional ❑ Nacional ❑ Internacional ❑

- ¿Tiene usted los requisitos elaborados por la federación? Sí ❑ No ❑
- ¿Hay que hacer obras para conseguir la aprobación del espacio de práctica?

 Sí ❑ No ❑

– Tiene necesidad de:
Comisarios ❏ Árbitros ❏ Jurados ❏
Otros ❏ ……………………………………………………………
Cronómetro ❏ Vídeo ❏ Copas y trofeos ❏
Ordenadores ❏ Impresora ❏ Fotocopiadora ❏
Otros materiales de oficina ………………………………………
– ¿Los participantes tienen todos licencia? Sí ❏ No ❏
¿Tiene seguro? Sí ❏ No ❏
– Se hacen comprobaciones técnicas? Sí ❏ No ❏
– ¿Debe usted proporcionar productos a los participantes?
Reglamento ❏ Dorsales ❏ Libros de itinerarios ❏
Otros ……………………………………………………………
– ¿Tiene cubierta la asistencia médica? Sí ❏ No ❏
– ¿Hay que hacer reparaciones? Sí ❏ No ❏

Fase 3. Fase operativa
Desarrollo de la prueba

– Tiene prevista una reunión informativa general? Sí ❏ No ❏
– ¿Tiene usted un director de seguridad y controles? Sí ❏ No ❏
¿Cuántos puntos de control ha puesto usted?.... Sí ❏ No ❏
¿Tienen todos acreditaciones "prototipo"? Sí ❏ No ❏
¿Tiene instalado un puesto de mando? ❏ ¿Y un puesto médico avanzado? ❏
– Tiene un director que se encarga de la recepción y las entradas del público?
Sí ❏ No ❏

¿Quién se ocupa de:
la gestión de las entradas?: ………… del transporte de fondos?: ……………
de la información?: ………………… de la oficina de inscripciones?: …………
– ¿Tiene un responsable encargado de la recepción de los organizadores?
Sí ❏ No ❏

¿Ha pensado en poner a su disposición,
una sala con máquina de café, asientos,...? ❏ dossieres informativos? ❏
¿atuendo? ❏
– ¿Tiene un responsable para la recepción de los medios de comunicación?
Sí ❏ No ❏

Instalación de la sala de prensa:
Teléfonos ❏ Fax ❏ Conexión analógica a Internet ❏
Conexión digital a Internet ❏ Fotocopiadoras ❏ Bebidas frescas ❏
¿Quién se encarga de distribuir las notas de prensa?: ……………………………

- ¿Tiene usted un responsable para la recepción de los colaboradores
  Sí ❏ No ❏
  ¿Quién es el jefe de salón?: ....   ¿y el director de azafatas?: ....
  ¿Es lo bastante grande el vestuario? Sí ❏ No ❏
  ¿Tiene preparados los tiques? Sí ❏ No ❏
  ¿Hay suficientes entradas? Sí ❏ No ❏
- ¿Tiene un jefe de mantenimiento técnico? Sí ❏ No ❏
  ¿Tiene éste en su agenda los teléfonos de los proveedores? Sí ❏ No ❏
  De electricistas ❏   De fontaneros ❏   De un "hombre para todo" ❏
  ¿Del jefe de salón o del sitio? ❏
- ¿Tiene usted un responsable de la dirección de espectáculos? Sí ❏ No ❏
- ¿Tiene usted un responsable de la dirección deportiva? Sí ❏ No ❏
- ¿Están los responsables en contacto a través de *"walkie-talkies"*? Sí ❏ No ❏
  ¿Les ha pasado un listado telefónico a cada uno de ellos? Sí ❏ No ❏
- ¿Llevan los organizadores atuendos diferentes? Sí ❏ No ❏

Fase final o del informe final
- ¿Ha preparado usted un informe general? Sí ❏ No ❏
- Balance de organización
  Reunión para el informe final: Fecha: ....   Lugar: ....
  ¿Qué puntos no han funcionado bien?: ..../.........................
  ..../........................./.........................
  Fecha de archivo: ....
- Balance financiero

Total ingresos	Total gastos	Resultado
....	....	....

  Rentabilidad por espacio

Espacio	Ingresos	Gastos	Margen
....	....	....	....

  etc.
  ¿Qué impagados tiene?: ..../...
  ..../......................./...
  ¿Qué créditos tiene?: ..../...
  ..../......................./...
- Balance del público
  Número de espectadores:....................
  ¿Cuáles son las principales observaciones de los espectadores?: ..../............
  ..../......................./...
  ¿Ha realizado usted un estudio de satisfacción? Sí ❏ No ❏

- Balance deportivo

  ¿Estaba el espectáculo a la altura de las expectativas?   Sí ❏   No ❏

  ¿Tiene observaciones que hacer con respecto al:
  modo de clasificación? ❏   al arbitraje o el jurado? ❏

  ¿Cuáles? ....

  ¿Qué observaciones principales han hecho los participantes?: ..../
  ..../............................/......................................

  ¿Ha efectuado usted un estudio de satisfacción?   Sí ❏   No ❏

- Balance comercial y de continuidad de los contratos

  ¿Cómo va a evaluar la satisfacción de los anunciantes?:

  Por teléfono ❏   Haciéndoles una visita ❏   Invitándoles a una copa ❏

  ¿Ha pensado en enviar cartas de agradecimiento?   Sí ❏   No ❏

  ¿Va a efectuar un estudio de evaluación del patrocinio?   Sí ❏   No ❏

- Balance de la comunicación y explotación del evento

  ¿Recurre usted a una empresa externa para:

  elaborar la carpeta de prensa ❏   el libro de promociones ❏

  ¿Qué herramientas de comunicación son más pertinentes para causar impacto?

  Artículos de prensa   ❏   Pósters   ❏   Spots de radio   ❏

  Programas de TV   ❏   Folleto   ❏   Sitio Internet   ❏

  ¿Lo ha verificado con un estudio?   Sí ❏   No ❏

- Balance político

  Las instancias políticas implicadas en el evento ¿han alcanzado sus objetivos:

  de imagen? ❏   de notoriedad? ❏   sociales? ❏   Otros? ❏

Estudios realizados en el marco del DESS "Gestión internacional del deporte – eventos y espectáculos deportivos" de la Universidad de París Sur-XI

"Les prestations proposées lors des grands événement sportifs parisiens" (Servicios propuestos para los grandes eventos deportivos en París). Es un estudio realizado el año 2000, por el DESS "Gestión internacional del deporte", dirigido por Michel Desbordes (director del DESS) y Pierre-Jean Golven (director de marketing de Roland-Garros).

"Enquête de notoriété/satisfaction auprès des riverains du marathon de Paris" (Encuesta de notoriedad/satisfacción a los vecinos de la maratón de París). Estudio realizado en 2000, por el DESS "Gestión internacional del deporte", dirigido por Michel Desbordes y Joël Lainé (director general de la Maratón Internacional de París).

"La popularité du maratón de París": 15 entretiens qualitatifs (Popularidad de la maratón de París: 15 entrevistas cualitativas). Estudio realizado en 2001 por el DESS "Gestión internacional del deporte", dirigido por Michel Desbordes, Joël Lainé y Natalie Dubau (directora de marketing estratégico de ASO).

"Comment faire profiter les clubs des succèss des judokas français aux Jeux olympiques de Sydney?" (¿De qué modo pueden explotar los clubes los éxitos de los judokas franceses en los Juegos Olímpicos de Sydney?). Estudio realizado en 2001 por el DESS "Gestión internacional del deporte", dirigido por Michel Desbordes y Michel Huet (director de comunicación de la FFJDA).

Bibliografía

AGUILAR, M., *Vendeur d'élite*, Dunod, Paris, 2000.

ANDREFF, W., NYS, J.-F., *Économie du sport*, PUF, Paris, 1994.

BARROSO, J., « Les annonceurs avaient tout envisagé, même l'élimination », *Le Monde*, 12 juin 2002.

BOURG, J.-F., GOUGUET, J.-J., *Analyse économique du sport*, PUF, Paris, 1998.

BLANC, J.-M., *L'athlétisme en crise* ? Mémoire de DESS « Management international du sport », Université Paris Sud-XI, sous la direction de Gérard Baslé, 2002.

CADET, C., CHARLES, R., GALUS, J.-L., *La communication par l'image*, Nathan, Paris, 2003

CORNELOUP, J., *Les théories sociologiques de la pratique sportive*, PUF, Paris, 2002.

DALIAN, *Activités physiques et sportives*, 2001, « Sécurité et manifestations sportives », « La retransmission d'événements sportifs par des chaînes de télévision ».

DE REYKE, R., « Le management participatif d'un événement sportif », in G. Lacroix et A.-M. Waser, *Le management du sport : 15 études de cas corrigées*, Éditions d'Organisation, Paris, 1999.

DEFRANCE, J., *Sociologie du sport*, La Découverte, Paris, 1995.

DELAHAYE, T., GROUSSET, L.-M., GUÉZOU, Y., *L'art d'animer une réunion*, Nathan, Paris, 1996.

DEMONT, L., *Communication des entreprises : stratégies et pratiques*, Nathan, Paris, 2000.

DESBORDES, M., « Écran total », *Le Monde*, 29 juin 2002.

DESBORDES, M., « À qui sont ces Bleus ? », *Le Monde*, 31 mai 2002.

DESBORDES, M., « Scénario catastrophe », *Le Monde*, 12 juin 2002.

DESBORDES, M., *Gestion du sport*, Éditions Vigot, Paris, 2000.

DESBORDES, M., *Stratégie des entreprises dans le sport : acteurs et management*, Économica, Paris, 2001.

DESBORDES, M., OHL, F., TRIBOU, G., *Marketing du sport*, Économica, 2ᵉ édition, Paris, 2001.

Dictionnaire Permanent Droit du Sport, Feuillets 14, « Organisateurs de compétitions ou de manifestations sportives » (obligations administratives), 2002.

DONNAT, O., COGNEAU, D., *Les pratiques culturelles des Français*, La Découverte, La Documentation française, 1990 ; Olivier Donnat, *Les pratiques culturelles des Français* : enquête 1997, La Documentation française, 1998.

DUBOIS, P.-L., JOLIBERT, A., *Le marketing : fondements et pratique*, Économica, Paris, 1998.

DUCHEMIN, R., *La médiatisation des événements sportifs : l'alternative innovante des partenariats médias*, Mémoire de DESS « Management international du sport », Université Paris Sud-XI, sous la direction de Michel Desbordes, 2002.

DUMAZEDIER, J., Vers une civilisation du loisir. Le Seuil, 1990.

EHRENBERG, A., *Le culte de la performance*, Éditions Calmann-Lévy, Paris, 1991.

ELIAS, N., *Sport et Civilisation : une violence maîtrisée*, Fayard, Paris, 1986.

FALGOUX, J., *Comment structurer et manager le nouveau service commercial des 24 heures du Mans au sein de l'organisation générale ?*, Mémoire de DESS « Management international du sport », Université Paris Sud-XI, sous la direction de Michel Desbordes, 2001.

FERRAND, A., « La communication par l'événement sportif : entre émotion et rationalité », in A. Loret, *Sport et management, de l'éthique à la pratique*, Éditions EPS, Paris, 1995, p. 280-294.

GRESSER, B., BESSY, O., « Le management d'un événement sportif », in G. LACROIX et A.-M. WASER, *Le management du sport : 15 études de cas corrigées*, Éditions d'Organisation, Paris, 1999.

HALBA, B., *Économie du sport*, Économica, Paris, 1997.

HAPPE-DURIEUX, L., DELECOURT, N., *Comment organiser un événement ?* Éditions du Puits Fleuri, Paris, 1996.

HILLAIRET, D., *L'innovation sportive : entreprendre pour gagner*, L'Harmattan, Paris, 1999.

LENDREVIE, J., BROCHAND, B., *Le nouveau Publicitor*, Dalloz, Paris, 2001.

LORET, A., *Sport et management : de l'éthique à la pratique*, Éditions EPS, Paris, 1995.

MADERS, H.-P., CLET, E., *Comment manager un projet ?,* Éditions d'Organisation, Paris, 2002.

PIGEASSOU, C., GARRABOS, C., *Management des organisations de services sportifs,* PUF, Paris, 1997.

POCIELO, Ch. Les cultures sportives : pratiques, representations et mythes sportifs. PUF, Paris, 1999.

PRETTI, R., « Sponsoring : les outils de mesure se professionnalisent et se multiplient », *L'Événementiel*, n° 92, octobre 2000, pp. 47-50.

TRIBOU, G., *Sponsoring sportif*, Économica, Paris, 2002.

WESTPHALEN, M.-H., *Communicator*, Dunod, Paris, 2002.

Índice analítico

A

Actuaciones 21, 41, 45, 49, 56, 87, 110, 112, 130, 146, 147, 167
Adidas 12, 108, 109
Administrativa y contable
Administrativa 12, 68, 129, 169, 171, 201, 202
Administrativa y financiera 37, 65
Air France 105
Amaury Sport Organisation 16, 46
(ámbito) comercial
ANAé
Anunciantes 16, 22, 30, 31, 50, 87, 97, 110, 111, 114, 115, 119, 209
Apadrinamiento 23, 106, 110, 111, 112
Asociaciones 11, 15, 16, 29, 30, 33, 59, 61, 71, 73, 80, 184
Autorización de la federación 81, 204

B

Balance comercial 111, 153, 209
Balance de espectadores
Balance de la comunicación 155, 209
Balance de organización 208
Balance deportivo 152, 209
Balance financiero 152, 208
Balance político 155, 209
Balance 40, 113, 147, 151, 152, 153, 155, 160, 208, 209

Bercy (Palacio de deportes de París Bercy) 13, 31, 33, 51, 56, 88, 111, 158, 185, 186, 188, 189, 190, 191
BNP-Parisbas 108, 112
Bosch 124, 125, 126

C

Cadenas hercianas 31
Cajas de ahorros 72
Campeonatos del Mundo 31, 41, 137, 138, 158
Campeonatos del Mundo de Atletismo, París 2003 34, 70
Carpeta comercial 118, 119
Carrefour 71, 72
Coca-Cola 105, 108, 109, 110, 116
Colaboración 33, 48, 72, 88, 89, 90, 91, 109, 112, 118, 125, 169, 181, 182, 185, 205, 206
Colaboración con los medios 88, 89, 90, 91
Colaborador(es) 16, 29, 34, 38, 42, 56, 59, 62, 65, 72, 75, 88, 89, 90, 91, 92, 93, 94, 95, 96, 97, 100, 103, 106, 111, 112, 113, 114, 115, 116, 118, 119, 121, 125, 126, 131, 136, 140, 143, 144, 145, 146, 147, 148, 153, 181, 182, 184, 199, 204, 205, 208
Colectividad 15
Comité de dirección 55, 62, 160, 164, 201
Competencia 32, 37, 40, 42, 50, 55, 63, 71, 80, 81, 91, 97, 109, 110, 118,

119, 125, 129, 148, 160, 166, 167, 182, 199, 200

Competencias 13, 33, 148, 160, 166, 167

Competidores 47, 51, 65, 80, 106, 124, 129, 136, 139, 140, 147, 148, 152, 166

Comunicación 12, 14, 16, 18, 22, 30, 38, 43, 45, 50, 55, 56, 58, 63, 80, 87, 88, 89, 90, 91, 92, 93, 94, 95, 96, 97, 99, 100, 101, 105, 106, 108, 110, 111, 112, 113, 115, 116, 118, 119, 121, 122, 123, 124, 126, 127, 130, 136, 139, 143, 144, 145, 146, 150, 155, 158, 159, 160, 169, 181, 183, 184, 185, 188, 196, 201, 204, 206, 207, 209, 211

Contabilidad 67, 68, 118, 152, 166, 203

Controles 63, 140, 144, 187, 191, 207

Coordinación 60, 63, 71, 78, 79, 85, 127, 131, 140, 147, 160, 161, 189, 193, 195, 201

Copa del Mundo de esquí 137, 139

Copa del Mundo de fútbol 9, 10, 12, 18, 24, 34, 51, 88, 116

D

Danone 16, 124

Darmon, Jean-Claude 33, 105, 122

De seguridad 13, 37, 38, 46, 68, 76, 78, 80, 81, 82, 84, 129, 130, 136, 137, 138, 143, 144, 145, 147, 166, 186, 187, 188, 191, 193, 195, 196, 201, 203, 204, 207

Demanda 29, 44, 46, 51, 55, 93, 100, 146, 158, 159

Deportivo (ámbito) 51, 188

Director 14, 31, 46, 47, 50, 70, 84, 98, 122, 123, 126, 137, 143, 144, 164, 166, 189, 205, 206, 207, 208, 211

Diseño 37, 39, 40, 87, 96, 100, 126, 151, 169, 186, 195, 199, 204, 216

E

Encuentro de atletismo de Saint Denis

Encuentro de atletismo del Estadio de Francia 12

Espectáculo 12, 15, 17, 21, 29, 38, 41, 43, 44, 45, 46, 49, 50, 54, 56, 67, 70, 78, 79, 81, 96, 97, 111, 115, 136, 138, 144, 146, 147, 150, 153, 158, 166, 167, 181, 187, 189, 199, 204, 205, 208, 211

Espectáculos deportivos 12, 29, 44, 45, 50, 147, 211

Espectadores 17, 18, 22, 24, 29, 43, 31, 45, 46, 47, 49, 50, 58, 65, 67, 71, 77, 78, 79, 80, 81, 83, 87, 96, 114, 115, 125, 126, 130, 131, 136, 139, 140, 144, 145, 146, 147, 148, 149, 152, 167, 199, 203, 205, 208

Estadio de Francia 9, 12, 38, 41, 51, 54, 55, 59, 60, 70, 71, 75, 80, 82, 83, 88, 115

Estado 21, 34, 38, 63, 72, 76, 81, 117, 118, 130

F

Federación (es) 9, 11, 12, 30, 33, 59, 67, 81, 105, 114, 115, 125, 136, 138, 140, 146, 147, 158, 159, 160, 204

Festivo 18, 21, 23, 49, 148

Fnac 69

France Galop 98, 99, 100

G

Gaz de France 51, 58, 61

Gaz de France Encuentro 58

Gaz de France Open 51

Gestión participativa 63, 160

H

Homologación 79, 80

I

Infraestructuras 60, 79, 127, 130
Innovación 40, 41, 151
IVA 56, 67, 203

J

Juegos Olímpicos 11, 18, 24, 31, 34, 40, 111, 158, 169, 211

K

Kirch 25, 27
Koroibos 55, 124, 125

L

Legislativa 13, 37, 76, 78, 201, 203
Legislativa y de seguridad 37, 76, 78, 201, 203
Lista de control 13, 199
Logística (ámbito)
Logo 93, 94, 113, 115, 126, 183

M

Maratón de París 12, 16, 47, 48, 63, 145, 211
Maratón Internacional de París 47, 211
Marcas 29, 45, 58, 72, 83, 101, 105, 109, 116, 124, 125, 129, 131, 139, 204
Marketing 11, 21, 26, 33, 37, 40, 42, 46, 50, 54, 59, 88, 89, 90, 91, 100, 105, 110, 119, 120, 122, 124, 125, 159, 169, 200, 211
Marketing mix 42
Mecenazgo 105
Medios de comunicación 12, 15, 23, 30, 38, 87, 88, 89, 90, 91, 92, 97, 100, 111, 119, 136, 139, 144, 145, 150, 185, 204, 207
Merchandising 56, 115
Monster.fr
Motivación interna 110
Motorshow 12, 41

N

Negociación 24, 121, 122, 129, 138, 153, 166
Nike 12, 108

O

Oferta 26, 29, 31, 34, 37, 44, 54, 55, 56, 73, 89, 92, 113, 117, 119, 123, 124, 125, 158, 199, 200, 205
Oferta comercial 113, 117
Orange
Organigrama 62, 85, 164, 201
Organización 9, 12, 13, 15, 18, 21, 29, 33, 37, 38, 40, 45, 49, 51, 55, 59, 62, 63, 68, 71, 72, 89, 116, 122, 123, 127, 129, 137, 143, 145, 148, 151, 155, 159, 160, 161, 164, 166, 167, 169, 182, 184, 185, 193, 195, 196, 198, 200, 201, 208
Organización del espacio 127
Organizador 30, 33, 42, 43, 49, 57, 68, 71, 76, 77, 78, 79, 80, 81, 90, 91, 92, 98, 105, 131, 138, 140, 144, 152, 164, 166, 167, 169, 171, 189, 191, 199

P

París-Dakar 16, 137, 138

Participación 45, 49, 126, 152, 160, 186, 188

Participantes 23, 34, 45, 49, 65, 68, 80, 81, 92, 93, 97, 97, 114, 119, 119, 132, 136, 137, 140, 144, 145, 146, 147, 151, 152, 164, 184, 199, 203, 205, 207, 209

Patrocinadores 12, 13, 15, 18, 24, 26, 33, 87, 88, 105, 108, 109, 113, 115, 119, 120, 151, 153, 176

Patrocinio 13, 23, 26, 30, 33, 38, 87, 89, 90, 105, 106, 108, 109, 110, 111, 112, 122, 153, 182, 205, 209

Perrier-Vittel

Peugeot 109, 110, 112

Plan de comunicación 88, 101, 105, 123, 181

Plan de soportes

Planning 62, 131, 150, 184, 206

Posicionamiento 30, 40, 90, 91, 118, 123

Poste (la) 105, 111

Póster(s) 93, 95

Prensa 15, 23, 44, 47, 88, 89, 91, 92, 93, 96, 97, 98, 99, 100, 112, 113, 126, 127, 131, 139, 146, 151, 153, 155, 158, 159, 182, 183, 184, 195, 204, 205, 207, 208, 209

Prensa escrita 88, 96, 97, 126, 182, 184, 204

Prensa, carpeta de 47, 97, 98, 99, 100, 131, 153, 155, 182, 183, 205, 209

Prensa, comunicado de 97

Prensa, conferencia de 99, 139, 157, 205

Prensa, relaciones con la 15, 23, 97

Prensa, responsable relaciones con la prensa

Presupuesto(s) 16, 33, 55, 56, 57, 61, 68, 91, 98, 99, 110, 111, 129, 140, 152, 158, 184, 200

Productos derivados 43, 115

Productos 15, 40, 43, 50, 56, 89, 110, 111, 112, 113, 115, 116, 117, 118, 119, 127, 166, 185, 205, 207

Prospección 42, 117, 118, 119, 120, 181

Proveedores 12, 29, 34, 62, 65, 68, 95, 100, 111, 112, 118, 127, 129, 130, 136, 143, 145, 166, 184, 195, 206, 208

Pur Mix de la UCPA 12, 13, 186

R

Radio 15, 85, 88, 90, 91, 92, 93, 96, 97, 124, 155, 181, 183, 184, 204, 205, 209

Raid Gauloises 24, 92, 116

Relaciones públicas 51, 53, 54, 55, 56, 75, 90, 110, 112, 115, 118, 123, 124, 127, 166, 182

Renault 109, 124, 125

Riesgo(s) 33, 56, 61, 78, 80, 106, 148, 186, 187, 203

Roland Garros 11, 12, 55

S

SACEM 56, 81

Segmentación 40, 42, 91, 96, 97

Seguridad 9, 13, 16, 37, 38, 46, 56, 67, 68, 76, 77, 78, 79, 80, 82, 83, 84, 85, 129, 131, 136, 138, 143, 144, 145, 147, 166, 186, 187, 188, 191, 193, 195, 196, 199, 201, 203, 204, 207

Seguros 23, 56, 60, 76, 80, 81, 136, 148, 204

Señalética 129, 130, 206

SFR 12, 90

Sitio 42, 44, 46, 54, 79, 93, 96, 97, 105, 109, 113, 129, 131, 143, 147, 184, 188, 205, 206, 208, 209

Sitio(s) Internet 44, 93, 96, 105, 109, 113, 184, 205, 209

Sociedad general
Super Bowl 31

T

Taquilla 12, 33, 61, 70, 71, 75, 84
Televisión 15, 23, 24, 26, 30, 31, 33, 48, 56, 67, 88, 92, 96, 97, 113, 114, 124, 155, 183, 185, 204
Televisión, cadenas de 24, 25, 26, 31, 33, 69, 96, 97
Televisión, derechos 24, 26, 28, 30, 56, 67
The Race 12, 91, 116
Total 33, 68, 72, 79, 81, 84, 91, 99, 105, 110, 123, 137, 164, 208

Tour de Francia 11, 12, 16, 31, 88, 109, 111, 145, 147
Trofeo Andros 12, 148, 150
TUIJO 13, 63, 93, 176, 181, 182, 183, 184

V

Veinticuatro horas de Le Mans 12, 50, 131, 132, 140
Venta puerta a puerta 120, 121, 122, 205
Venta de entradas 39, 60, 69, 141, 197, 200
VIP 21, 53, 54, 55, 68, 97, 115, 126, 129, 130, 144, 145, 166, 205
Voluntarios 66, 188, 193